친절한 오선생과 함께 배워요!

정말 쉽네?
챗GPT  입문

오힘찬 지음

GOLDEN
RABBIT

저는 지난 7월 직장인을 위한 챗GPT 활용서 《이게 되네? 챗GPT 미친 활용법 51제》를 출간하였습니다. 직장인의 시선에서 진짜 실무에 필요한 예제들을 알려주겠다는 마음으로 쓴 책이 큰 반향을 일으켰고, 독보적인 챗GPT 활용서로 자리를 잡았습니다. 이 공간을 빌어 독자분들께 정말 감사하다는 말씀드립니다. 덕분에 많은 독자로부터 책에 있는 예제로 입문하기에는 난이도가 있다는 의견, 계속해서 업데이트 되는 기술에 대한 기대하는 바 등 다양한 목소리로 들을 수 있었습니다.

《정말 쉽네? 챗GPT 입문》을 집필한 이유는 단순합니다. 이전 작을 출간한 이후 '왜 제가 입력한 질문이 자꾸 바뀌나요?'나 '그대로 따라했는데도 왜 오류가 발생하죠?'와 같은 챗GPT에 입문한 사람이 도구 매뉴얼을 잘 몰라 할 수 있는 질문부터 'PDF에 있는 텍스트를 추출할 수 있나요?', '논문 작성 시 챗GPT를 활용할 수 있나요?'와 같은 자신의 업무나 생활에 관련된 질문까지 다양한 질문을 받았습니다.

이런 질문들을 오픈 카톡방에서 함께 해결하며 자연스럽게 '챗GPT 입문자는 아직도 많고, 더 쉬운 책이 필요하겠구나'라는 생각이 들었습니다. 그래서 '더 쉬운 챗GPT 책을 독자 여러분에게 선물하자'라는 마음을 먹고 이 책의 집필을 시작했습니다.

이 책을 통해 여러분이 챗GPT에 쉽게 입문하고, 이후 나의 활동 영역에서 미친 활용을 할 수 있는 AI 시대의 스페셜리스트가 될 수 있으면 좋겠습니다.

오힘찬

"모든 산업의 패러다임을 바꿀 토르의 망치 챗GPT"

이 책을 통해 챗GPT를 활용하면 직장인뿐만 아니라 개인 사업자까지 비즈니스와 업무에 투입되는 시간을 획기적으로 단축시킬 수 있고 생산성에서는 기존보다 10배 높은 결과물을 얻을 수 있을 겁니다. 약육강식의 비즈니스 세계에서 토르의 망치는 이제 선택이 아니라 필수입니다. 이 책은 여러분들이 복잡다단하다고 여기는 챗GPT 세계를 여행하는데 필요한 가장 강력한 도구가 될 것입니다. 이제 막 챗GPT를 여행하기 위해 발걸음을 떼는 여러분들에 이 책을 추천드립니다.

모아이형 경제 인플루언서

"중학생도 쉽게 이해할 수 있는 도서!"

챗GPT를 사용할 때 가장 많이 사용하는 프롬프트 중 하나가 '중학생도 이해할 수 있게 쉽게 설명해줘'였는데, 챗GPT를 중학생도 이해할 수 있게 쉽게 설명한 책이 나왔네요. 바로 쓸 수 있는 생활밀착형 프롬프트부터 유튜브 콘텐츠 생성하는 방법까지! 모두를 위한 챗GPT 꿀단지라고 부르고 싶습니다. 인공지능에 1도 익숙하지 않은 분들에게 '세상에서 가장 친절한 챗GPT 입문서'라고 자신있게 추천합니다.

송석리 교사《모두의 데이터 분석 with 파이썬》저자

"나의 효율성을 높이고 싶은 사람에게 추천하고 싶은 책!"

다방면에서 생성형 AI와 챗GPT의 중요성이 부각되는 만큼 기업 교육 현장에서도 변화에 발맞추고 있음은 물론이며 그 중요성을 실감하고 있습니다. 이 책은 챗GPT의 기본부터 일과 실생활에 적용할 수 있는 활용법까지 단계적으로 제시합니다. AI 활용으로 효율성을 높이고 싶은 분들께 이 책은 훌륭한 첫걸음이 될 겁니다.

김승곤 휴넷 B2B 교육 기획 담당자

"챗GPT를 A부터 Z까지 마스터하고 싶다면? 이 책으로!"

먼저 출간된 《이게 되네? 챗GPT 미친 활용법 51제》가 AI 숙련자 수준의 고급 실전 활용 기법을 다루고 있어서 바로 따라 배우기에 어려움을 느꼈던 분이라면 이 책은 매일 접하는 일상적인 검색 요청에서부터 엑셀 같은 업무 활용 영역까지 AI의 쓰임새를 생활 전반에 걸쳐 두루 다루고 있어 기초를 다지는 데 큰 도움이 될 것입니다. 챗GPT를 활용한 글쓰기나 그림 그리기 또한 간단한 소개 수준에서 그치지 않고 원리를 파악해 활용할 수 있도록 합니다. 나아가 파워포인트 쉽게 활용하기까지 다루고 있으며, 캔바를 활용한 쇼츠 동영상 편집 방법까지 실제 사례를 통해서 완성작을 만들어볼 수 있도록 상세히 설명하고 있어서 실전 기술을 익혀 쓰고 싶은 입문자에게 특히 유익합니다.

이 책을 AI 활용의 기초 지침서로 삼고, 《이게 되네 챗GPT 미친 활용법 51제》를 심화 활용 가이드로 구비하고 필요할 때마다 찾아 공부하면, 다른 AI 설명서들에 의존하지 않고도 챗GPT 활용법을 A에서 Z까지 마스터하는 데 최고의 선택이 될 것이라 확신하며 강력 추천합니다.

최규문 디지털 마케팅 전문 코치

챗GPT가 만능 도구이기는 하지만 모든 것을 다 잘할 수는 없어요. 여러분이 챗GPT를 사용하려면 챗GPT가 무엇을 잘하고 못하는지 미리 파악해두면 좋습니다. 챗GPT의 자기소개를 들어볼까요?

저는 이런 것을 잘해요

저는 텍스트 기반으로 잘 동작합니다. 그래서 텍스트 중심의 정보 처리를 굉장히 빠르게 잘할 수 있어요. 그리고 언어를 가리지 않고 잘 동작합니다. 한글, 영어, 일본어 뭐든지 할 수 있어요. 그리고 체력이 무한이라서 아무 때나 일할 수 있어요. 또 다양한 주제의 대화나 작업을 쉽게 할 수 있습니다.

장점 1
정보 처리

방대한 양의 데이터를 빠르게 분석하고 요약할 수 있어요.

장점 2
다국어 능력

여러 언어로 의사소통할 수 있어요.

장점 3
체력

저는 24시간 깨어 있어요. 언제든지 저에게 부탁해보세요.

장점 4
다재다능

공부, 취미, 여행, 일 뭐든 좋아요, 다양한 주제에 대해 이야기하고 작업할 수 있어요.

저는 이런 것들은 잘 못해요

저는 인간의 감정을 아직 잘 이해하지는 못해요. 너무 기뻐서 우는 것이 과연 기뻐서 그런 건지, 슬퍼서 그런 건지 잘 몰라요. 그리고 저는 학습한 것을 바탕으로 동작해서 독창적인 생각을 잘 못해요. 또 실시간 처리나 물리적인 작업은 할 수가 없습니다. 대신 검색을 하거나 여러분의 고민을 돕는 비슷한 아이디어를 제시하는 방법으로 도울 순 있어요!

단점 1

감정 이해

아직 인간의 감정을 완벽하게 이해하진 못해요.

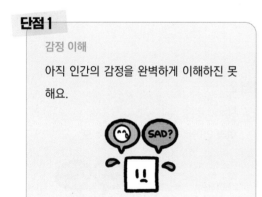

단점 2

독창성

학습한 내용으로 답하는 원리로 동작해서 독창적으로 생각하진 못해요.

단점 3

실시간 정보

실시간 정보에 대한 답은 할 수 없어요. 검색해서 대답해줄 수는 있어요.

단점 4

물리적 업무

저는 프로그램이라서 현실에서 물리적으로 일할 수는 없어요.

오선생만 믿고 따라오세요!
챗GPT 사용 방법부터 원리까지 쉽게 설명합니다!

 하나, 오선생에게 무엇이든 물어보세요

《정말 쉽네? 챗GPT 입문》을 공부하며 궁금한 점은 저자 오선생에게 물어보고, 함께 학습하면 좋은 점을 공유하세요!

• 오픈 카톡방 : open.kakao.com/o/gBWRpyvg

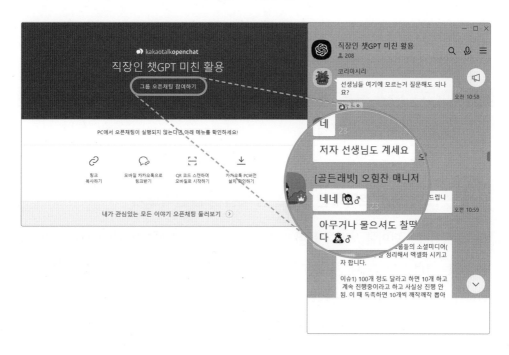

둘, 실습 파일을 따라하여 책의 예제를 내 것으로 만드세요!

책의 실습 과정에서 필요한 예제 파일과 이미지를 다음 링크를 통해 지원받을 수 있어요.

　　• 실습 파일 다운로드 : vo.la/WLmdqv

 셋, 유튜브를 통해 같이 공부해요!

저자의 챗GPT 무료 강의를 보고 같이 학습해보세요.

　　• 유튜브 무료 강의 : vo.la/JhLsvN

 넷, 오선생의 효과적인 프롬프팅 학습 방법 알아보기

프롬프팅이라는 단어를 보거나 들어본 적이 있나요? **프롬프팅이란 챗GPT를 더 유용하게 사용하는 기법을 말합니다.** 챗GPT를 처음 접하는 사람 대부분이 프롬프팅하는 법을 어려워합니다. 그래서 오선생님은 여러분이 챗GPT를 잘 활용할 수 있도록 2단계 프롬프트 과정을 준비했습니다.

기본 프롬프트 + 응용 프롬프트로 감잡기

이 책은 여러분이 프롬프팅의 감을 잡고, 프롬프트를 연습할 수 있도록 매 실습마다 '기본 프롬프트'와 '응용 프롬프트'를 소개합니다.

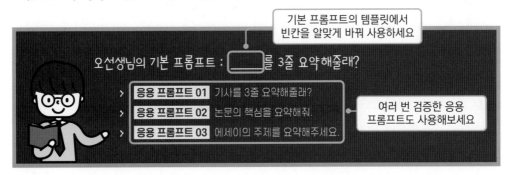

이 프롬프트들은 모두 오선생님이 여러 번 테스트하여 나열한 것입니다. 여러분도 이 프롬프트를 따라 입력하여 작동하는 과정에 대한 감을 잡아보세요. 실습을 더욱 부드럽게 진행할 수 있을 것입니다.

프롬프팅 기법 47가지 부록으로 마무리!

보너스로 프롬프팅 기법 47가지도 소개합니다. 아마 이 책을 다 공부하고 나서 부록을 보면서 '내가 사용했던 프롬프팅 기법'을 정리해보세요. 처음부터 프롬프팅 기법을 공부하는 것보다 더 효과적으로 정리될 것입니다.

Q1

꼭 유료로 써야 하나요?

20달러만 주시면 24시간 내내 일할 수 있어요

챗GPT는 무료로 시작할 수 있습니다. 2024년 7월부터는 GPT-4o의 저렴한 버전인 GPT-4o mini를 기본 무료 모델로 전환하면서 무료 사용자도 향상된 성능과 속도의 챗GPT를 마음껏 사용할 수 있게 되었습니다. 다만, 사용량이 많거나 고급 기능을 사용하고 싶다면 유료로 사용해야 합니다. 특히 자동화, 데이터 분석처럼 업무에 챗GPT를 활용하길 원한다면 무료 버전으로는 한계가 있습니다. 무료 버전과 유료 버전의 차이는 Chapter 01 **처음 만나는 챗GPT, 궁금해요**에서 정리했습니다. 버전별 차이도 정리해놓았으니 자신에게 알맞은 방법으로 챗GPT를 사용하세요.

Q2

프롬프팅을 꼭 배워야 하나요?

49가지 기본 프롬프트와

147가지 응용 프롬프트로 완벽하게!

아닙니다. 프롬프팅이란 인공지능 서비스가 법률, 요리와 같이 특정 분야에서 답변을 더 잘 생성하게 하기 위한 조정 방법 중 하나입니다. 그러므로 프롬프팅을 잘하면 원하는 대답을 더 잘 얻을 순 있지만, 이 책에서 안내하는 방식으로 챗GPT에 질문을 입력해도 원하는 답변을 얻을 수 있을 겁니다. 다만, 사람과 사람 간 대화에도 나이나 사회적 위치, 장소에 따른 매너가 있는 것처럼 챗GPT도 대화를 잘 이끌어가는 매너 지침이 있습니다. 이 책에는 챗GPT와 잘 소통하기 위한 55가지 기본 프롬프트와 165가지 응용 프롬프트를 수록했고, 마지막으로 47가지 주요 프롬프팅 기법을 부록으로 정리했습니다. 이 내용들만 참고해도 충분히 챗GPT를 잘 활용하실 수 있게 될 것입니다.

Q3
챗GPT 답변이 책과 달라요.

 챗GPT의 답변은 굴릴 때마다 다른 숫자가 나오는 주사위와 같습니다. 대신 입력한 프롬프트에 따라서 특정 숫자들이 나올 확률을 높일 수 있죠. 그래서 똑같은 질문에도 여러 답변을 내놓을 수 있고, 마치 실제 사람을 마주한 것 같은 자연스러운 대화가 가능합니다. 또한, 하나의 채팅에서 앞서 어떤 대화를 주고 받았느냐에 따라 다른 답변을 내놓을 수 있고, 새로운 데이터를 학습하거나 업데이트로 개선되어 답변이 달라질 수도 있습니다. 그러므로 답변이 일치하는지 확인하는 것보다 내가 챗GPT를 사용하는 목적에 알맞은 답변을 내놓았는지 판단하는 것이 중요합니다. 만약 원하는 답변이 아니라면 원하는 답변을 내놓을 때까지 똑같은 질문을 반복하는 것도 챗GPT를 잘 사용하는 방법입니다.

Q4
챗GPT가 좋나요? 클로드가 좋나요?

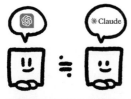 클로드^{Claude}는 앤트로픽에서 개발한 인공지능 서비스입니다. 챗GPT의 라이벌이라고 할 수 있는 서비스죠. 지금은 챗GPT 사용자가 압도적으로 많습니다. 하지만 최근에는 클로드를 선호하는 사람도 많이 생겼습니다. 그래서 두 서비스 중 무엇을 사용해야 할지 고민하는 사람도 많습니다. **하지만 결론부터 말하자면 두 서비스의 원리는 같으므로 어느 한 쪽이 더 좋거나 하지는 않습니다.** 따라서 여러분이 이 책으로 실습할 때 클로드로 진행하고 싶다면 그렇게 해도 괜찮습니다. 약간의 차이가 있다면 '답변의 태도 차이'는 있습니다. 챗GPT는 조금 단정하게 답변하고, 클로드는 조금 더 부드럽게 답변합니다. 저는 챗GPT와 같은 서비스가 처음인 여러분에게 가장 먼저 등장한 챗GPT를 먼저 사용해보기를 추천합니다.

챗GPT 이해하기

챗GPT 시작하기

Part 03 챗GPT 사용하기

Part
04 챗GPT 기본 활용하기

Part 05 챗GPT 업무에서 활용하기

Part 08 나만의 GPT 만들기

챗GPT
이해하기

여기서 공부할 내용

여기서는 챗GPT가 처음인 여러분에게 챗GPT란 무엇이고, 어떻게 동작하는 기술인지 설명하려고 합니다. 이제 챗GPT는 많이 보편화된 프로그램입니다. 사용법도 간단하죠. 하지만 이 프로그램 속에는 아주 다양한 인공지능 기술 원리가 들어 있습니다. 물론 챗GPT 사용을 위해 모든 인공지능 기술의 원리나 개념을 이해할 필요는 없습니다. 하지만 여러분이 이런 원리를 공부해두면 앞으로 새로 나오게 될 기술을 빠르게 받아들일 수도 있고, 응용하는 과정에 큰 도움이 될 것이라 확신합니다. 그럼 시작해봅시다.

💬 이 그림은 어떤 이미지를 챗GPT에게 주면서 '이 이미지를 가지고 사람과 AI가 함께 뭔가를 학습하는 느낌이 나면 좋겠어. 간단하고 쉬워보이게 그려줘.'라고 프롬프트를 입력하여 생성한 이미지입니다.

처음 만나는 챗GPT, 궁금해요

챗GPT는 무엇이든 알려주나요? 그렇다면 챗GPT의 정체는 무엇인가요?

학생

오선생님

오픈AI에서 개발한 챗GPT는 오픈AI가 만든 GPT라는 기술에서 시작한 서비스입니다. 그래서 챗GPT가 무엇인지, 어떻게 동작하는 서비스인지 이해하려면 GPT가 무엇인지 알아두는 것이 좋습니다. 여기서는 그 내용들을 하나씩 쉽게 설명하겠습니다.

💬 GPT의 뜻이 뭔가요?

GPT의 뜻은 사전 훈련된 생성 트랜스포머Generative Pre-trained Transformer의 줄임말입니다. 전문 용어라 어렵게 느껴질 수 있겠지만 풀어 생각하면 그렇게 어려운 용어도 아닙니다. 뜻을 한 번 음미하고 넘어갑시다.

- 생성(Generative) : 인공지능이 학습한 데이터를 기초로 하여 글자, 그림, 동영상 등 무언가를 생성한다는 의미입니다.

- 사전 훈련된(Pre-trained) : 인공지능이 여러분에게 어떤 응답을 보여주려면 학습이라는 과정을 미리 해야 하는데요. 그 학습을 미리 했다는 의미입니다.
- 트랜스포머(Transformer) : 인공지능 모델의 이름입니다. 모델이라는 건 그냥 일상에서 쓰는 '차량 모델이 ~다'라고 말하는 것처럼 어떤 상품의 종류를 뜻하는 것과 비슷합니다.

이 뜻을 정리하면 **GPT는 미리 학습한 데이터로 무언가를 생성하는 트랜스포머 모델**이라 뜻입니다.

이름 : GPT
특징 : 텍스트 생성을 잘함, 텍스트 생성을 위해 미리 훈련했음

그리고 GPT는 특별히 텍스트 정보를 생성하는 데 특화되어 있습니다. 그래서 챗GPT의 기반이 될 수 있었던 것입니다.

💬 그래서 챗GPT가 뭔가요?

챗GPT는 GPT라는 인공지능 모델을 탑재한 AI 챗봇 서비스입니다.

바로 앞에서 GPT는 어떤 데이터를 미리 학습해서 텍스트 정보를 생성하는 데 특화가 되어 있는 것이라 했으므로 챗GPT가 챗봇 형태로 만들어진 것도 어떻게 보면 당연하다 할 수 있습니다. 실제로 이 서비스는 채팅을 하듯이 사용할 수 있습니다. 여러분이 채팅으로 어떤 이야기를 하면 챗GPT 속에 있는 GPT가 동작하여 어떤 텍스트를 만들고 그것을 채팅 형태로 답해줍니다.

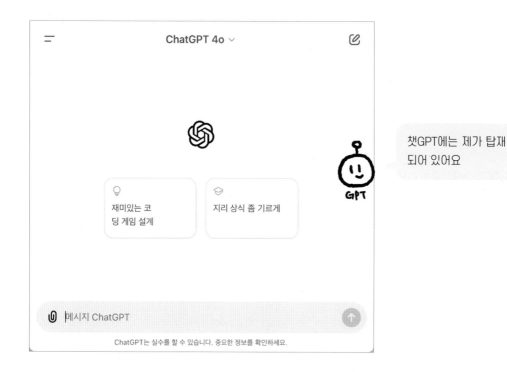

챗GPT에는 DALL-E도 탑재되어 있어요

챗GPT에는 GPT와 함께 일하는 달리$^{DALL-E}$라는 친구도 있습니다.

이름 : DALL-E
특징 : 그림을 잘 그림

이 친구는 그림을 생성하는 인공지능입니다. GPT가 텍스트를 생성하는 데 특화되어 있다면 달리는 이미지 생성에 특화되어 있는 인공지능인 거죠. 챗GPT는 이 인공지능도 탑재하여 이미지 생성도 할 수 있게 해줍니다. 이렇게 챗GPT에서도 여러분이 원하는 결과물이 무엇이냐에 따라 서로 다른 인공지능이 관여합니다.

그리고 이 인공지능들은 적절히 의사소통합니다. 여러분이 '토끼 그림을 그려줘'라고 말하면 우선은 GPT가 이 텍스트 형태의 명령을 읽어 이해하고, 이를 DALL-E에게 넘겨 그림을 그리게 합니다. 그런 다음 그림을 받는 것이죠.

정리하자면 챗GPT는 GPT, DALL-E라는 인공지능 기술을 바탕으로 동작하는 채팅 형태의 서비스입니다. 이런 특징을 잘 이해하고 앞으로 펼쳐질 다양한 실습을 따라하기 바랍니다.

💬 챗GPT를 이해하기 위한 핵심 용어 'TOP 10'

여기서는 여러분이 챗GPT를 잘 이해하고, 챗GPT와 관련된 이 기술에 관심이 있다면 꼭 알아야 할 핵심 용어 10개만 알아보겠습니다. 이 내용을 이해하고 있으면 다른 사람과 이 기술에 대해 이야기하거나 질문할 때 큰 도움이 될 것입니다.

용어 01 자연어 처리

자연어 처리^{Natural Language Processing, NLP}는 **컴퓨터가 인간의 언어를 처리하는 기술**을 의미합니다. 컴퓨터는 0과 1로 이루어진 이진법만 이해할 수 있고, 'apple'이나 '사과' 와 같은 인간의 언어를 이해하지 못합니다. 그래서 아주 오래 전에는 0, 1로만 이루어진 문자로 컴퓨터와 소통했습니다.

이런 0, 1로 소통하는 과정이 불편해서 프로그래밍 언어가 생겨났죠. 파이썬, C, 자바와 같은 것들이죠. 이런 프로그래밍 언어를 사용하려면 전문 교육이 필요하므로 이 역시도 완전히 편하진 않습니다.

그런 이유로 마침내 인간의 언어를 컴퓨터가 이해하고 동작할 수 있도록 자연어 처리가 등장한 것입니다. 사람의 언어를 알아들을 수 있는 기술이 등장한 것이죠. 바로 그 능력을 갖춘 서비스가 챗GPT입니다. 챗GPT는 심지어 사투리도 이해할 수 있습니다. 정말 놀랍지 않나요?

프로그래밍 언어로 대화

사투리를 알아듣는 챗GPT　　　　　　　　　니 이름이 뭐고　　　　사투리로 물어보기

ⓢ　저는 ChatGPT입니다. 무엇을 도와드릴까요?

용어 02　대규모 언어 모델

대규모 언어 모델Large Language Model은 말 그대로 **아주 많은 양**Large**의 텍스트 데이터**Language를 학습해서 인간과 유사한 방식으로 언어를 구사할 수 있는 인공지능 모델입니다. 이를 줄여서 엘엘엠LLM이라고 부릅니다. 컴퓨터가 자연어를 처리할 때 LLM을 사용하는 것이죠. 모델이 얼마나 많은 양의 텍스트를 학습했는지에 따라 앞글자를 바꿔 부릅니다.

적은 텍스트 학습

아주 많은
텍스트 학습

핵심 텍스트 학습

LLM　　　SLM　　　sLLM

예를 들어 LLM보다 데이터 양이 작은 언어 모델을 SLM^{Small Language Model}, LLM에서 핵심적인 데이터만 사용하여 크기를 줄인 언어 모델을 sLLM^{Small Large Language Model}이라고 부릅니다.

용어 03 생성형 AI

생성형 AI는 GPT나 DALL-E처럼 입력한 내용을 바탕으로 새로운 결과물을 생성하는 인공지능을 부르는 말입니다. 그러니 GPT는 텍스트 생성형 AI, DALL-E는 이미지 생성형 AI라고 할 수 있겠네요. 그 밖에 오디오나 동영상을 생성하는 생성형 AI도 있습니다.

> **TIP** 최근에는 생성형 AI의 영문인 Generative AI를 줄여서 젠 AI^{Gen AI}라고 부르기도 합니다.

용어 04 프롬프트와 응답

프롬프트^{Prompt}는 인공지능에 입력하는 명령을 의미합니다. 응답^{Response}은 프롬프트에 대해 생성형 AI가 생성한 결과물을 의미합니다. 그러므로 챗GPT에서 사용자가 입력한 채팅을 프롬프트, 챗GPT가 보내준 답변은 응답이라고 이해할 수 있습니다.

응답 **프롬프트** 프롬프트를 입력하면 어떻게 돼?

프롬프트를 입력하면, 제가 그에 따라 답변을 제공하게 됩니다. 예를 들어, 질문을 하거나 특정한 작업을 요청하면, 그에 맞는 정보를 제공하거나 작업을 수행하죠. 사용자가 제공하는 프롬프트에 따라 대화, 정보 제공, 문제 해결, 데이터 분석, 콘텐츠 생성 등의 다양한 작업을 수행할 수 있습니다.

궁금한 점이 있거나 도움이 필요한 것이 있다면 언제든지 물어보세요! ●

이 책에서도 프롬프트와 응답 또는 답변이라는 용어를 사용하여 설명하겠습니다.

텍스트 투 텍스트

텍스트 투 텍스트^{Text to Text}는 텍스트 프롬프트를 입력하면 텍스트 응답을 받을 수 있는 인공지능을 의미합니다. 이 용어를 이용해서 챗GPT를 말하면 '챗GPT는 LLM으로 자연어를 처리하는 텍스트 투 텍스트 생성형 AI'라고 설명할 수 있습니다.

용어 06 **텍스트 투 이미지**

텍스트 투 이미지^{Text to Image}는 텍스트 프롬프트를 입력하면 이미지 응답을 받을 수 있는 DALL-E와 같은 인공지능을 의미합니다. 마찬가지로 텍스트 프롬프트를 입력해서 오디오를 생성하면 텍스트 투 오디오^{Text to Audio}, 동영상을 생성하면 텍스트 투 비디오^{Text to Video}라고 말합니다.

용어 07 **환각 현상**

환각 현상은 LLM이 실제 데이터에 기반하지 않은 거짓 정보를 사실인 것처럼 조작하는 것으로 할루시네이션^{Hallucination} 또는 AI 환각 현상으로 부르기도 합니다.

할루시네이션은 여러분이 프롬프트를 전달할 때 정보를 제대로 작성하지 않았거나, LLM이 학습한 데이터 자체가 잘못된 데이터인 경우 발생합니다. 할루시네이션 현상을 방지하려면 챗GPT가 만든 결과물의 사실 여부를 직접 확인해야 합니다. 실제로 오픈AI도 'ChatGPT는 실수를 할 수 있습니다. 중요한 정보를 확인하세요.'라고 권고하고 있습니다.

이런 특성을 이해하고 챗GPT를 사용하면 더 의미 있게 사용할 수 있겠죠?

용어 08 **파라미터와 토큰**

LLM을 설명할 때 '아주 많은 양의 텍스트 데이터를 학습한 인공지능 모델'이라고 했었죠?
이 텍스트 데이터는 전문 용어로 파라미터와 토큰으로 나누어 구분합니다.

- **파라미터**는 데이터를 원하는 방식으로 처리할 수 있도록 추가하거나 변경하는 수치 정보를 의미합니다.
- **토큰**은 LLM이 텍스트를 처리하는 음절 또는 단어 단위를 말합니다.
  - 예를 들어 **고양이**라는 단어에서 **고, 양, 이, 고양, 양이, 고양이**를 토큰으로 봅니다.

LLM은 요리사, 파라미터는 레시피, 토큰
은 요리 재료에 비유할 수 있습니다.

파라미터가 큰 LLM은 더 많은 요리법을
알고 있는 요리사라고 생각하면 됩니다.

용어 09 **멀티 모달**

멀티 모달^{Multi Modal}은 텍스트뿐만 아니라 이미지, 오디오, 동영상 등 다양한 멀티미디어를 프
롬프트로 입력하는 개념을 의미합니다. 챗GPT는 이미지를 포함한 여러 종류의 파일을 처
리하는 능력이 있는 멀티 모달 AI입니다. 그래서 챗GPT는 텍스트 파일이나 이미지 파일을
주면서 일을 시킬 수도 있습니다.

용어 10 **파인 튜닝**

앞서 GPT가 사전 훈련된 인공지능이라고 설명
했습니다. 사전 훈련된 인공지능이 특정한 분야
에서 아주 좋은 결과가 나오게 하려고 개선하는
과정을 전문 용어로 파인 튜닝Fine-tuning이라고 하

는데요. GPT를 축구 선수에 비유했을 때 사전 훈련이 웨이트 트레이닝이라면 파인 튜닝은
패스 훈련, 슈팅 훈련에 해당합니다.

하나 알아둘 내용은 파인 튜닝은 GPT에서 사용하는 기법이지 챗GPT에서 사용하는 기법은
아니란 겁니다. 다만 파인 튜닝과 비슷하게 GPTs에서 파인 튜닝한 것 같은 나만의 챗GPT
를 만들어 볼 수는 있습니다. GPTs는 특정 주제에 대해 잘 처리하는 챗GPT를 만들어 볼 수
있는 챗GPT의 부가 서비스입니다. GPTs는 **Part 08** **나만의 GPT 만들기**에서 다룹니다.

💬 챗GPT 버전에 따른 차이 알아보기

챗GPT는 여러 버전이 있습니다. 이 책에서는 기본 버전으로 실습하고 설명하지만, 여러분
이 사용하는 방식에 따라서 알맞은 버전을 사용해도 됩니다. 혹시라도 필요한 버전을 선택
할 때 고민을 덜 할 수 있도록 버전별로 정리한 표를 만들었습니다. 표를 읽어보고 원하는
버전을 사용해보세요. **물론 이 책의 내용은 모두 무료 GPT-4o로 실습할 수 있습니다.**

버전	출시	요금	특징
GPT-4	2023년 3월	유료	• 가장 기본적인 모델 • 성능과 기능이 더 좋은 GPT-4o에 밀리면서 곧 챗GPT에서 사용하지 못하게 될 버전

GPT-4o	2024년 5월	일부 기능 무료	• 현재 가장 빠르고, 가장 지능적인 GPT • GPT-4보다 빠른 생성 속도 • 데이터 분석, 파일 업로드, 검색, GPT 만들기, 파일 생성 및 내려받기 지원
GPT- 4o mini	2024년 7월	무료	• GPT-4o보다 빠른 생성 속도 • 추후 이미지, 오디오 입출력 지원 • 제한 없이 사용
o1	2024년 9월	유료	• 고급 추론 능력 • 문제에 대해 AI가 스스로 생각하여 응답
GPT 5	2026년 초 계획	미정	• 고급 추론 능력 + 멀티 모달 + 더 강력한 성능 • 현재 GPT가 고등학생 수준이라면 GPT 5는 연구원 수준의 AI

무료 버전과 유료 버전의 차이?

무료 버전과 유료 버전의 차이만 정리한 표도 함께 제공합니다. 무료 버전은 GPT-4o의 일부 기능을 지원하지만, 하루에 제공되는 사용량 한도를 모두 사용하면 GPT-4o mini로 강제 전환됩니다. 강제 전환 후에는 24시간이 지나야 다시 GPT-4o를 사용할 수 있으니 주의하세요. 만약 여러분이 하루에 챗GPT를 많이 사용할 예정이라면 유료 결제를 추천합니다.

버전	무료 버전	유료 버전
차이점	• 매우 낮은 한도 • GPT-4o mini는 텍스트와 이미지 생성 외 GPT-4o의 대부분 기능 제한 • 데이터 분석, 파일 업로드, 검색, GPTs만 지원	• GPT-4: 3시간마다 최대 40개 • GPT-4o: 3시간마다 최대 80개 • 팀 요금일 경우 더 높은 사용 한도 • 챗GPT가 생성한 파일 다운로드 가능 • 나만의 GPT 만들기 지원 • 이미지 수정 가능

데스크톱 버전과 모바일 버전의 차이?

챗GPT는 데스크톱 웹 브라우저(크롬, 엣지, 사파리 등)에서 많이 사용합니다. 웹 브라우저에 지원하는 다양한 플러그인과 자동화 도구를 연결해서 사용할 수 있기 때문입니다. 데스크톱 앱 버전은 가장 많은 기능과 모든 성능을 발휘하지만 현재는 macOS 운영체제만 지원합니다. 윈도우 버전은 2024년 말에 출시될 예정입니다. 모바일은 언제 어디서든 스마트폰에서 사용할 수 있다는 장점이 있습니다. 하지만 파일 첨부 또는 이미지 생성 등 일부 기능에 제한이 있어서 PC 버전과 똑같은 품질을 기대할 수 없다는 한계가 있습니다.

버전	PC(웹 브라우저)	PC(데스크톱 앱)	모바일
지원 운영체제	윈도우, macOS	macOS	안드로이드, iOS
채팅	O	O	O
임시 채팅	O	O	O
채팅 보관하기	O	O	O
채팅 공유하기	O	O	O
채팅 기록 검색	X	O	O
파일 첨부하기	O	O	일부 파일 제한
이미지 생성	고품질 이미지 생성	고품질 이미지 생성	저품질 이미지 생성
음성 채팅하기	X	O	O
사진 촬영	X	O	O
화면 캡처	X	O	X

🗒️ 마무리 요약

- ☑ 챗GPT는 GPT라는 인공지능 모델을 탑재한 AI 챗봇 서비스입니다.
- ☑ 챗GPT는 자연어 처리, 대규모 언어 모델, 생성형 AI, 프롬프트와 응답 등 특징이 되는 용어 10으로 설명할 수 있습니다.
- ☑ 챗GPT는 유/무료에 따라 사용하는 기기와 운영체제에 따라 차이가 있습니다.

정말 쉽네?

Part

02

챗GPT
시작하기

자!
이제 챗GPT를
시작해볼까?

여기서 공부할 내용

Chapter 01 **처음 만나는 챗GPT, 궁금해요**에서 챗GPT란 무엇인지 알아보고 그와 관련된 개념들을 살펴봤습니다. 챗GPT의 버전별 차이점도 알아보며 어느 정도 마음속으로 내가 사용해볼 챗GPT를 정했을지도 모릅니다. 그럼 이제 챗GPT란 어떻게 사용하는 것인지 직접 확인해볼 차례입니다. Chapter 02 **챗GPT 접속하기**에서는 챗GPT 접속 방법과 가입하는 방법을 소개합니다. 그런 다음 챗GPT를 유료로 사용하는 방법인 구독과 해지하는 방법을 알아보겠습니다. 챗GPT를 사용하는 기본적인 방법을 알고 있다면 다음 장으로 넘어가도 좋습니다.

💬 이 그림은 챗GPT에게 'AI와 사람이 출발선에서 시작하기를 기다리는 모습을 간단하고 직관적으로 표현한 이미지를 만들어줘.'라고 프롬프트를 입력하여 생성한 이미지입니다.

Chapter 02

챗GPT 접속하기

챗GPT를 사용하려고 하는데 접속 방법이 궁금해요. 저는 컴퓨터와 스마트폰 두 기기 모두에서 이용하고 싶어요!

학생

오선생님

챗GPT에 접속하는 방법은 다양합니다. 집에 있는 컴퓨터를 이용한 웹 브라우저(인터넷) 접속, 스마트폰(안드로이드, 아이폰)으로 빠르고 간편하게 접속하는 방법 등을 이용할 수 있습니다. 각각 어떻게 접속하는지 알아보겠습니다.

💬 컴퓨터로 접속하기

챗GPT에 접속하는 방법은 다양하지만 업무 등에 활용한다면 컴퓨터로 가장 많이 접속할 것입니다. 여기서는 컴퓨터로 챗GPT에 접속하여 화면을 가볍게 둘러봅니다.

웹 브라우저

01 먼저 크롬, 마이크로소프트 엣지, 사파리 등 인터넷이 연결된 웹 브라우저를 엽니다.

02 주소창에 챗GPT 주소를 입력하고 **Enter** 를 눌러 챗GPT 사이트로 이동합니다.

  • 챗GPT 주소 : chatgpt.com

03 다음 이미지와 같은 화면이 나오면 챗GPT에 접속 성공입니다.

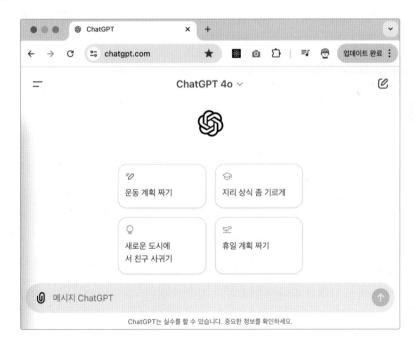

💬 스마트폰으로 접속하기

챗GPT는 간편하게 스마트폰에 설치해서 사용할 수 있는 모바일 앱도 있습니다. 다음은 스마트폰 기종에 따른 챗GPT 모바일 앱 다운로드 방법으로 참고하세요.

안드로이드

01 안드로이드 스마트폰에서는 구글 플레이에서 '챗GPT'를 검색하세요.

02 [설치] 버튼을 누르면 스마트폰에 앱이 다운로드되면서 설치됩니다.

아이폰

01 아이폰에서는 앱 스토어에서 '챗GPT'를 검색하세요. 검색하면 많은 결과물이 나옵니다. 이 중 ChatGPT를 다운로드하여 설치하세요. 최근 공식 앱이 아닌 다른 앱에서 결제를 유도하는 피싱 사례가 많아졌습니다. 속지 않으려면 제공자가 OpenAI인지도 살펴보세요.

TIP 저는 이전에 설치한 버전이 있으므로 [업데이트]로 버튼이 바뀌어 있습니다.

02 [받기] 버튼을 누르면 스마트폰에 챗GPT 앱을 설치합니다.

📋 마무리 요약

☑ 웹 브라우저, 모바일, 데스크톱 앱 이렇게 실행 환경별 챗GPT 접속하는 방법을 확인할 수 있습니다.

☑ 스마트폰의 인터넷으로 챗GPT를 이용할 수 있지만 앱을 다운받아 이용할 수도 있습니다.

☑ 스마트폰에서도 챗GPT에 접속할 수 있기 때문에 언제 어디서든 편리하게 사용할 수 있습니다.

(Chapter 03)

챗GPT 가입하기

이제 본격적으로 챗GPT를 사용하려고 하는데 바로 사용할 수 있나요?

학생

오선생님

챗GPT를 사용하려면 먼저 회원가입을 진행해야 합니다. 챗GPT는 회원가입을 다양한 방법으로 제공합니다. 여러분이 선호하는 방법을 선택하여 회원가입하세요. 회원가입하는 방법은 컴퓨터, 모바일 모두 같습니다. 여기서는 가장 많은 사람이 사용하는 방법인 컴퓨터 웹 브라우저를 기준으로 설명합니다.

💬 이메일 주소로 가입하기

이메일 주소를 계정 정보에 입력한 다음 이메일 검증을 통해 회원가입을 하는 방법입니다. 기존에 이메일이 있다면 그것을 사용하면 되고, 없다면 새롭게 이메일을 만들어서 이용해야 합니다.

01 컴퓨터의 웹 브라우저로 챗GPT에 접속한 다음 오른쪽 위의 [회원가입]을 클릭합니다.

02 그러면 '계정 만들기' 화면으로 바뀌고 이메일 주소 입력 칸이 나타납니다. ❶ 입력 칸에 챗GPT 계정으로 사용할 이메일을 입력한 후 ❷ [계속]을 누릅니다.

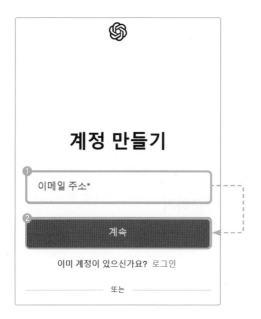

03 ❶ 비밀번호는 최소 12자리 이상 문자로 구성하여 입력한 후 ❷ [계속]을 클릭합니다.

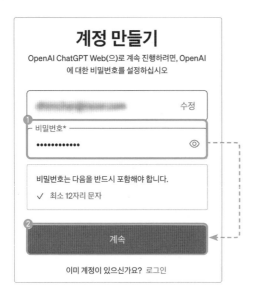

04 화면에 '이메일을 검증하세요'라는 메시지가 나타납니다. 입력한 이메일 주소의 메일
함으로 이동하세요. 그런 다음 ChatGPT에서 보낸 이메일을 확인한 다음 [이메일 주
소 인증]을 누르세요.

05 화면에 '이메일 검증됨'이라는 메시지가 나타나면 회원가입 성공입니다.

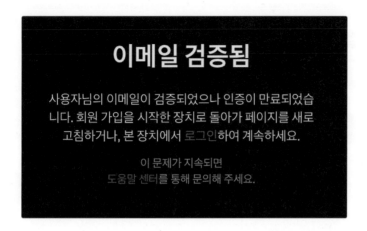

06 원래의 챗GPT 화면으로 돌아오거나 챗GPT에 접속하여 오른쪽 위의 [로그인]을 클릭합니다.

07 이메일 주소 입력 칸에 회원가입할 때 입력한 ❶ 이메일 주소를 입력하고 ❷ [계속]을 누릅니다. 그러면 비밀번호 입력 창이 열립니다. 비밀번호 입력 칸에 가입할 때 입력한

③ 비밀번호를 입력하고 ④ [계속]을 누릅니다.

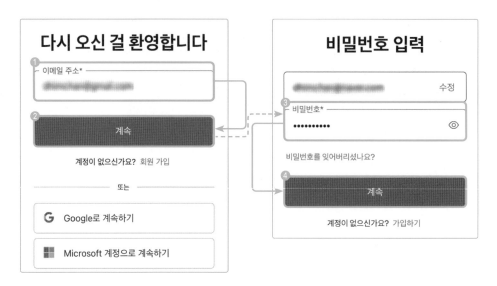

08 '사용자님에 대해 알려주세요'라는 사용자 정보를 묻는 화면으로 전환됩니다. 성명은 챗GPT 상에서 사용할 닉네임과 같습니다. ❶ 성명과 생년월일을 입력한 후 ❷ [동의함]을 누릅니다.

09 그러면 다음과 같은 화면이 나타나고 가운데 'ChatGPT 시작 팁' 내용이 나타납니다. [이제 시작하죠]를 누르면 회원가입이 끝납니다.

💬 구글 이메일로 가입하기

구글 계정이 있다면 구글 이메일로 더욱 간편하게 챗GPT 회원가입을 마칠 수 있습니다.

01 컴퓨터 웹 브라우저로 챗GPT에 접속한 후 오른쪽 위의 [회원가입]을 누릅니다.

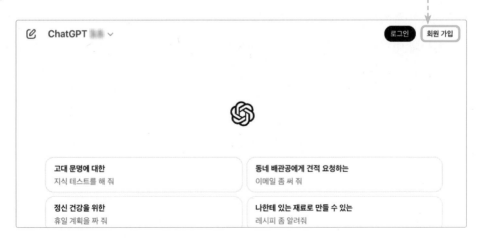

02 '계정 만들기' 화면으로 바뀌면 [Google로 계속하기]를 누릅니다. 그러면 'Google 계
정으로 로그인' 화면으로 바뀝니다. 이미 컴퓨터 웹 브라우저에서 구글 계정을 사용 중
이라면 이미 로그인된 구글 계정을 선택하라는 내용이 나옵니다. ❶ 구글 계정이 보이
면 오른쪽 목록에서 선택하세요. 다른 구글 계정을 사용하거나 새 구글 계정으로 시작
하려면 ❷ [다른 계정 사용]을 누르세요.

03 이미 사용 중인 구글 계정을 선택하면 ❶ 구글 계정의 이메일과 전화번호, 비밀번호를
입력하여 구글 계정으로 로그인합니다. 그러면 'OpenAI 서비스로 로그인' 화면이 나
오는데 여기서 ❷ [계속]을 누르세요. 이후 과정은 '이메일 주소로 가입하기'의 내용과
동일하므로 생략하겠습니다.

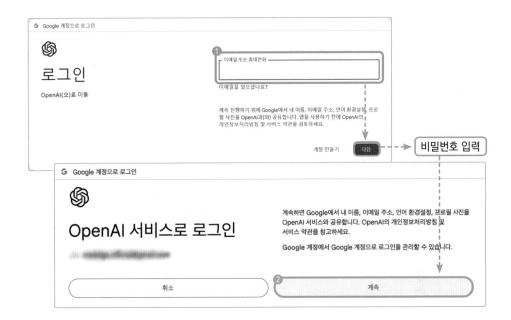

💬 마이크로소프트 계정으로 가입하기

마이크로소프트 계정을 이용해도 챗GPT 회원가입을 할 수 있습니다.

01 컴퓨터 웹 브라우저로 챗GPT에 접속한 다음 오른쪽 위의 [회원가입]을 누르세요.

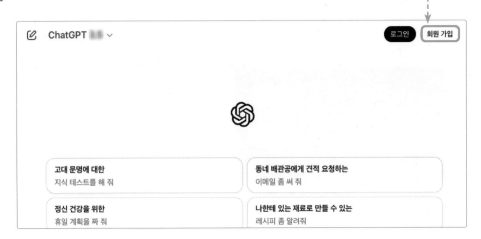

02 '계정 만들기' 화면에서 [Microsoft 계정으로 계속하기]를 누르세요. 그런 다음 'Microsoft 로그인' 화면에서 마이크로소프트 계정으로 로그인하세요. 만약 마이크로소프트 계정이 없다면 [계정을 만드세요!]를 눌러 새 마이크로소프트 계정을 생성하여 챗GPT 회원가입을 하면 됩니다.

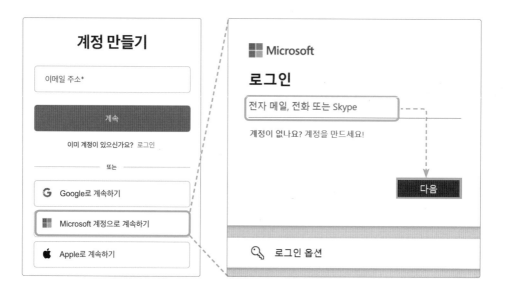

03 로그인 정보를 입력하면 마이크로소프트에 가입할 때 입력한 보조 이메일로 **6자리의 코드**를 발송합니다. 보조 이메일함으로 이동하여 챗GPT가 보낸 메일을 확인하고 코드 6자리를 코드 입력 칸에 입력하고 [로그인]을 누릅니다.

04 '로그인 상태를 유지하시겠습니까?'라는 화면이 보이면 [예]를 누르세요. 원하지 않으면 [아니요]를 눌러도 상관없습니다.

05 '이 앱이 회원님의 정보에 액세스할 수 있도록 허용하시겠습니까?'라는 화면이 보이면 [수락]을 누릅니다. 이 과정을 해야 챗GPT에 마이크로소프트 계정이 연결됩니다. 이후 과정도 '이메일 주소로 가입하기'와 동일하므로 생략하겠습니다.

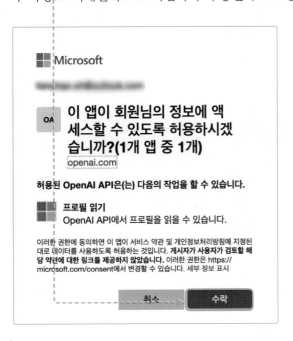

🗨 애플 계정으로 가입하기

이번에는 애플 계정으로 챗GPT에 회원가입하는 방법을 알아보겠습니다.

01 컴퓨터 웹 브라우저로 챗GPT에 접속한 후 오른쪽 위의 [회원가입]을 누릅니다.

02 '계정 만들기' 화면이 보이면 [Apple로 계속하기]를 누릅니다. 'Apple ID를 사용해 ChatGPT에 로그인하기' 화면에서 이메일 또는 전화번호 입력 칸에 애플 계정을 입력합니다.

03 이메일을 입력한 다음 [→]을 누르면 바로 아래에 비밀번호 입력 칸이 나타납니다. 여기에 애플 계정의 비밀번호를 입력하고 [→]을 누릅니다.

04 그러면 계정과 연결된 아이폰으로 다음과 같은 문자 메시지가 전송됩니다. 문자 메시지로 받은 내용 중 'APPLE ID 코드' 6자리를 이중 인증 입력 칸에 입력합니다.

05 코드를 입력하면 '브라우저 신뢰하기' 화면이 나타납니다. 이 과정은 자신의 컴퓨터에서만 [신뢰함]을 눌러 진행하기 바랍니다. 잘 모르겠다면 [나중에]를 눌러 진행하세요.

06 그러면 'Apple로 로그인' 화면으로 바뀝니다. 내용을 확인하고 [계속]을 누릅니다.

07 다음 화면은 Apple ID를 사용하여 챗GPT 계정을 생성하겠다는 의미의 화면입니다. 여기서 2가지 옵션을 선택할 수 있습니다.

- 나의 이메일 공유하기 : 챗GPT가 이메일로 보내는 정보를 애플 계정 이메일로 받겠다는 의미입니다.

- 나의 이메일 가리기 : 애플 계정 이메일로 정보를 받지만, 챗GPT가 이메일 계정을 모르게 한다는 의미입니다.

어느 쪽을 선택해도 상관없습니다. 원하는 옵션을 선택한 다음 [계속]을 누릅니다. 이후 과정은 **'이메일 주소로 가입하기'**의 **08**부터 동일하므로 생략하겠습니다.

 유료로 챗GPT를 구독하여 사용하는 중에 계정 정보를 잊어버리게 되면 유료 해지가 어려울 수 있으므로 꼭 기억할 수 있는 방법으로 회원가입하는 것을 권장합니다.

📋 마무리 요약

☑ 챗GPT에 회원가입하는 방법은 다양하며 이메일, 구글 이메일로 가입할 수 있습니다.

☑ 마이크로소프트 계정이 있다면 챗GPT 계정 연동을 통해 이용할 수 있습니다.

☑ 애플 계정이 있다면 APPLE ID를 사용하여 챗GPT 계정을 만들어 사용할 수 있습니다.

Chapter 04

챗GPT 유료로 사용하기

챗GPT 무료로 사용하다 보니까 제한이 생겨서 불편하더라고요. 유료 버전을 쓰고 싶은데 유료 버전은 언제 쓰는게 좋고, 어떻게 사용하는지 궁금해요.

학생

오선생님

무료 버전은 챗GPT 사용 횟수나 기타 제약이 많아서 사실 조금 불편합니다. 이 책의 실습을 빠르게 진행하면서 자신의 상황에도 적용하고 싶다면 아마 모자랄 거예요. 그럴 때는 챗GPT를 유료로 결제하는 것을 추천합니다. 하지만 소중한 나의 돈을 쓰는 결정이므로 신중하면 좋겠죠. 챗GPT 유료 버전은 언제 쓰는 것이 좋은지, 어떻게 구독하는지, 또 어떻게 해지하는지 등에 대한 내용을 모두 알려줄게요.

💬 챗GPT 유료 구독하기

01 챗GPT에 로그인한 상태에서 주요 화면 왼쪽 아래에 있는 [플랜 업그레이드] 또는 [Plus 갱신]을 누르세요. 버튼에 쓰인 글자는 업데이트 상태에 따라 달라질 수 있으므로 위치로 표시했습니다.

모바일 화면도 참고하세요. 모바일 화면은 주 화면 가운데 위에 표시되어 있어 이 버튼을 누르면 됩니다. 또는 왼쪽 위에 있는 ☰ 버튼을 누르고 왼쪽 메뉴가 펼쳐지면 아래에 계정 오른쪽에 있는 ⋯을 누르세요. 그런 다음 '설정' 창에서 [ChatGPT Plus로 업그레이드하기]를 누르면 됩니다.

02 그러면 챗GPT를 사용하기 위한 2가지 플랜이 나타납니다. 챗GPT 유료 버전이라 말하는 것은 Plus입니다. Plus 버전은 월 20달러에 구독하여 사용할 수 있습니다. [개인], [비즈니스]에 보이는 'Team'은 월 25달러이고 회사나 기관에서 특수 목적으로 사용할 경우에만 선택하는 옵션입니다. 여러분은 굳이 이 옵션으로 구독할 필요가 없습니다. [Plus로 업그레이드]를 눌러 진행하세요.

03 결제 화면으로 바뀌면 부가세를 포함한 결제 금액 안내와 결제 방식으로 결제할 카드 정보를 입력하는 공간이 있습니다. 해외 결제가 가능한 신용카드 또는 체크카드의 정보를 입력하세요. 카드 정보를 모두 입력한 다음에는 이용약관을 체크하고 [구독하기]를 누르세요.

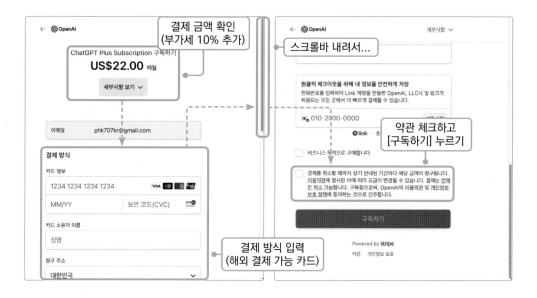

04 결제를 완료하고 내 결제 상태를 확인해보세요. 컴퓨터 웹 브라우저 오른쪽 위에 있는 [내 아이콘]을 누르고 [내 플랜]을 누르면 현재 플랜 상태를 확인할 수 있습니다.

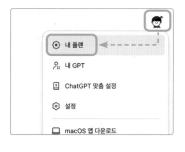

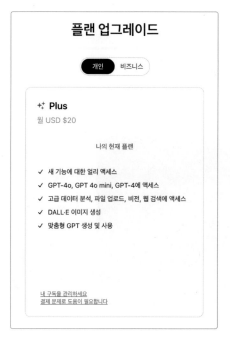

💬 챗GPT 유료 해지하기

01 만약 챗GPT를 더 이상 사용하지 않을 계획이라면 유료 구독을 해지해야 합니다. 주 화면에서 [내 아이콘 → 내 플랜]을 누른 후 [내 구독을 관리하세요]를 누르면 해지 화면이 나타납니다.

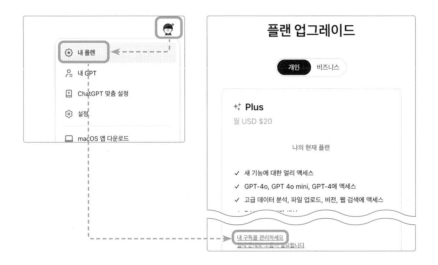

02 [플랜 취소]를 누르면 '플랜이 ~년 ~월 ~일에 갱신됩니다'에 표시한 날짜까지는 유료 버전을 사용할 수 있고, 구독은 취소되어 더 이상 자동 결제가 되지 않습니다.

03 다음은 챗GPT 구독 취소에 대해 영어로 질문하는 설문 조사 페이지가 나오는데, 모든 설문 조사 페이지는 무시해도 좋습니다. 오른쪽 아래에 있는 [Next page]를 계속 누르세요.

> **TIP** 페이지가 여러 번 나오는데 모두 [Next page]로 넘겨 완료하면 됩니다.

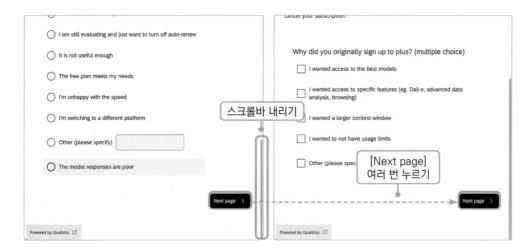

04 정말로 구독 상태가 유지되는지도 확인해봅시다. [내 플랜]을 클릭하면 여전히 플러스에 구독 중인 걸 확인할 수 있습니다. 그 이유는 이미 월 20불을 결제했고 결제일 기준 1개월을 사용하지 않았으며, 유료 구독 기간이 남아 있기 때문입니다.

05 다시 [내 구독을 관리하세요]를 눌러 '현재 플랜'으로 이동하면 취소 날짜도 보입니다. [플랜 갱신]이 보이면 제대로 해지가 된 것입니다. 다시 유료 구독을 하고 싶다면 언제든 [플랜 갱신]을 클릭하면 됩니다.

Part 02 **챗GPT 시작하기**에서는 챗GPT를 시작하기 위해 접속부터 회원가입 방법과 유료 구독과 해지 방법까지 알아봤습니다. 이 과정을 천천히 따라하며 나에게 맞는 접속 방법과 계정을 만들어 챗GPT 사용을 본격적으로 시작해보세요.

🗒️ 마무리 요약

- ✅ 챗GPT는 무료 버전과 유료 버전 중 선택하여 사용할 수 있습니다.
- ✅ 챗GPT의 유료 구독은 플랜 업그레이드를 통해 사용할 수 있으며 매월 일정 금액을 결제해야 합니다.
- ✅ 챗GPT 유료 구독 해지도 '내 플랜'에서 설정을 변경할 수 있습니다.

정말 쉽네?

Part

03

챗GPT
사용하기

여기서 공부할 내용

지금까지 챗GPT가 무엇인지, 챗GPT를 시작하는 과정과 방법을 살펴봤습니다. 이제 본격적으로 챗GPT 기능을 알아보겠습니다. 이미 Part 01 의 챗GPT 버전에 따른 차이 알아보기에서 PC 버전과 모바일 버전과 같이 각 버전마다 기능에 차이가 있다는 걸 간략하게 소개했습니다. 여기서는 버전마다 지원하는 기능을 자세히 알아보겠습니다.

💬 이 그림은 '귀엽고 단순한 화풍을 계속 유지하면서 '챗GPT 사용하기'를 주제로 AI와 상호작용하는 이미지를 만들어줘.'라고 프롬프트를 입력하여 생성한 이미지입니다.

(Chapter 05)

챗GPT 화면의 기능 파헤치기

챗GPT는 인공지능과 채팅하는 기능 말고도 화면을 살펴보니 다양한 기능이 있는 것 같아요?

학생

오선생님

네, 그렇습니다. 앞에 붙은 '챗^{chat}'이라는 단어에서 짐작이 가듯 챗GPT는 주로 인공지능과 채팅하면서 사용합니다. 그래서 겉으로 보기에는 채팅 앱처럼 느껴질 수 있습니다. 하지만 챗GPT에는 이 외에도 유용한 기능이 많이 숨겨져 있습니다. 지금부터 챗GPT의 숨겨진 기능을 모두 파헤쳐봅시다.

💬 웹 브라우저에서 챗GPT 화면 살펴보기

웹 브라우저를 통해 챗GPT에 접속하면 볼 수 있는 기본 화면입니다. 여기에는 8가지 주요 기능을 하는 버튼이 있습니다. 화면에 표시한 번호대로 중요도 순서를 정했습니다. 이 순서 대로 각각 어떤 기능을 하는지 알아봅시다.

① 채팅 입력 창처럼 사용할 수 있는 '프롬프트 입력 창'

아마 여러분이 가장 많이 사용할 '프롬프트 입력 창'입니다. 채팅 입력 창과 비슷하게 생겼죠? 여기에 채팅하듯 챗GPT에게 명령할 수 있습니다. 그리고 이 명령을 '프롬프트'라고 부릅니다. 앞으로 '프롬프트'를 입력한다고 하면 여기에 채팅을 입력하는 것을 의미한다고 이해하면 됩니다.

② 내가 보낸 파일을 분석하고 해석한다! '첨부 파일 추가하기'

요즘은 채팅 입력 창에 사진이나 음성 메시지 등을 보낼 수 있습니다. 챗GPT도 마찬가지입니다. 챗GPT에게 엑셀 파일이나 이미지를 보내면서 '엑셀을 정리해'라든지 '사진을 분석해'와 같은 프롬프트를 전달할 수 있습니다. 자세한 내용은 첨부 파일을 활용할 때 알아보겠습니다.

❸, ❺ 새로운 작업은 새 채팅방에서 '새 채팅'

여러 주제를 하나의 채팅에서 진행할지, 각각 주제에 따라 채팅을 나눠서 작업을 진행할지를 생각해봅시다. 하나의 채팅에서만 여러 작업을 진행한다면 복잡도가 올라가겠죠? 챗GPT에서는 여러 개의 채팅을 만들 수 있기 때문에 문제없습니다. 새로운 채팅을 만드는 새 채팅 기능은 각 채팅마다 다른 작업으로 구분하여 진행할 때 유용합니다. 작업에 따라 구분이 되어 이전 내용을 찾아보기도 용이하며 정리도 되기 때문에 새 채팅 기능이 요긴하다는 걸 알 수 있을 겁니다.

❹ 화면을 넓게 쓰고 싶을 때는 '사이드바'

화면 왼쪽 위의 사이드바 버튼을 클릭하면 사이드바를 닫거나 열 수 있습니다. 화면을 더 넓게 쓰고 싶을 때 사이드바 기능이 유용합니다.

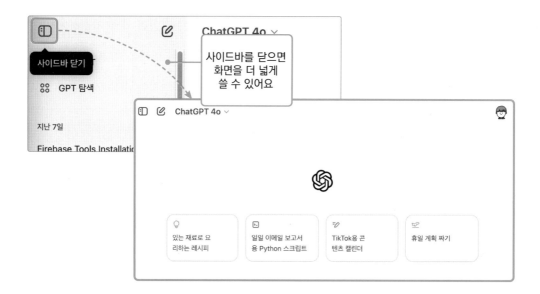

⑥ 사용자 맞춤형 GPT를 찾아 사용해볼까요? 'GPT 탐색'

GPT 탐색이란 맞춤형 GPT(GPTs)를 탐색할 수 있는 메뉴입니다. 여러분이 아닌 다른 사람이 챗GPT와 채팅하여 특정한 작업을 잘할 수 있도록 훈련시킨 상태의 챗GPT를 GPTs라고 부릅니다. 예를 들어 여러분이 엑셀 작업을 챗GPT에게 부탁하려고 할 때 GPT 탐색에서 '엑셀'을 검색해보세요. 엑셀을 잘할 수 있도록 이미 훈련을 마친 챗GPT에게 부탁하는 것이 더 편리할 수 있어요. 이 내용은 Part 08 **나만의 GPT 만들기**에서 상세하게 다룹니다.

⑦ 챗GPT의 버전을 바꾸고 싶어요! '버전 선택하기'

챗GPT가 알려주는 결과의 품질이 마음에 들지 않을 때 챗GPT의 버전을 바꿔보며 질문할 수 있습니다. 질문에 따라 나오는 대답이 무료라고 해서 질이 떨어지진 않습니다. 또 유료라고 해서 만족스러운 답변을 내놓는 것도 아니구요. 그렇기 때문에 챗GPT를 활용하면서 질문에 대한 답변이 만족스럽지 않다면 버전을 한 번 바꿔서 사용해보세요. **다만 챗GPT의 버전을 바꿔서 사용하려면 유료 회원가입이 필수입니다.** 챗GPT는 현재 o1-preview(유료), o1-mini(유료), GPT-4(유료), GPT-4o(부분 무료), GPT-4o mini(무료) 중 하나를 골라 사용할 수 있습니다.

무료 계정은 [유료 구독] 버튼과 [임시 채팅] 기능만 사용할 수 있습니다. **이 책은 무료 버전을 기준으로 실습하므로 이 기능은 별도로 사용할 일이 많지 않을 겁니다.**

❽ 계정 및 설정

내 계정 정보 및 챗GPT를 설정하는 메뉴를 제공합니다.
여기서 유료, 무료 전환을 하거나, 화면을 다크 테마로 바
꾸거나 계정 로그아웃을 할 수 있습니다

💬 모바일에서 챗GPT 화면 살펴보기

이번에는 모바일 화면에서의 챗GPT 앱 구성을 살펴보겠습니다. 앱은 컴퓨터 버전 챗GPT
와 큰 차이가 없으므로 차이점 위주로 설명하겠습니다.

> **TIP** 챗GPT 앱의 화면 구성은 아이폰과 안드로이드폰이 같으므로 여기서는 아이폰 화면 기준으로 설명하겠습니다.

❶ 프롬프트 입력 창

채팅하듯이 프롬프트를 입력하여 챗GPT에게 명령할 수 있습니다.

❷ 첨부 파일 추가하기

[+]를 누르면 카메라 실행, 사진 불러오기, 파일을 첨부할 수 있는 추가 버튼이 나타납니다. 이 중에서 카메라 실행 기능을 사용할 수 있는 점이 모바일 챗GPT의 장점입니다.

❸ 음성으로 프롬프트 입력하기

모바일 챗GPT는 핸드폰에 있는 마이크의 음성 인식 기능을 이용하여 음성으로 프롬프트를 입력할 수도 있습니다. 키보드를 쓰기 어렵거나, 회화 공부와 같은 목적으로 유용하게 쓸 수 있는 기능입니다.

❹ 음성 채팅 모드

이 기능은 챗GPT 모바일 앱만의 특별한 기능입니다. 챗GPT를 아예 1:1 음성 채팅 형식으로 바꿔 사용할 수 있습니다. 아직 기능적으로 완벽하지 않지만 챗GPT에서 강력하게 밀고 있는 기능 중 하나입니다. 다음 동영상은 두 사람이 챗GPT 앱의 음성 채팅 모드를 사용하는 영상으로 시청해보고 어떤 기능인지 확인해보세요.

> **TIP** [OpenAI 해외 영상] 챗GPT 음성 인식 기능으로 외국어 회화 공부하기 : www.youtube.com/watch?v=Mckd-FhJlp0

Learning a new language with ChatGPT Advanced Voice Mode

 오선생의 비법 노트

음성 입력과 음성 채팅은 어떻게 다른가요?

프롬프트를 입력할 때 마이크 모양 아이콘을 누르면 음성으로 입력할 수 있습니다. 대신 챗GPT는 화면에 답변을 알려주죠. 그 옆의 헤드폰 모양의 아이콘을 누르면 챗GPT와 음성 채팅을 시작할 수 있습니다. 음성으로 프롬프트를 말하거나 대화를 걸면 챗GPT 또한 음성으로 대답을 해줍니다. 둘 다 음성으로 챗GPT에게 명령할 수 있지만 답변을 받는 방식에 차이가 있습니다.

TIP ⑤~⑫의 모바일 챗GPT 화면의 기능은 웹 브라우저 챗GPT 화면의 기능과 동일하므로 여기서는 생략하겠습니다. 헷갈린다면 웹 브라우저 챗GPT 화면 살펴보기를 참고하세요.

💬 챗GPT에 첫 질문하기

이제 챗GPT에 프롬프트 입력을 시작해봅시다. 앞서 프롬프트는 AI에 입력하는 명령이라고 했습니다. 챗GPT에게 우리가 원하는 답을 얻을 수 있도록 프롬프트 입력을 해봅시다.

01 ❶ 새 채팅을 만들고 프롬프트에 다음 이미지의 ❷ 텍스트를 입력한 다음 오른쪽에 보이는 ❸ ⬆를 누르거나 **Enter** 를 누릅니다.

02 '너를 소개해줘.'라는 프롬프트 입력에 대해 챗GPT가 마치 대화하듯 자신을 소개합니다.

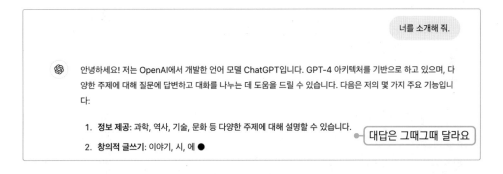

챗GPT가 응답을 끝내면 그 대답 밑에 6개의 아이콘으로 이루어진 메뉴를 볼 수 있습니다. 이건 대체 무엇일까요? 이 6가지 아이콘은 챗GPT의 답변에 대하여 상호작용을 하기 위한 것입니다.

❶ Read Aloud

스피커 모양의 첫 번째 아이콘은 '소리내어 읽기'입니다. 이 아이콘을 누르면 챗GPT가 응답한 내용을 읽어줍니다. 스피커를 켜고 소리를 들어보세요. 생각보다 **기계적인 느낌이 많이 느껴지지 않는 자연스러운 목소리의 답변을 들어볼 수 있을 겁니다.**

❷ 복사

네모가 두 개 겹쳐진 모양의 아이콘은 '복사하기'입니다. 이 아이콘을 누르면 챗GPT의 응답을 복사할 수 있습니다.

❸ 응답 다시 생성하기

이 아이콘은 여러분이 챗GPT의 응답이 마음에 들지 않을 때 누르면 **챗GPT가 응답을 다시 생성해줍니다.** 입력한 프롬프트에 대해 마음에 드는 답이 나올 때까지 얼마든지 아이콘을 눌러보세요.

❹ 좋은 응답

소셜 네트워크 서비스(SNS)에서 많이 봤던 아이콘인데 여기에도 있다니 조금 특이하다고 생각할 수 있습니다. 이 아이콘은 챗GPT 응답 이후 생성되는 **'좋은 응답'** 아이콘으로 사용자가 해당 응답에 대해 긍정적으로 평가할 수 있는 피드백을 주는 기능입니다. 아이콘을 누르면 해당 응답이 유용하거나 만족스러웠다는 신호를 줍니다. 이 신호는 모델의 성능과 사용자 경험을 개선하는 데 도움을 주는 피드백으로 활용됩니다.

⑤ 별로인 응답

이 아이콘은 챗GPT의 응답이 적절하지 않거나 원하는 응답이 아니라고 생각될 때 누르면 다음 번 응답에 챗GPT가 앞서 대답했던 것과 비슷한 응답을 하지 않도록 만듭니다. 즉 **여러분이 챗GPT와의 질답에서 원하지 않는 응답을 받았다고 판단할 때 이 버튼을 누르면 챗GPT가 그 방향을 피하여 대답합니다.**

⑥ 모델 변경

챗GPT 무료 구독자에게는 큰 의미가 없는 'GPT 버전을 바꾸는 모델 변경 아이콘'입니다. 무료 구독자는 최신 모델인 GPT-4o로 고정되어 있죠. 유료 구독자라면 특정 모델을 선택할 수 있습니다. 다음 화면은 유료 구독 계정에서 챗GPT로부터 대답을 받았을 때 아래에 생긴 '모델 변경' 아이콘을 눌러본 화면입니다.

📋 마무리 요약

- ☑ 웹 브라우저, 모바일 이렇게 실행 환경별 챗GPT의 기능을 확인할 수 있습니다.
- ☑ 챗GPT에게 프롬프트 입력을 통해 첫 질문을 함으로써 그 기능과 특징을 알 수 있습니다.
- ☑ 모바일에서는 챗GPT 음성 기능을 사용할 수 있습니다.

(Chapter 06)

챗GPT의 채팅 원리와 기능 파헤치기

챗GPT와 채팅은 어떤 방식으로 이루어지나요? 채팅할 때는 그냥 '~를 알려줘'라고 입력하면 되는 건가요? 그런데 주변에서는 그렇게 하는 게 아니라고 하던데요...?

학생

오선생님

좋은 질문입니다. 챗GPT의 중요한 특징을 알아두면 좋을 것 같네요. 챗GPT는 현재 대화하고 있는 상태를 기억하는 특징이 있기 때문에 채팅을 하고 있는 상황을 벗어나지 않으면 지금까지 한 내용도 고려하여 답변합니다. 그래서 꼬리에 꼬리를 무는 식의 대화는 현재 채팅방을 유지하며 대화하는 것이 좋습니다. 하지만 주제가 달라지면 새 채팅방을 만들어 대화하는 것이 좋습니다. 여기서는 그런 방법 외의 챗GPT와 채팅하기 위한 다양한 기능을 알아봅니다.

💬 꼬리에 꼬리를 무는 채팅하기

챗GPT의 중요한 특징 중 하나인 '대화하고 있는 상태를 기억하는 특징'을 실험해봅시다.

01 새 채팅방을 만들고 챗GPT에게 '개미의 생김새를 설명해줘.'라고 요청합니다.

개미의 생김새를 설명해줘.

개미는 다양한 종들이 있지만, 일반적으로 다음과 같은 생김새를 가지고 있습니다:

1. **머리**: 개미의 머리에는 큰 턱(만드리블)이 있으며, 이 턱은 먹이를 자르고 나르거나 방어

3. **배(복부)**: 개미의 복부는 음식물 소화와 생식 기능을 담당합니다. 배 끝에는 침이 있는 경우도 있으며, 이를 통해 독을 주입하거나 방어할 때 사용합니다.

4. **색깔과 크기**: 개미의 색깔은 종에 따라 다양하지만, 일반적으로 검은색, 갈색, 빨간색 등이 있습니다. 크기 또한 매우 다양하며, 몇 밀리미터에서 몇 센티미터까지 다양합니다.

5. **다리**: 개미는 6개의 다리를 가지고 있으며, 이 다리는 빠르게 움직이거나 균형을 잡는 데 도움이 됩니다.

이러한 특징들은 개미가 다양한 환경에서 생존하고 적응하는 데 중요한 역할을 합니다.

02 챗GPT의 대답에서 개미에 대한 설명 중 색깔에 대한 궁금증이 생겼습니다. 사용하고 있는 채팅에 '빨간색은 어떤 종이야?'라고 입력하여 물어봅니다.

빨간색은 어떤 종이야?

빨간색 개미의 대표적인 종은 다음과 같습니다:

1. **붉은불개미 (Red Imported Fire Ant, Solenopsis invicta)**:

   - 붉은불개미는 공격적이며, 독침을 가지고 있어 사람과 동물에게 큰 피해를 줄 수 있습니다. 주로 미국 남부와 중남미 지역에 분포하며, 침입종으로 여러 나라에 퍼져나가고 있습니다.

2. **붉은집개미 (Red House Ant, Ochetellus glaber)**:

3. **홍개미 (European Red Ant, Myrmica rubra)**:

   - 홍개미는 유럽과 아시아에 주로 분포하며, 붉은색을 띠고 있습니다. 이 개미들도 독침을 가지고 있으며, 침입종으로 북미 지역에서도 발견됩니다.

이러한 빨간색 개미들은 각각의 환경과 생태에 맞게 적응하여 살아가고 있으며, 일부 종은 인간에게 피해를 줄 수 있어 주의가 필요합니다.

이것이 챗GPT의 특이점입니다. 현재 질문에는 개미에 대한 언급을 하지 않았습니다. 여러분도 자각하지 못했을 수 있습니다. 하지만 챗GPT는 자연스럽게 개미에 대해 이야기합니다. 앞에서 한 대화를 기억하고 있기에 가능한 일입니다.

03 다른 실험도 해봅시다. 이번에는 대화한 기록 중 특정 대화를 지정하여 묻는 것입니다. 챗GPT의 답변에서 특정 부분을 다음과 같이 드래그합니다. 그러면 큰따옴표 아이콘이 생깁니다. 이것을 누르면 드래그한 내용에 이어서 채팅할 수 있습니다.

04 그러면 프롬프트를 입력하는 칸에 드래그한 '빨간색'이라는 내용이 추가된 것을 확인할 수 있습니다. 이 상태에서 채팅 창에 프롬프트를 입력하면 챗GPT는 드래그한 내용에 관하여 이어서 응답합니다.

05 이를테면 추가 텍스트를 입력하지 않고 '알려줘.'라고만 요청해봅니다.

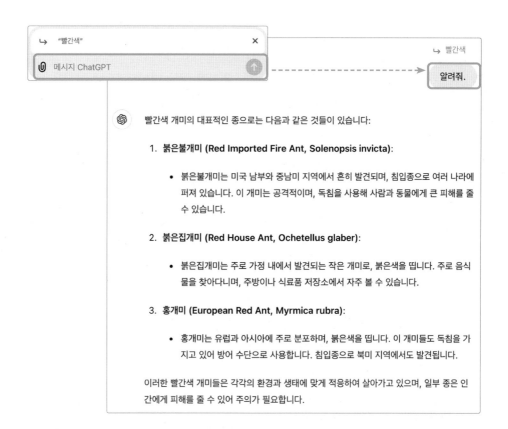

그러면 챗GPT는 앞서 대화한 내용을 모두 고려한 상태로 '빨간색'에 대한 이야기를 합니다. 결과를 보면 빨간색 개미의 종에 대해 알려주고 있습니다. 개미에 대한 대화를 하고 있었고, '빨간색'을 알려달라고 했으므로 빨간색 종의 개미를 알려달라는 의도로 파악한 것 같습니다.

이렇게 챗GPT는 대화를 기반으로 꼬리에 꼬리를 무는 채팅을 할 수 있습니다. 이런 특징이 있다는 것을 꼭 기억하여 앞으로 있을 실습에서 적절히 사용하겠습니다.

💬 파일과 함께 채팅하기

챗GPT는 파일과 함께 채팅할 수도 있습니다. 우리가 일상 대화를 할 때 사진을 보내면서 사진에 대한 의견을 묻거나, 업무를 할 때 파일을 보내서 업무 처리를 요청하는 것처럼요. 정말로 그런지 이것도 실험해보겠습니다.

01 챗GPT의 프롬프트 입력 창 왼쪽에 있는 클립 모양의 아이콘을 클릭하면 [컴퓨터에서 업로드]가 보입니다. ❶ [컴퓨터에서 업로드]를 클릭하면 PC에 저장된 파일을 첨부할 수 있습니다. 모바일에서는 [+] 모양의 버튼을 누르면 됩니다.

> **TIP** ❷ [Google Drive에 연결] 또는 [Microsoft OneDrive에 연결]로 클라우드에 있는 파일을 불러올 수도 있습니다.

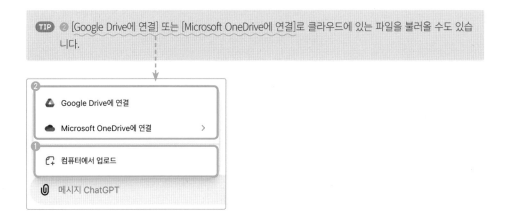

02 저는 실습을 위해 챗GPT 로고 이미지를 준비했습니다. ❶ 이 로고 이미지 파일을 첨부하고, ❷ 챗GPT에게 '이 로고가 어떤 로고인지 설명해줘.'라는 프롬프트를 입력하겠습니다. 챗GPT가 어떻게 답변할까요?

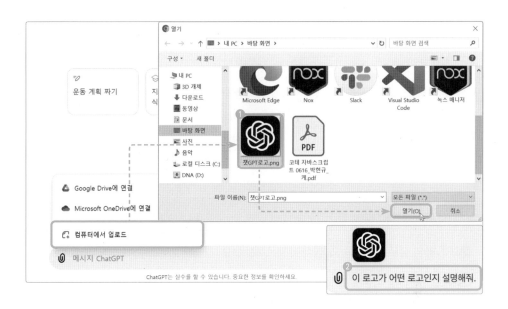

03 답변을 보니 놀랍습니다. 챗GPT가 로고를 분석했습니다. '이 로고는 OpenAI의 로고
입니다...'라고 답하고 있네요. 이처럼 이미지나 문서, 각종 파일 등 챗GPT가 이해할
수 있는 파일이면 프롬프트와 함께 입력하여 대화할 수 있습니다.

04 챗GPT가 이해할 수 있는 파일 종류와 확장자는 다음과 같습니다. 앞으로 여기에 있는
파일도 함께 활용하는 법을 **쉬운 활용** 실습에서 소개하겠습니다. 파일을 함께 활용하
면 챗GPT의 활용도가 무궁무진해집니다. 기대해주세요.

텍스트 파일	.txt	워드 문서	.doc, .docx
엑셀 파일	.xls, .xlsx, .csv	이미지 파일	.jpg, .jpeg, .png, .gif, .bmp, .tiff, .webp
PDF 파일	.pdf	프레젠테이션 파일	.ppt, .pptx
JSON 파일	.json	XML 파일	.xml
HTML 파일	.html, .htm	압축 파일	.zip, .rar

  오선생의 비법 노트

챗GPT 파일 첨부 관련 기능과 정책을 체크해보세요

다음은 2024년 8월 기준 챗GPT의 파일 첨부 정책을 정리한 것입니다. 이 내용을 다 외우라는 것이 아닙니다. 챗GPT를 좀 더 잘 이해하고 사용한다는 차원에서 읽어보고 넘어가기 바랍니다.

- **챗GPT 파일 업로드 FAQ** : vo.la/sKMBzU

파일 첨부 기능 가이드

- **종합(Synthesis)** : 파일 및 문서의 정보를 결합하거나 분석하여 새로운 것을 만들 수 있습니다. 예를 들어 엑셀 파일을 업로드한 다음 데이터를 시각화하거나, 문서를 비교 대조하거나, 문서에 있는 단어를 기반으로 감정 분석 등을 할 수 있습니다.

- **변환(Transformation)** : 문서의 본질을 바꾸지 않고 정보를 재구성할 수 있습니다. 예를 들어 복잡한 연구 논문을 요약하거나, 파워포인트 피드백 제공하거나, 프레젠테이션을 문서로 변환할 수 있습니다.

- **추출(Extraction)** : 문서에서 특정 정보 추출할 수 있습니다. 요약에 유용합니다. 예를 들어 PDF 파일의 주제를 찾고, 요약하거나, 문서에서 인용문만 추출하는 등의 작업을 할 수 있습니다.

파일 업로드 가이드

- **파일 갯수** : 한 번에 최대 20개 파일만 업로드할 수 있음

- **파일 용량** : 파일 마다 최대 512MB

- **엑셀 파일 용량** : 엑셀 파일은 약 50MB로 제한

- **이미지 파일 용량** : 최대 20MB로 제한

- **총합 용량** : 사용자 당 10GB, 조직 당 100GB로 제한

💬 챗GPT 버전 변경하기 - 유료

챗GPT 유료 버전을 구독하고 있다면 챗GPT의 반응을 보면서 적절한 버전을 선택할 수 있습니다. 실제로 챗GPT의 버전에 따라 더 잘하는 답이 있기도 합니다. 이왕 유료 구독을 한 김에 버전을 바꿔가며 실습해보세요.

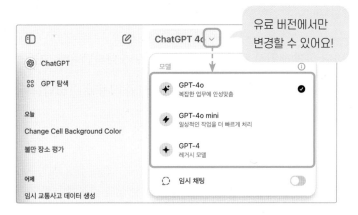

💬 임시 채팅 기능 알아보기

챗GPT의 임시 채팅은 여러분이 챗GPT에 개인 정보와 같은 민감한 정보를 입력할 때 유용한 기능입니다. **이 기능을 사용하면 챗GPT에 기록이 남지 않을 뿐더러 챗GPT 서버에 저장되지 않습니다.**

> **TIP** 프라이빗한 대화를 하고 싶다면 이 기능을 활용해보세요. 흔히 여러분이 나눈 대화는 다시 챗GPT의 인공지능 모델을 훈련하는 데 사용한다고 하죠? 이 기능을 활용하면 그 현상을 막을 수 있습니다. 물론 대화 기록이 사라지므로 재활용할 수 없으니 그 점도 기억하기 바랍니다.

01 임시 채팅은 버전 선택하기 메뉴 하단에서 설정할 수 있습니다. 기본 설정은 임시 채팅 기능 비활성화이므로 꺼져 있습니다.

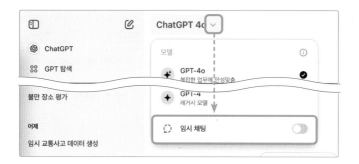

02 임시 채팅 기능을 활성화하면 화면에 임시 채팅에 대한 안내 문구가 나타납니다. 그리고 프롬프트 입력 창이 검은색으로 바뀝니다. 이제 안전하게 챗GPT를 사용할 수 있습니다.

💬 채팅 공유하기

채팅 공유하기는 말 그대로 챗GPT와의 채팅을 다른 사람과 공유할 수 있도록 링크를 생성하는 기능입니다. 여러분이 챗GPT로 하던 대화나 여러 시도를 다른 사람과 공유할 때 이 기능이 유용합니다.

01 챗GPT 메인 화면 또는 새 채팅을 열면 [계정 및 설정] 옆에 ❶ ⬆ [채팅 공유하기] 버튼이 보이지 않을 겁니다. 1회 이상 챗GPT와 채팅을 해야지만 채팅방에서 이 기능이 활성화됩니다. 사용 중인 채팅 내용뿐만 아니라 이전 채팅 내용을 공유하고 싶다면 왼

쪽 사이드바의 채팅 기록에서 ❷ ⬚ 모양의 [옵션] 메뉴를 클릭한 다음 [공유하기] 기능을 이용하면 됩니다.

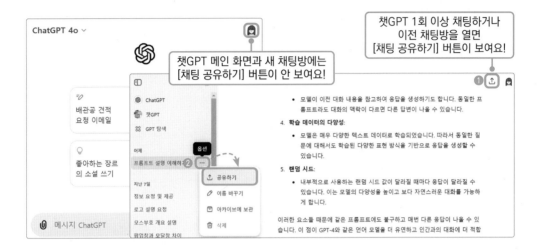

02 채팅 공유하기를 실행하면 다음 이미지처럼 **'채팅의 공개 링크 공유'** 창이 뜨며 '이름, 공유 후 추가하는 모든 메시지가 비공개로 유지됩니다.'라는 안내 문구가 나옵니다. 즉, 채팅 공유하기를 했을 때 공유 링크를 만드는 시점까지의 채팅만 공유한다는 뜻입니다. 해당 대화까지만 사진을 찍어서 다른 사람에게 공유하는 것에 비유할 수 있겠습니다. 채팅을 공유하려면 [링크 만들기] 버튼을 클릭합니다.

> **TIP** 채팅의 공개 링크 공유에서 [자세히 알아보기]를 클릭하면 채팅 공유하기에 대한 자주 묻는 질문 사이트로 이동하며 관련된 자세한 내용을 확인할 수 있습니다.

03 '공개 링크 생성됨'으로 창 이름이 변경됨과 동시에 링크가 생성되며 [링크 복사하기] 버튼을 클릭하여 링크를 공유할 수 있습니다. 또한 링크드인, 페이스북, 레딧^{Reddit}, X(트위터)에 바로 공유할 수 있는 버튼이 생성됨으로써 원하는 방식으로 링크를 공유할 수 있습니다.

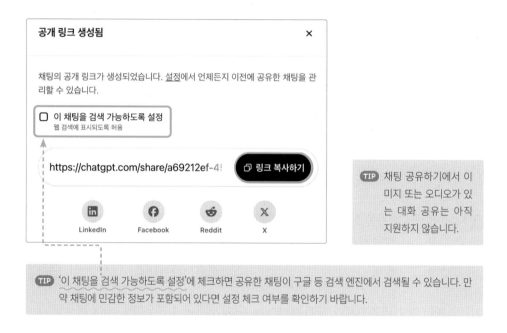

TIP 채팅 공유하기에서 이미지 또는 오디오가 있는 대화 공유는 아직 지원하지 않습니다.

TIP '이 채팅을 검색 가능하도록 설정'에 체크하면 공유한 채팅이 구글 등 검색 엔진에서 검색될 수 있습니다. 만약 채팅에 민감한 정보가 포함되어 있다면 설정 체크 여부를 확인하기 바랍니다.

04 링크를 누르면 다음과 같이 채팅 이름과 채팅이 만들어진 날짜, 그리고 채팅 내용이 나타납니다. [ChatGPT 시작하기] 버튼을 클릭하면 공유된 채팅을 바탕으로 나만의 채팅을 이어 진행할 수 있습니다. 오해하면 안 되는 건 공유받은 채팅에 나의 채팅을 이어서 하더라도 채팅을 공유한 사람과 채팅 내용이 공유되지 않는다는 겁니다.

💬 채팅 이름 바꾸기

채팅 이름은 보통 새로운 채팅을 시작하면 대화의 주제를 바탕으로 챗GPT가 알아서 생성해줍니다. 채팅 이름은 내용과 연관된 이름으로 지어 주므로 마음에 들지 않을 때가 있습니다. 그럴 때 챗GPT 화면 왼쪽 사이드바에 있는 채팅 목록의 옵션 메뉴에서 [이름 바꾸기]를 통해 각 채팅 이름을 변경할 수 있습니다.

01 다음 그림을 통해 채팅의 이름을 바꿔봅시다. 변경하려는 채팅의 ❶ [옵션]에서 ❷ [이름 바꾸기]를 클릭합니다. 원하는 이름으로 변경한 후 **Enter**를 누르면 이름이 변경됩니다.

프롬프트 설명 이해하기 - - - - → 프롬프트 학습법

💬 채팅 보관하기

챗GPT를 자주 사용하다 보면 채팅 목록에 기록된 채팅이 누적되면서 수십 개로 늘어납니다. 그럴 경우 [옵션]의 삭제 기능을 이용하여 기록에서 삭제할 수도 있으며, 실수로 잘못 삭제하는 경우가 생길 수도 있습니다. 채팅을 삭제하면 다시 복원할 수 없는데요, 이때 채팅 보관하기 기능을 이용하면 이런 실수를 방지할 수 있습니다.

01 각 채팅의 ❶ [옵션]에서 ❷ [아카이브에 보관]을 클릭하면 채팅을 보관할 수 있습니다. 보관된 채팅은 채팅 목록에서 사라집니다.

02 보관된 채팅은 [계정 및 설정 → 설정 → 일반]에서 '아카이브에 보관된 채팅'의 [관리] 버튼을 클릭하면 찾을 수 있습니다.

'아카이브에 보관된 채팅'을 보면 앞서 보관한 '프롬프트 학습법' 채팅이 잘 보관된 것을 확인할 수 있습니다. 보관된 채팅 옆을 보면 아이콘 두 개가 있는데 각각 어떤 기능을 하는 걸까요? ❶은 '대화 아카이브 보관 취소'입니다. 보관했던 채팅의 보관을 취소하고 다시 채팅할 수 있도록 채팅 목록에 채팅을 다시 생성합니다. ❷는 보관한 채팅을 삭제합니다.

💬 챗GPT 맞춤 설정 확인하기

챗GPT에게 질문했을 때 원하는 방향의 대답이 나오지 않았던 경우가 종종 있을 겁니다. 내가 원하는 답변을 형성할 수 있도록 챗GPT에게 도움을 주는 것과 같이 조건을 추가할 수 있는 기능이 바로 챗GPT 맞춤 설정입니다. 챗GPT 맞춤 설정은 챗GPT가 응답을 생성할 때 고려해야 할 조건이나 선호도를 사용자가 직접 설정할 수 있습니다.

01 [계정 및 설정 → 챗GPT 맞춤 설정]을 클릭하면 실행할 수 있습니다.

챗GPT 맞춤 설정을 실행하면 다음과 같은 화면이 나타납니다. 맞춤형 지침을 입력할 수 있는 칸은 2개로 구분되어 있으며, 각 칸마다 최대 1,500자를

입력할 수 있습니다. [새 채팅에 사용]을 켜야 지침을 입력할 수 있으며 맞춤형 지침을 입력한 다음 저장하면 설정한 이후 대화에서만 이 지침이 적용됩니다.

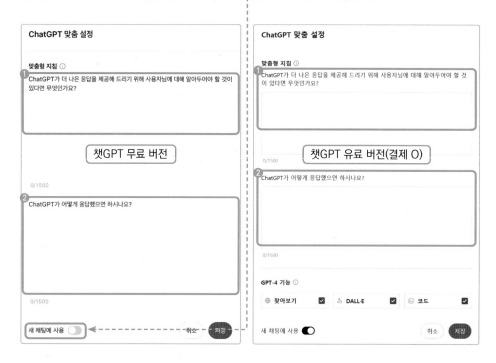

02 두 개의 입력 칸에 어떤 내용을 입력하면 되는지 살펴보겠습니다. 우선 ❶은 사용자에 대해 설명하는 칸으로 내 정보에 맞춰서 대답을 할 수 있도록 가이드라인을 제시합니다. 어떠한 내용으로 작성하면 되는지 다음 오픈AI의 맞춤형 지침Custom Instructions에 있는 예시 질문을 참고하여 작성해봅시다.

> **TIP** **오픈AI 맞춤형 지침** : vo.la/hBPHnA

- 거주지는 어디인가요?
- 취미나 관심 분야는 무엇인가요?
- 직업이 무엇인가요?
- 어떤 주제의 대화를 선호하나요?

이를 활용해 다음과 같이 지침을 작성할 수 있습니다.

'나는 한국에 거주 중인 한국인이야. 주로 한국어를 사용하지만, 영어도 사용할 수 있어. 직업은 대학생이야. 생물학에 관심이 많아. 생물학에 대해서 대화하는 걸 좋아해.'

03 ❷는 챗GPT가 어떻게 응답해주길 원하는지 설명하는 칸입니다. 오픈AI의 맞춤형 지침을 살펴봅시다.

- 어떤 형식으로 대화하길 원하나요?

- 얼마나 긴 응답 길이를 선호하나요?

- 어떻게 불리기를 원하나요?

- 특정 주제에 대한 의견에 어떤 입장을 취해야 하나요?

이를 활용해 다음과 같이 지침을 작성할 수 있습니다.

'나는 깊고 진지한 대화를 선호해. 응답은 간결하고 요점만을 담은 짧은 형태를 원해. 나를 친구라고 불러줘. 항상 과학적 사실에 근거를 두고 의견을 제시해줘.'

위의 내용을 지침으로 입력한 다음 챗 GPT의 답변이 어떻게 변화하는지 확인 하겠습니다. 지침을 각 칸에 입력 후 [저 장]을 클릭합니다.

ChatGPT 맞춤 설정

맞춤형 지침 ⓘ

ChatGPT가 더 나은 응답을 제공해 드리기 위해 사용자님에 대해 알아두어야 할 것이 있다면 무엇인가요?

> 나는 한국에 거주 중인 한국인이야. 주로 한국어를 사용하지만, 영어도 사용할 수 있어. 직업은 대학생이야. 생물학에 관심이 많아. 생물학에 대해서 대화하는 걸 좋아해.

93/1500

입력 후 저장 클릭!

ChatGPT가 어떻게 응답했으면 하시나요?

> 나는 깊고 진지한 대화를 선호해. 응답은 간결하고 요점만을 담은 짧은 형태를 원해. 나를 친구라고 불러줘. 항상 과학적 사실에 근거를 두고 의견을 제시해줘.

87/1500

새 채팅에 사용 ⬤   취소   저장

'챗GPT에 첫 질문하기'에서 '너를 소개해줘.'라는 채팅을 진행했습니다. 해당 대답에서 챗GPT가 존댓말을 했던 것과 달리 챗GPT 맞춤 설정 이후의 대답은 친구처럼 대하면서 생물학에 관한 대화를 많이 해보자는 관심사 기반의 응답이 생성된 것을 확인할 수 있습니다. 이처럼 챗GPT를 맞춤 설정하면 사용자 개개인의 상황에 알맞게 사용할 수 있습니다.

> 너를 소개해줘.

🌐 안녕! 나는 ChatGPT야. 나는 대화하는 것을 좋아하고, 주로 과학적인 주제에 관심이 많아. 생물학을 포함한 여러 가지 주제에 대해 함께 이야기 나누는 걸 즐겨해. 함께 재미있는 대화를 나눠보자!

오선생의 비법 노트

챗GPT 맞춤형 지침이란 무엇인가요?

설정에서 사용자 정의 지침을 설정하면 챗GPT가 응답에서 이 지침을 고려하여 대답을 하게 됩니다. 즉 사용자가 준 정보와 설정에 영향을 받아 대답을 하게 되는 것이죠. 자세한 사항은 [챗GPT 맞춤 설정 → 맞춤형 지침 → 자세히 알아보세요]를 누르면 확인할 수 있습니다. **사용자 정의 지침은 계속해서 업데이트되고 있으므로 위에서 다룬 맞춤형 지침의 예시 질문이 바뀔 수 있는 점 참고하세요!**

💬 챗GPT 설정 알아보기

[계정 및 설정 → 설정]을 클릭하면 일반, 말하기, 데이터 제어 등 챗GPT 사용과 관련하여 세부 설정을 할 수 있습니다.

설정 항목이 각각 어떤 기능을 하는지 다음 표를 통해 확인해봅시다.

메뉴	설정	내용
일반	주제	화면의 시스템 모드를 라이트 모드 / 다크 모드로 설정할 수 있습니다.
	데이터 분석으로 사용할 때 항상 코드 표시	챗GPT가 코드 인터프리터를 사용할 때 작성 중인 코드를 보여줍니다.
	언어	주로 사용하는 언어를 설정할 수 있으며 기본적으로 자동 탐지로 설정되어 있습니다.
	아카이브에 보관된 채팅	보관된 채팅을 확인합니다.
	모든 채팅을 아카이브에 보관하기	채팅 목록에 기록된 모든 채팅을 보관합니다.
	모든 채팅 삭제하기	채팅 목록에 기록된 모든 채팅을 삭제합니다.
개인 맞춤 설정	맞춤형 지침	ChatGPT 맞춤 설정으로 이동합니다.
	메모리	메모리 기능을 켜거나 끌 수 있고, 저장된 메모리를 관리할 수 있습니다.

말하기	음성	음성 채팅 때 챗GPT의 음성을 변경합니다.
데이터 제어	모두를 위한 모델 개선	사용자의 콘텐츠를 사용해서 모델을 훈련하는 것에 허용 여부를 선택합니다. 민감한 정보를 보호해야 한다면 이 기능을 꺼야 합니다.
	공유 링크	공유한 채팅의 링크를 관리합니다.
	데이터 내보내기	채팅 목록에 있는 지금까지 채팅한 내용을 파일 형태로 다운로드합니다.
	계정 삭제하기	챗GPT 계정을 삭제합니다.
빌더 프로필	개인 맞춤 설정	GPT 공유에 사용할 프로필을 작성합니다.
연결된 앱	앱 연결하기	챗GPT와 연동하는 앱을 연결합니다.
보안	다단계 인증	로그인 시 추가 질문으로 보안을 강화합니다.
	모든 장치에서 로그아웃	챗GPT 계정이 로그인된 모든 장치에서 로그아웃합니다.

💬 챗GPT의 메모리 기능 알아보기

메모리^{Memory}는 챗GPT가 채팅 내용을 기억했다가 다음 채팅 때 기억한 내용을 반영하여 채팅할 수 있게 돕는 기능입니다. [계정 및 설정 → 설정 → 개인 맞춤 설정 → 메모리]에서 기능을 켜거나 끌 수 있습니다.

메모리 기능이 켜진 상태에서 채팅할 때 '기억해' 또는 '기억해줘'처럼 챗GPT에게 기억하라고 요청하면 다음 채팅부터 내용을 기억하여 반영합니다. 예를 들어 '나는 채식주의자야. 요리법을 알려줄 때 이 점을 기억해줘'라고 챗GPT에게 요청하면 이후 요리법을 요청했을 때 채식으로만 답변합니다. 메모리 기능을 켜서 직접 사용해보고 메모리 기능을 안 켰을 때와 어떤 차이점이 있는지 살펴봅시다.

01 메모리 기능은 켜짐이 기본 설정이므로 따로 끄지 않았다면 켜진 상태일 겁니다. 만약 메모리 기능이 꺼진 상태라면 [계정 및 설정 → 설정 → 개인 맞춤 설정 → 메모리]에서 기능을 켭니다.

02 새로운 채팅을 열어 채팅을 시작합니다. 프롬프트를 입력하면 'ChatGPT에게 기억력이 생겼습니다'라는 메모리 기능에 대한 안내사항이 보일 겁니다. 창이 나타나면 [계속]을 눌러 채팅을 진행합니다.

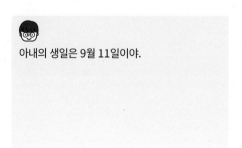

그러면 '메모리 업데이트됨'이라는 메시지가 나타납니다. 이 메시지가 붙은 응답은 챗GPT가 기억하겠다는 의미입니다.

03 챗GPT 앞서 입력한 내용을 기억하는지 확인하기 위해 새로운 채팅을 열어 채팅을 시작합니다.

오늘 중요한 날이었던 것 같은데?

맞아요, 오늘은 당신의 아내 생일입니다! 생일 축하드립니다! 🎉

챗GPT가 9월 11일이 아내의 생일임을 기억했기 때문에 이어진 채팅이 아닌 서로 다른 채팅에서도 해당 기억을 가져와서 응답하는 걸 확인할 수 있습니다.

04 실제로 챗GPT가 어떻게 메모리로 기억하는지 확인하겠습니다. [계정 및 설정 → 설정 → 개인 맞춤 설정]의 메모리에서 [관리] 버튼을 누릅니다. 그러면 새로 보이는 메모리 창에 아내의 생일이 9월 11일이라고 메모리로 저장되어 챗GPT가 기억하고 있음을 확인할 수 있습니다. 챗GPT가 기억한 내용을 선택해서 지우고 싶다면 각 메모리 옆에 휴지통 아이콘 🗑을 클릭하세요. 챗GPT가 기억하는 모든 메모리를 지우고 싶다면 [ChatGPT 메모리 지우기] 버튼을 클릭하면 모든 메모리를 삭제할 수 있습니다.

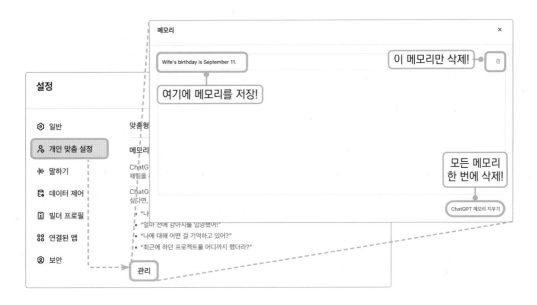

05 만약 챗GPT가 잘못된 내용을 기억하고 있다면 어떨까요? 채팅에서 프롬프트를 입력하여 수정할 수 있습니다. 새로운 채팅을 열고 다음과 같이 입력합니다.

그러면 기존 9월 11일 아내 생일이 4월 5일로 변경된 걸 확인할 수 있습니다.

06 챗GPT에게 검색한 채팅 내용을 기억하게 해서 필요할 때 물어볼 수 있습니다. 현재 챗GPT는 실시간 데이터를 불러오지 못하고 주로 2023년까지 데이터만 학습했기 때문에 내년이라고 물으면 2024년으로 답변합니다. 그렇다면 챗GPT에게 검색을 요청

해야겠죠. 하지만 매번 검색을 요청할 수는 없는 노릇입니다. 이럴 때 메모리 기능을 사용하면 편리합니다. 새로운 채팅을 시작합니다.

2025년의 중요한 이벤트를 검색해줘.

2025년에는 다양한 중요한 이벤트들이 예정되어 있습니다.

1. 스포츠 이벤트:

- FIFA 여자 월드컵이 캐나다에서 열리며, 전 세계 축구 팬들의 기대를 모으고 있습니다.
- 여자 럭비 월드컵은 9월에 잉글랜드에서 개최되며, 럭비 팬들에게 중요한 대회가 될 것입니다.
- 세계 육상 선수권 대회는 9월 13일부터 21일까지 도쿄에서 열리며, 2020년 올림픽이 열린 장소에서 다시 한 번 세계적인 육상 경기들이 펼쳐집니다.
- 2025 라이더컵은 9월 말에 뉴욕에서 열릴 예정으로, 골프 팬들에게 큰 관심을 받을 것입니다(Sports Tourist)(Wikipedia).

2. 문화 및 예술 이벤트:

- TED 컨퍼런스는 4월 7일부터 11일까지 밴쿠버에서 개최됩니다.

… 생략 …

2025년에는 이러한 글로벌 이벤트 외에도 다양한 스포츠, 문화, 예술 행사들이 풍성하게 열릴 예정입니다.

07 2025년 열리는 다양한 이벤트를 검색해서 알려주었네요. 이제 챗GPT에게 기억시킵니다.

위 내용을 기억해줘.

2025년에 예정된 주요 이벤트를 기억해 두었습니다. 필요할 때 다시 알려드릴 수 있으니 언제든지 말씀하세요!

08 메모리 관리로 이동하면 챗GPT가 해당 내용들을 기억하고 있는 걸 확인할 수 있습니다.

메모리	×
Wife's birthday is April 5.	🗑
In 2025, the FIFA Women's World Cup will be held in Canada.	🗑
In 2025, the Women's Rugby World Cup will be in England in September.	🗑
In 2025, the World Athletics Championships will take place in Tokyo from September 13-21.	🗑
In 2025, the Ryder Cup will be held in New York in late September.	🗑
In 2025, the TED Conference will be in Vancouver from April 7-11.	🗑

09 다시 새로운 채팅을 시작합니다.

내년에 캐나다에서 열리는 이벤트를 알려줘.

2025년에 캐나다에서 열리는 주요 이벤트는 다음과 같습니다:

1. **2025 FIFA 여자 월드컵** – 캐나다에서 열리며, 전 세계 최고의 여자 축구팀들이 참가하는 대회입니다.

2. **TED 컨퍼런스** – 2025년 4월 7일부터 11일까지 밴쿠버에서 열리며, 세계적으로 영향력 있는 연사들이 다양한 주제에 대해 발표하는 행사입니다.

이 두 가지가 대표적인 캐나다에서 열리는 주요 이벤트입니다.

챗GPT가 새로운 채팅에서도 기억한 내용을 바탕으로 잘 응답하는 걸 확인할 수 있습니다. 이처럼 메모리 기능을 활용하면 챗GPT가 학습하지 못한 내용도 간편하게 추가하여 맞춤형 으로 사용할 수 있습니다.

💬 음성 대화하기

앞서 챗GPT 모바일 앱에서 음성으로 채팅하는 방법을 알아봤습니다. 컴퓨터를 사용 중인 경우 **데스크톱 앱**에서도 음성 채팅 기능을 실행하면 **챗GPT와 음성으로 대화**할 수 있습니다.

01 챗GPT 데스크톱 앱의 [음성 채팅] 버튼을 클릭하여 기능을 실행하고 음성 채팅으로 연결합니다. 사용자가 많으면 연결에 실패할 수 있습니다. 연결될 때까지 시도하세요.

> **TIP** 음성 채팅 기능은 모바일과 데스크톱 앱에서 동일하게 지원하고 있으므로, 데스크톱 앱에서 어떻게 실행하는지 살펴봅시다.

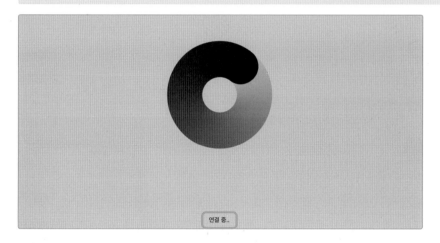

02 다음과 같은 화면에 '말하기 시작'이 보이면 음성 채팅을 실행할 수 있습니다. 모바일도 동일합니다. 음성 채팅을 실행한 후 마이크에 직접 말소리를 내어 질문하면 챗GPT가 설정된 음성으로 답변해줍니다.

03 만약 질문이 길다면 질문을 끝마치기도 전에 챗GPT가 답변할 수도 있습니다. 그럴 때는 가운데 동그라미를 꾹 누른 상태로 질문할 내용을 모두 말한 후 손을 떼면 말한 내용이 모두 입력됩니다.

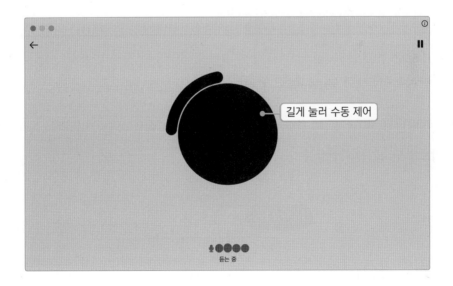

04 음성으로 질문을 완료하면 동그라미가 말풍선으로 변하면서 알맞은 대답을 해줍니다.

왼쪽 위의 화살표[←]를 클릭하면 음성 채팅을 종료하며, 채팅에 대화 내용이 텍스트로 기록됩니다. 음성으로 대화한 채팅에 계속해서 질문하거나 텍스트로 대화한 채팅을 음성 채팅으로 이어서 대화할 수도 있습니다.

💬 챗GPT, 단축키로 쉽고 빠르게 이용하기

단축키를 이용하면 챗GPT를 더 편하게 사용할 수 있습니다. 화면 오른쪽 하단의 [?] 버튼을 누르면 키보드 단축키를 확인할 수 있습니다.

컴퓨터 운영체제에 따라 챗GPT 단축키가 다릅니다. 다음은 챗GPT를 사용할 때 활용할 수 있는 윈도우와 macOS의 단축키로 참고하세요.

윈도우 단축키

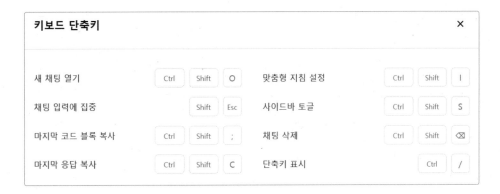

키보드 단축키							✕
새 채팅 열기	Ctrl	Shift	O	맞춤형 지침 설정	Ctrl	Shift	I
채팅 입력에 집중		Shift	Esc	사이드바 토글	Ctrl	Shift	S
마지막 코드 블록 복사	Ctrl	Shift	;	채팅 삭제	Ctrl	Shift	⌫
마지막 응답 복사	Ctrl	Shift	C	단축키 표시		Ctrl	/

macOS 단축키

키보드 단축키							✕
새 채팅 열기	⌘	Shift	O	맞춤형 지침 설정	⌘	Shift	I
채팅 입력에 집중		Shift	Esc	사이드바 토글	⌘	Shift	S
마지막 코드 블록 복사	⌘	Shift	;	채팅 삭제	⌘	Shift	⌫
마지막 응답 복사	⌘	Shift	C	단축키 표시		⌘	/

> 📋 **마무리 요약**
>
> ☑ 챗GPT의 채팅 기능은 파일 첨부, 채팅 공유, 보관 맞춤 설정 등 다양한 기능이 있으며 설정에 따른 변경이 가능합니다.
>
> ☑ 챗GPT는 프롬프트 입력을 통한 채팅뿐만 아니라 음성으로도 채팅이 가능합니다.
>
> ☑ 챗GPT는 단축키로 기능을 쉽고 빠르게 이용할 수 있습니다.

(Chapter 07)

챗GPT에게 기초 질문하기

챗GPT에게 형식을 따지지 않고 질문을 입력해도 대답을 잘 해주는 것은 이제 알았어요! 그런데 한 번에 원하는 대답을 받지 못하고 여러 번 입력해서 받는 경우도 종종 있죠. 그랬을 때 프롬프트를 어떻게 입력해야 괜찮은 대답을 해줄까요? 챗GPT가 처음이라 어떤 방식으로 질문을 해야 하는지 잘 모르겠어요.

학생

오선생님

좋은 질문이에요! 챗GPT에게 프롬프트를 입력하는 내용과 방식은 무궁무진합니다. 예를 들어 어떤 기사를 챗GPT에게 주고 이 기사의 요약을 받을 때 원하는 대답의 특성이 있다면 그것을 프롬프트에 적용시켜 입력하면 되죠. 프롬프트는 공식이 아니기 때문에 분량, 주제, 난이도, 특정 대상에 맞춘 설명 등 조건에 따라 유동적으로 작성하고 입력하여 대답을 받으면 됩니다. 우선 5가지의 기초적인 질문 실습을 통해 챗GPT가 어떤 식으로 답변하는지 차근차근 알아보겠습니다. 각 질문마다 새 채팅을 만들어서 진행해봅시다.

쉬운 활용 01 복잡한 글을 3줄 요약해봐요

기사나 보고서, 논문 등 긴 글을 읽고 글의 주제를 파악하는 데 얼마의 시간이 걸릴까요? 챗GPT에게 긴 내용의 글을 주고 핵심만 파악하도록 하는 프롬프트를 입력하면 글을 빠르고 간결하게 요약해줍니다. 그렇다면 챗GPT에게 어떤 프롬프트를 입력해야 할까요? 당연히 요약된 글을 받아야 하니 '요약'이라는 키워드가 필요할 것입니다.

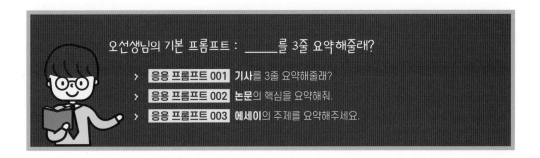

이러한 응용 프롬프트를 활용한다면 인터넷 기사나, 논문, 에세이의 주제를 요약해서 내용을 빠르게 파악하기 좋을 거예요. 그러면 본격적으로 시작해보죠!

그럼 챗GPT가 어떠한 방식으로 글을 요약해주는지 기사를 활용하여 확인해봅시다. 다음은 올림픽 공식 홈페이지에 게재된 '파리 2024 올림픽: 팀 코리아 결단식 서울에서 개최' 기사 링크입니다. 이 기사를 3줄로 요약해보겠습니다.

- **기사 링크** : vo.la/ucNsod

01 기사 내용을 모두 드래그하여 `Ctrl + C` 를 눌러 복사합니다.

> 주요 종목 대표 선수들이 한 자리에 모인 이날 결단식에는 한덕수 국무총리와 문화체육관광부 유인촌 장관 및 장미란 차관 등 정부 인사와 국회 문화체육관광위원회의 전재수 위원장이 함께했는데요, 체육계에서는 이기흥 대한체육회장과 정강선 선수단장이 참석해 선수들을 격려했습니다.
>
> 올림픽 멤버십 | 스포츠 및 오리지널 시리즈 무료 라이브 스트리밍 | \- 지금 가입하세요! 👆
>
> **"여러분의 시간이 다가옵니다"**
>
> 한덕수 국무총리: "고된 훈련을 훌륭히 마치고 세계 최고에 도전하는 국가대표 선수들의 열정과 투지에 격려의 박수를 보냅니다. 대한민국은 그동안 올림

02 복사한 내용을 챗GPT의 프롬프트 입력 칸에 `Ctrl + V`를 눌러 붙여넣고 `Shift + Enter`로 줄바꿈 한 다음 '3줄 요약해줄래?'라고 프롬프트를 입력합니다.

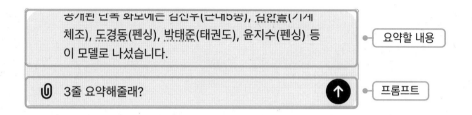

요약할 내용

프롬프트

03 그러면 챗GPT가 기사 내용을 1~3까지 번호를 붙여서 요약해주는 것을 확인할 수 있습니다. 다음 그림은 기사를 3줄로 요약해달라는 프롬프트에 대한 챗GPT의 답변입니다.

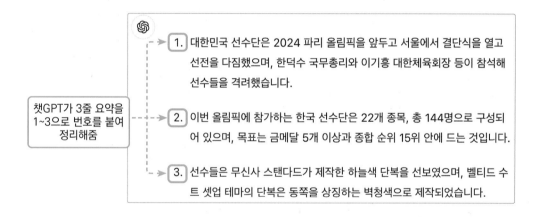

챗GPT가 3줄 요약을 1~3으로 번호를 붙여 정리해줌

1. 대한민국 선수단은 2024 파리 올림픽을 앞두고 서울에서 결단식을 열고 선전을 다짐했으며, 한덕수 국무총리와 이기흥 대한체육회장 등이 참석해 선수들을 격려했습니다.

2. 이번 올림픽에 참가하는 한국 선수단은 22개 종목, 총 144명으로 구성되어 있으며, 목표는 금메달 5개 이상과 종합 순위 15위 안에 드는 것입니다.

3. 선수들은 무신사 스탠다드가 제작한 하늘색 단복을 선보였으며, 벨티드 수트 셋업 테마의 단복은 동쪽을 상징하는 벽청색으로 제작되었습니다.

> **TIP** 다음 질문부터는 프롬프트와 응답을 보기 편하도록 이미지가 아닌 텍스트로 정리하겠습니다.

쉬운 활용 02 축하 메시지를 만들어줄래?

축하 메시지, 어떤 내용으로 작성해야 할지 고민될 때가 많죠? 고민하다 보면 시간도 오래 걸리기 마련입니다. 챗GPT는 프롬프트에서 상황을 인지하여 알맞은 문장을 만들어낼 수 있습니다. 챗GPT의 이러한 기능을 이용하여 축하 메시지뿐만 아니라 각종 인사 문구 작성을 할 때 중심이 되는 대상과 주제만 준다면 꽤 괜찮은 내용의 메시지를 빠르게 작성해줄 겁니다.

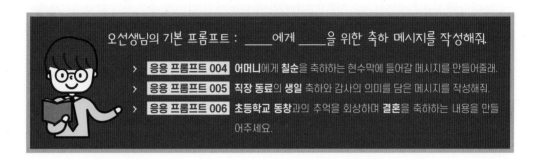

대상과 메시지를 전하고자 하는 상황을 보다 상세하게 챗GPT에게 전달한다면 그에 맞는 메시지를 작성해주는 것을 확인할 수 있습니다.

01 챗GPT가 상황을 어느 정도 인지하고 그에 따라 어떠한 문장을 만드는지 직접 확인해 봅시다. 까다로운 상황을 제시하고, 축하 메시지 작성을 요청하겠습니다.

4년 전 크게 싸웠던 고등학교 동창에게 보험 가입을 권유하기 위한 새해맞이 축하 메시지를 작성해줘.

안녕 [친구 이름]!

오랜만이야! 새해가 밝았네, 새해 복 많이 받아! 우리 마지막으로 봤을 때는 조금 불편하게 헤어졌지만, 그동안 잘 지냈길 바래. 가끔씩 네가 그리울 때가 있어.

새해를 맞이해서 너에게 좋은 소식을 전하고 싶어. 내가 요즘 보험 일을 하고 있는데, 생각해보니까 너에게도 도움이 될 것 같아서 이렇게 연락해. 보험이라는 게 우리 생활에 큰 도움을 줄 수 있는 중요한 것 같아. 혹시 관심 있으면 언제든 편하게 연락 줘. 그리고 그냥 차 한잔 하면서 그동안 못 나눈 얘기들도 나누고 싶어.

새해에는 행복하고 건강하길 진심으로 바래. 우리 다시 좋은 친구로 지낼 수 있으면 좋겠어.

고마워, [당신 이름]

상당히 까다로운 요청이었지만, 어떻게든 요구 사항을 모두 포함한 축하 메시지를 작성해줬습니다. 물론 현실에서 4년 만에 새해 축하 메시지를 보내는 마당에 보험 가입까지 권유하는 건 마땅한 도리는 아닙니다. 챗GPT가 인간의 도리까지 짊어질 수는 없으므로 AI 시대에도 그것만큼은 인간의 몫으로 남겨둬야 합니다.

> ### 📋 마무리 요약
>
> ☑ 챗GPT에 프롬프트를 입력하는 방식은 정해져 있지 않으며 그 방법 또한 무궁무진합니다.
> ☑ 챗GPT는 글을 요약하거나 상황에 맞는 글 생성 등을 할 수 있습니다.
> ☑ 챗GPT는 학습한 데이터 기반으로 답변하기 때문에 각종 정보에 대해 신속하게 답변해줍니다.

Chapter 08

스마트하게 챗GPT를 쓰는 6가지 방법

챗GPT를 좀 더 효과적으로 사용하기 위해서는 어떤 방법으로 프롬프트를 입력해야 하는지 궁금해요!

학생

오선생님

챗GPT에게 기초적인 방법으로 질문해도 필요한 정보나 응답을 제공받을 수 있는 것은 이미 알고 있을 거예요. 하지만 프롬프트를 잘 쓰면 좀 더 원하는 대답을 빠르게 얻을 수 있죠. 정확하면서도 상세한 요구 사항이 없는 프롬프트를 입력하면 응답 내용이 사용자가 원하는 것과 동떨어질 수도 있고, 환각 현상 발생 등 챗GPT는 얼마든지 실수할 수 있습니다. 챗GPT가 항상 명확한 응답만 하는 것은 아니므로 영리하게 사용하기 위한 방법들이 필요합니다. 챗GPT를 잘 사용할 수 있도록 6가지 방법으로 정리했습니다.

TIP 6가지 방법 외에도 프롬프트 작성에 도움될 수 있는 47가지 프롬프팅 방법을 부록에 정리해두었습니다. 프롬프트 작성이 고민될 때 47가지 프롬프팅 방법을 참고하세요.

챗GPT는 많은 데이터를 학습했기 때문에 요청에 따른 정보를 잘 분석해서 응답으로 알려줍니다. 다만, 학습한 데이터 중에서 입력받은 프롬프트와 유사성이 높은 관련 데이터를 응답으로 만들어낼 뿐이지 정보의 출처나 실시간 정보를 알려주는 것은 아닙니다. 이럴 때 챗GPT에게 검색하기를 요청할 수 있습니다.

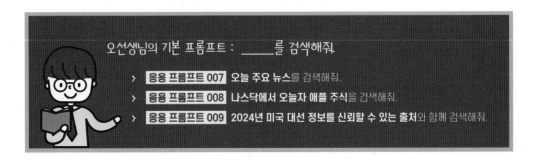

오선생님의 기본 프롬프트 : ＿＿＿를 검색해줘.

> **응용 프롬프트 007** 오늘 주요 뉴스를 검색해줘.
> **응용 프롬프트 008** 나스닥에서 오늘자 애플 주식을 검색해줘.
> **응용 프롬프트 009** 2024년 미국 대선 정보를 신뢰할 수 있는 출처와 함께 검색해줘.

챗GPT로 검색하는 방법은 간단합니다. 검색이 필요한 정보를 프롬프트로 입력한 후 '검색해줘'라고 덧붙이기만 하면 됩니다. 원하는 출처를 따로 입력하여 특정 사이트에 필요한 정보가 있는지 확인할 수도 있습니다.

오선생의 비법 노트

챗GPT의 검색 원리를 알아봐요!

챗GPT에는 마이크로소프트의 검색 엔진인 빙^Bing^이 탑재되어 있습니다. 그래서 정보에 관한 검색을 요청하면 챗GPT가 빙에서 검색한 후 정리한 정보와 출처를 표시하여 제공합니다. 사람이 직접 검색하여 정보가 있는 웹 사이트를 하나씩 접속한 후 내용을 정리하는 과정을 AI가 대신해주는 것입니다.

01 이번에는 챗GPT에게 질병관리청에서 겨울철 건강 정보를 검색해달라고 요청하겠습니다.

질병관리청에서 겨울철 건강 정보를 검색해줘.

질병관리청에서는 겨울철 건강을 지키기 위한 다양한 정보를 제공합니다. 특히, 저체온증, 동상 및 동창, 그리고 감염병 예방을 위한 수칙들이 강조됩니다.

저체온증 예방

1. **옷을 여러 겹 겹쳐 입기**: 특히 목도리와 모자를 착용하여 머리와 목의 보온을 유지합니다.
2. **땀을 흘리지 않도록 주의**: 땀이 체온을 빼앗기 때문에 추운 날씨에는 심한 운동을 피합니다.
3. **따뜻한 음식 섭취**: 따뜻한 음료와 열량이 높은 음식을 섭취하여 체온을 유지합니다. 술과 카페인 음료는 피합니다 (KDCA) (질병관리청).

… 생략 …

이 외에도 노인, 소아, 만성질환자, 노숙인 등 한랭 질환에 취약한 사람들은 특별한 주의가 필요합니다. 더 자세한 정보는 질병관리청 국가건강정보포털에서 확인할 수 있습니다.

02 챗GPT가 빙으로 질병관리청의 정보를 검색한 다음 관련 정보를 요약하여 응답해주었습니다. 정보 검색 출처가 올바른지 확인하는 방법은 2가지입니다. 응답 중 파란색 밑줄로 지정된 텍스트는 정보의 출처로 이동하는 링크입니다. 클릭하면 출처로 이동하며 올바른지 확인할 수 있습니다. 다른 한 가지는 다음 이미지처럼 응답 최상단에 '사

이트 n개 검색함'이라는 문구를 확인할 수 있습니다. 이 문구는 무엇일까요? 관련된 사이트인 것 같은데 직접 클릭하여 알아봅시다.

> ⑤ [사이트 6개 검색함] ● [클릭하세요!]
>
> 질병관리청에서는 겨울철 건강을 지키기 위한 다양한 정보들 및 동창, 그리고 감염병 예방을 위한 수칙들이 강조됩니다.

그러면 질병관리청에서 검색한 겨울철 건강 정보 사이트를 목록으로 보여줍니다. 목록을 클릭하면 출처로 이동합니다.

> ⑤ 사이트 6개 검색함
>
> 🔍 "질병관리청 겨울철 건강 정보 2024"
> bing.com
>
> 🌐 KDCA — 겨울철 한파대비 건강수칙 | 국가건강정보포털 | 질병관리청
> health.kdca.go.kr
>
> 🌐 KDCA — 겨울철 동상 및 동창 예방요령 | 국가건강정보포털 | 질병관리청
> health.kdca.go.kr
>
> 🌐 KDCA — 겨울철 저체온증 예방요령 | 국가건강정보포털 | 질병관리청
> health.kdca.go.kr
>
> ◎ 질병관리청 — 겨울철 감염병 이렇게 예방하세요! | 이달의건강소식 | 알림·자료 : 질병관리청
> kdca.go.kr
>
> ◎ 질병관리청 — 한파 건강영향 | 한파 | 건강위해정보 | 건강정보 : 질병관리청
> kdca.go.kr

이렇게 검색을 요청하면 정보의 출처가 표시되므로 챗GPT가 거짓 정보를 알려줄 확률이 매우 낮아집니다. 만약 챗GPT가 응답해준 내용이 잘못된 정보같은 느낌이 들어 확인할 때도 사용자가 출처를 확인해서 잘못된 정보인지 식별할 수 있기 때문에 많은 도움이 됩니다. 정보를 객관적으로 판단하기 어려울 경우에는 챗GPT에게 검색을 요청하세요.

서치GPT 너는 누구냐!

서치GPT^{SearchGPT}는 오픈AI가 준비 중인 챗GPT 검색 기능입니다. 2024년 7월 기준으로 챗GPT로 검색하려면 빙을 이용해야 합니다. 그렇다면 서치GPT는 챗GPT의 검색 기능과 어떤 점이 다를까요? 서치GPT는 챗GPT에 내장된 구글과 같은 검색 엔진 기능입니다. 검색한 다음 내용을 GPT로 요약해준다는 점이 구글 검색과도 다르죠. 챗GPT가 학습한 데이터를 바탕으로 답변을 주는 반면, 서치GPT가 도입되면 챗GPT에서의 실시간 검색이 가능해지면서 더 정확하고 최신 정보를 제공할 수 있게 됩니다. 이는 챗GPT가 최신 정보에 약하다는 단점도 대폭 개선할 수 있을 것으로 예상합니다. 더 자세한 내용은 아래 링크에서 확인할 수 있습니다.

- **SearchGPT Prototype 사이트** : openai.com/index/searchgpt-prototype

챗GPT에게 역할 부여해서 풍부한 답변 얻기

역할 정하기는 '페르소나^{Persona} 패턴'으로도 불리는 방법으로 챗GPT에게 특정한 직무나 직급, 사회적 역할, 심지어는 동물이나 사물로 지정하여 그 역할에 충실하면서도 더 좋은 응답을 생성하도록 유도하는 것입니다. 그렇다면 특정 역할에 맞춰 대답을 받기 위해서는 챗GPT에게 어떤 키워드를 입력해야 할까요? 다음 프롬프트를 확인해봅시다.

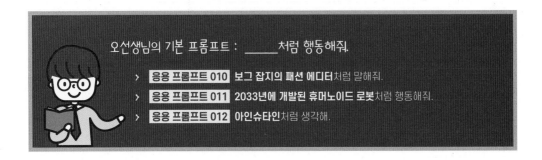

응용 프롬프트에서 활용한 것과 같이 특정 역할을 정해서 프롬프트에 입력한 다음 그 역할이 했으면 하는 말, 행동, 생각 등을 요청하면 챗GPT가 그에 맞는 대답을 해주는 것을 확인할 수 있습니다. 다음은 역할 부여하기의 주요 예시입니다.

- 너는 [의사]처럼 행동해줘.
- 너는 [대표이사] 역할을 수행해.
- 너는 [태양]이야.
- 너는 [피고인]의 입장에서 대답해.
- 너는 [변호사]처럼 문제를 해결해.

위 예시대로 프롬프트를 입력해봤다면 챗GPT가 한 번에 의미를 이해하지 못할 수도 있다는 것을 알 수 있습니다. 프롬프트를 입력하고 나서 생각한 것과 같이 원하는 대답이 아니거나, 챗GPT가 프롬프트를 이해하지 못해 사용자에게 재질문할 수도 있습니다. 그러므로 챗GPT가 프롬프트를 이해하고 역할을 소화할 때까지 명령하는 것이 중요합니다. 역할은 챗GPT 맞춤 설정에서도 적용할 수 있습니다. 다만, 지침으로 저장하면 모든 대화를 해당 역할에 고정하여 진행하게 되는 점을 주의하세요.

01 챗GPT에게 태양이 되어 달라고 하면서 간단한 대화를 진행하겠습니다.

너는 태양처럼 행동해줘.

태양처럼 행동하라니 흥미로운 요청이네요. 태양은 무엇을 의미할까요? 따뜻함, 에너지, 빛, 혹은 그 외의 다른 무엇일까요? 당신의 구체적인 의도를 알려주시면 그에 맞게 행동할 수 있습니다.

02 챗GPT가 역할 부여하기를 한 번에 이해하지 못했습니다. 다시 명령하겠습니다.

태양의 입장에서 대답해달라는 거야.

알겠어, 나는 태양이다. 나의 빛과 열로 지구의 모든 생명을 지탱하고 있지. 하루의 시작과 끝을 알려주며, 계절을 변화시키고, 바다와 대기의 순환을 돕고 있지. 내가 없다면 생명은 존재할 수 없을 거야.
무엇을 궁금해 하니, 인간?

03 챗GPT가 태양 입장에서 대답했습니다. 이제 이후 대화는 태양이라는 역할에 기반하여 답변할 것입니다.

너는 왜 태양풍을 발생시키는거야?

태양풍은 태양의 외곽층인 코로나에서 발생하는 고온의 플라즈마가 태양 중력과 자기장을 벗어나 우주 공간으로 방출되는 현상이야. 내가 태양풍을 발생시키는 이유는 몇 가지가 있어:

1. **고온**: 내 표면의 온도는 약 5,500도 섭씨이지만, 코로나의 온도는 수백만 도에 달해. 이 고온 때문에

입자들이 매우 빠르게 움직이며 태양의 중력을 벗어날 수 있게 돼.

2. **자기장**: 내 복잡한 자기장은 플라즈마를 태양의 중력에서 벗어나도록 도와. 자기장이 붕괴하거나 변형되면 입자들이 방출돼 태양풍이 형성돼.

3. **압력 차이**: 태양 내부와 외부의 압력 차이로 인해 플라즈마가 외부로 밀려나가면서 태양풍이 발생해.

태양풍은 지구에 오로라를 발생시키고, 우주 공간을 가로지르며 행성들의 자기장과 상호작용하기도 해. 이로 인해 지구의 위성 통신에 영향을 미칠 수도 있지.

챗GPT가 마치 본인이 태양인 것처럼 태양풍이 무엇인지 설명하는 걸 확인할 수 있습니다. 이처럼 챗GPT에게 역할을 부여하면 다양한 관점의 풍부한 응답을 생성할 수 있습니다. 물론 챗GPT가 실제로 의사나 아인슈타인이 되는 것은 아니기 때문에 일반적인 챗GPT와의 채팅처럼 환각 현상이 발생할 수 있습니다. 그러므로 응답한 정보의 정확성은 사용자가 직접 판단할 필요가 있습니다.

쉬운 활용 05 같은 프롬프트를 반복하여 응답의 질 높이기

챗GPT에게 특정 작업을 프롬프트로 입력하면 원하는 품질의 답변이 출력되지 않는 경우가 종종 있습니다. 예를 들어 상세한 아이디어 제시를 요청했지만 너무 단순한 아이디어를 내놓거나 그에 대한 설명이 부실할 때도 있죠. 이런 상황에서 대부분 사용자가 예시를 추가한 프롬프트를 챗GPT에게 입력하여 다시 답변해달라고 요청합니다. 문제는 챗GPT가 프롬프트에 기반해서 응답하기 때문에 예시를 제안하는 순간 그 예시까지 응답에 포함해버립니다. '전시회 같은 아이디어를 제시해줘.'라고 명령하면 응답에 '전시회 아이디어'가 추가된다는 거죠. 사용자는 자신이 떠올리기 어려운 아이디어를 챗GPT가 대신 떠올려주길 원했을 겁니다. 하지만 챗GPT는 철저하게 프롬프트에 따라 응답하므로 예시를 입력한다고 하여 새로운 아이디어를 제시하진 못하는 거죠.

이럴 경우 사용할 수 있는 방법이 바로 반복하기입니다. 반복하기는 응답 다시 생성하기와는 다릅니다. 말 그대로 똑같은 프롬프트를 반복해서 입력하는 것입니다. 똑같은 프롬프트를 반복 입력하면 챗GPT는 앞서 자신이 응답한 내용을 포함하여 새로 입력한 프롬프트에 대한 새로운 응답을 생성합니다. 프롬프트에 대해 가장 유사성이 높은 응답부터 유사성이 낮은 응답까지 최대한 출력하도록 명령하는 것입니다. 다음 프롬프트를 보면 어떤 구조로 반복하는지 쉽게 이해할 수 있습니다.

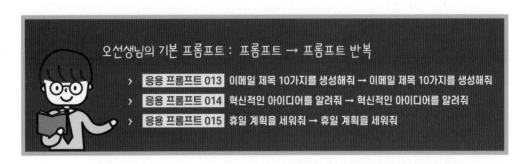

프롬프트 반복하기는 프롬프트를 반복 입력만 하면 되며, 사실 챗GPT와 질문과 대답을 반복적으로 하면서 나온 답변의 형태를 보면 더 잘 이해할 수 있습니다. 그럼 동일 질문 반복을 통해 챗GPT의 대답이 어떻게 변화하는지 반복하기를 실행해 확인해봅시다.

01 챗GPT에게 태양을 소개할 혁신적인 아이디어를 알려달라고 요청하겠습니다.

태양을 소개할 혁신적인 아이디어를 알려줘.

태양을 소개할 수 있는 혁신적인 아이디어 몇 가지를 제안해드릴게요:

1. 가상 현실(VR) 태양 탐험:
   • 가상 현실 기술을 활용해 태양의 표면과 내부를 탐험할 수 있는 체험 프로그램을 개발합니다. 사용

자는 태양의 플레어, 흑점, 코로나 등을 3D로 탐험하며 태양의 다양한 현상을 직접 관찰할 수 있습니다.

… 생략 …

5. 증강 현실(AR) 태양 해설서:

증강 현실 기술을 활용해 태양에 관한 다양한 정보를 제공하는 앱을 개발합니다. 사용자가 앱을 통해 하늘을 비추면, 태양의 위치와 상태, 관련된 과학적 정보가 화면에 나타나고, 이를 통해 사용자는 실시간으로 태양을 이해할 수 있습니다.

이러한 아이디어들은 태양에 대한 이해를 높이고, 대중이 태양에 대해 더욱 흥미를 가질 수 있도록 돕는 혁신적인 방법들입니다.

02 챗GPT가 태양을 소개할 혁신적인 아이디어로 총 5가지를 제시했습니다. 같은 채팅에 똑같은 프롬프트를 다시 입력합니다.

태양을 소개할 혁신적인 아이디어를 알려줘.

태양을 소개할 수 있는 몇 가지 혁신적인 아이디어를 제안합니다:

1. 가상 현실(VR) 태양 탐험:

- 가상 현실 기술을 활용하여 태양의 표면과 내부를 탐험할 수 있는 체험 프로그램을 개발합니다. 사용자는 태양의 플레어, 흑점, 코로나 등을 3D로 탐험하며 태양의 다양한 현상을 직접 관찰할 수 있습니다.

… 생략 …

6. 태양 플래닛리움 쇼:

- 태양의 활동과 구조를 생생하게 보여주는 플래닛리움 쇼를 제작합니다. 태양의 내부 구조, 표면 활동, 태양계에 미치는 영향을 시각적으로 표현하여 관람객에게 태양에 대한 깊은 이해를 제공합니다.

7. 교육용 태양 로봇:

- 태양의 활동을 모방하는 로봇을 개발하여 학교나 과학 박물관에서 교육용으로 사용합니다. 이 로봇은 태양의 흑점, 플레어, 코로나 등의 활동을 재현하며 학생들이 태양의 동적 활동을 직접 관찰하고

> 학습할 수 있게 합니다.
>
> 이러한 아이디어들은 태양에 대한 대중의 이해를 높이고, 흥미를 유발하며 교육적 가치를 제공할 수 있습니다.

03 아이디어가 5개에서 7개로 늘었습니다. 프롬프트를 반복하자 유사성이 낮았던 태양 플래닛리움 쇼와 교육용 태양 로봇을 추가한 것입니다. 프롬프트를 총 7번 반복해보겠습니다.

태양을 소개할 혁신적인 아이디어를 알려줘. 　　마지막 일곱 번째 프롬프트!

> 태양을 소개할 혁신적인 아이디어를 몇 가지 제안합니다:
>
> **1. 가상 현실(VR) 태양 탐험:**
> - 가상 현실 기술을 활용하여 태양의 표면과 내부를 탐험할 수 있는 체험 프로그램을 개발합니다. 사용자는 VR 기기를 통해 태양의 플레어, 흑점, 코로나 등을 3D로 생생하게 체험할 수 있습니다.
>
> ⋯ 생략 ⋯
>
> **12. 태양 에너지 공원:**
> - 태양 에너지를 활용한 다양한 설치물이 있는 공원을 조성합니다. 태양광 조명을 사용한 예술 작품, 태양열을 활용한 요리 체험, 태양 전지로 구동되는 놀이 기구 등을 통해 방문객이 태양 에너지의 활용 가능성을 직접 경험할 수 있습니다.
>
> 이러한 아이디어들은 태양에 대한 대중의 이해를 높이고, 흥미를 유발하며, 교육적 가치를 제공할 수 있는 방법들입니다.

처음 프롬프트를 입력했을 때와 비교하면 7개나 더 많은 아이디어를 제시했습니다. 챗GPT가 앞서 응답한 내용을 새로운 응답 생성에 예시로 반영했기 때문에 똑같은 프롬프트지만 더 풍부한 답변을 출력하는 것입니다. 그러므로 챗GPT의 응답이 마음에 들지 않는다면 프롬프트 자체에 예시를 제시하기 보단 기존 프롬프트 그대로 반복해보기 바랍니다.

쉬운 활용 06 **차례대로 설명해서 더 좋은 응답 얻기**

누군가에게 설명할 때 장문으로 설명하면 상대방이 이해하는 데 어려움을 겪는 경우가 종종 있을 겁니다. 그럴 때 짧은 단문으로 차례대로 설명하고자 하는 바를 말하면 상대방이 비교적 잘 이해할 수 있죠. 챗GPT에게 프롬프트를 입력할 때도 마찬가지입니다. 챗GPT를 사용하다 보면 복잡한 프롬프트를 작성해야 할 때가 있습니다. 그럴 때는 장문으로 프롬프트를 작성하는 것보다는 짧은 문장으로 순서대로 번호를 매겨서 설명하는 것이 더 좋은 응답으로 이어집니다. 다음 프롬프트를 참고하여 어떻게 순서대로 명령하고 명확한 조건을 제시하는지 확인해보세요.

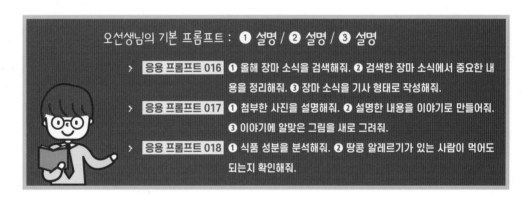

장문으로 프롬프트를 작성하는 것보다 단문으로 프롬프트를 작성하니 설명하고자 하는 바가 구체적입니다. 또한 짧은 문장으로 프롬프트를 만들다보면 궁극적으로 어떤 대답을 원하는지 쉽게 파악이 되고 명확한 조건으로 작성하는 것을 확인할 수 있습니다. 다음은 차례대로 설명하는 프롬프트 예시입니다.

01 먼저 비교적 두루뭉술한 조건을 줄글로 요청하겠습니다.

면접관에게 감사 인사 메시지를 써 줘. 너무 딱딱하지 않은 느낌으로 기회를 주셔서 감사한 마음을 담되 너무 과장되지 않게 적고 싶어.

안녕하세요 [면접관 이름]님,

이번 면접 기회를 주셔서 진심으로 감사드립니다. 귀사의 비전과 제가 기여할 수 있는 가능성에 대해 이야기 나눌 수 있어 매우 뜻깊었습니다. 좋은 소식 기다리겠습니다.

감사합니다, [당신의 이름]

02 나쁜 응답은 아닙니다. 대신 명확한 조건을 추가해서 차례대로 설명해보겠습니다.

1. 면접관에게 감사 인사 메시지를 써 줘.
2. 길이는 400자 이내로 써 줘.
3. 기회를 주셔서 감사한 마음을 담아줘.
4. 너무 과장되지 않게 적어줘.
5. 예의바른 태도로 작성해줘.

안녕하세요 [면접관 성함]님,

안녕하세요. 저는 [당신의 이름]입니다. 먼저, 이번 면접 기회를 주신 것에 대해 깊이 감사드립니다. 인터뷰를 통해 [회사 이름]의 가치와 목표에 대해 더 많이 알게 되었고, 특히 [특정 경험이나 회사의 요소]에 감명을 받았습니다.

제 경험과 능력을 설명드릴 수 있는 기회를 주신 점, 그리고 친절하고 편안한 분위기에서 인터뷰를 진행해 주신 점에 대해 감사의 말씀을 전하고 싶습니다. 이번 면접을 통해 더욱 확고해진 제 열정을 바탕으로 [회사 이름]에서 함께 일할 수 있는 기회를 갖게 되기를 진심으로 바랍니다.

다시 한 번 감사드리며, 좋은 소식 기다리겠습니다. 오늘도 좋은 하루 보내시기 바랍니다.

감사합니다.

[당신의 이름] 드림

제시한 조건에 맞게 훨씬 내용이 풍부해지고, 예의 바른 어투로 변경된 걸 확인할 수 있습니다. 챗GPT는 프롬프트가 자세할수록 더 좋은 응답을 내놓습니다. 자세하고 긴 요구 사항이 반영된 프롬프트를 작성하려면 사용자도 순서와 조건을 잘 정리해서 입력해야 합니다. 이는 사람이 사람에게 무언가 요구할 때와 같습니다. 정리되지 않은 내용을 전달하면 전달받은 사람이 내용을 숙지하는 데 어려움이 있는 것처럼 챗GPT를 사용할 때도 프롬프트를 잘 정리하여 입력하면 보다 나은 응답을 받을 겁니다.

쉬운 활용 07 전문 용어 사용해서 전문가의 답변 얻기

챗GPT는 간단한 상식부터 다양하고 방대한 전문 지식을 학습했습니다. 그래서 어려운 전문 용어도 잘 이해합니다. 달리 말하면, 전문 지식에 관한 해박한 응답을 생성하고 싶다면 최대한 전문 용어를 사용한 프롬프트를 작성하는 것이 좋다는 의미입니다. 특정 분야의 전문 지식을 가지고 있나요? 챗GPT에 전문성을 추가한 프롬프트를 제시한다면 훨씬 요구 사항에 걸맞은 응답을 제공할 것입니다.

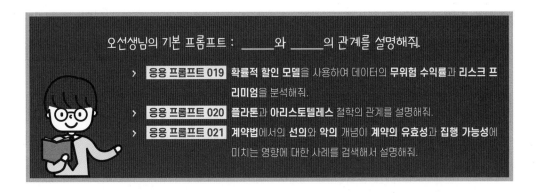

오선생님의 기본 프롬프트 : _____와 _____의 관계를 설명해줘.

> **응용 프롬프트 019** **확률적 할인 모델**을 사용하여 데이터의 **무위험 수익률**과 **리스크 프리미엄**을 분석해줘.

> **응용 프롬프트 020** 플라톤과 **아리스토텔레스** 철학의 관계를 설명해줘.

> **응용 프롬프트 021** **계약법**에서의 **선의**와 **악의** 개념이 **계약의 유효성**과 **집행 가능성**에 미치는 영향에 대한 사례를 검색해서 설명해줘.

위 응용 프롬프트를 가지고 챗GPT에게 직접 입력해봤나요? 얻고자 하는 응답과 관련하여 선문 용어를 사용한 프롬프트를 입력하니 챗GPT가 좀 더 전문성 있는 응답을 제공하는 것을 확인할 수 있습니다. 이번에는 우주 인플레이션 관련 전문 지식을 챗GPT에 물어보겠습니다.

01 다음은 우주 인플레이션 이론에 대한 질문입니다. 전문 용어를 최대한 배제하고 질문하겠습니다.

우주가 팽창할 때 생기는 균일하지 않은 온도를 인플레이션 이론이 어떻게 설명하는지 궁금해.

우주 인플레이션 이론은 초기 우주의 급격한 팽창을 설명하는 이론입니다. 이 이론은 우주가 대단히 짧은 시간 동안 지수적으로 팽창했다는 것을 제안합니다. 이 과정에서 우주의 크기가 엄청나게 커지게 되었습니다.

인플레이션 이론이 균일하지 않은 온도를 설명하는 방법은 다음과 같습니다:

1. **양자 요동 (Quantum Fluctuations)**: 인플레이션이 일어날 때, 양자 역학적 효과로 인해 매우 작은 규모에서 일어나는 미세한 요동이 있습니다. 이 양자 요동은 인플레이션 기간 동안 우주가 급격히 팽창하면서 거시적 규모로 확대됩니다. 이 확대된 요동이 우주의 밀도 변화와 온도 차이를 만들어냅니다.

2. **우주의 팽창과 요동의 확대**: 인플레이션 기간 동안 우주의 급격한 팽창은 이 작은 양자 요동을 우주 전반에 걸쳐 균일하게 퍼지게 만듭니다. 이것이 현재 관측되는 우주의 온도 불균일성의 기초가 됩니다.

3. **우주배경복사(CMB)와 온도 불균일성**: 인플레이션 이론은 우주배경복사(Cosmic Microwave Background, CMB)의 작은 온도 변화, 즉 우주의 초기 상태에서 비롯된 밀도 요동을 설명합니다. CMB는 초기 우주의 잔광이며, 그 온도 변화는 인플레이션 기간 동안 생긴 요동으로 인해 발생한 것입니다.

결론적으로, 인플레이션 이론은 초기 우주의 급격한 팽창과 그로 인한 양자 요동의 확대를 통해 현재 관측되는 우주의 온도 불균일성을 설명합니다. 이 이론은 우주배경복사에서 관측되는 온도 차이와 밀도 요동의 기원을 이해하는 데 중요한 역할을 합니다.

02 잘 정리했네요. 이번에는 '우주가 팽창할 때 생기는 균일하지 않은 온도'를 '우주 마이크로파 배경 복사(CMB)의 비등방성'이라는 조금 더 전문적인 용어로 변경하여 질문하겠습니다.

우주론에서 인플레이션 이론이 우주 마이크로파 배경 복사(CMB)의 비등방성을 설명하는데 어떤 역할을 하는지 궁금해.

우주론에서 인플레이션 이론은 우주 마이크로파 배경 복사(CMB)의 비등방성을 설명하는 데 중요한 역할을 합니다. 이를 이해하기 위해 몇 가지 주요 포인트를 살펴보겠습니다.

1. **인플레이션 이론의 기본 개념:**
   - 인플레이션 이론은 우주 초기 극히 짧은 시간 동안(약 10^{-36}초에서 10^{-32}초 사이) 우주가 기하급수적으로 팽창했다는 가설입니다. 이 급격한 팽창은 우주의 크기를 엄청나게 키웠으며, 우주 전역에 걸쳐 물질과 에너지가 매우 균일하게 분포하게 만들었습니다.

2. **양자 요동:**
   - 인플레이션 동안, 양자 요동(quantum fluctuations)이 확대되어 우주 전체에 퍼졌습니다. 이러한 미세한 양자 요동은 인플레이션 이후에도 남아있었고, 이는 우주 마이크로파 배경 복사(CMB)에 나타나는 미세한 온도 차이로 관측됩니다. 이 온도 차이는 오늘날 우리가 CMB의 비등방성으로 관측하는 것입니다.

3. **우주 구조의 씨앗:**
   - 양자 요동으로 인해 발생한 미세한 밀도 변화는 시간이 지나면서 중력에 의해 증폭되었습니다. 이로 인해 은하와 은하단과 같은 우주의 대규모 구조가 형성되었습니다. 따라서, 인플레이션 이론은 우주의 대규모 구조가 어떻게 형성되었는지를 설명하는 데 중요한 역할을 합니다.

4. **CMB 비등방성 예측:**
   - 인플레이션 이론은 CMB 비등방성의 크기와 분포에 대한 구체적인 예측을 제공합니다. 이론에 따르면, 이러한 비등방성은 특정한 스펙트럼(파워 스펙트럼)을 따라야 합니다. 실제 관측된 CMB의 비등방성 데이터는 이 예측과 매우 잘 맞아떨어지며, 이는 인플레이션 이론의 강력한 증거로 작용합니다.

5. **평탄성 문제와 지평선 문제 해결:**
   - 인플레이션 이론은 우주의 평탄성 문제(flatness problem)와 지평선 문제(horizon problem)를 해결하는 데도 기여합니다. 우주의 급격한 팽창은 우주를 매우 평탄하게 만들며, 현재 관측 가능한 우주의 모든 부분이 과거에 인과적으로 연결되어 있었음을 설명할 수 있게 합니다.

   요약하자면, 인플레이션 이론은 우주 마이크로파 배경 복사의 비등방성을 설명하는 데 중요한 역할을 하며, 이를 통해 초기 우주의 물리적 조건과 우주 구조 형성에 대한 중요한 통찰을 제공합니다.

분명 앞선 질문에서도 잘 정리하여 응답했지만, 전문 용어를 추가했을 때 훨씬 더 해박한 응답을 출력하는 걸 확인할 수 있습니다.

여기에는 2가지 요인이 있습니다. 첫 번째, 용어를 기준으로 유사성을 탐색하여 응답하기 때문입니다. 전문가가 서술한 전문 지식일수록 전문 용어를 사용했을 가능성이 큽니다. 즉, 전문 용어를 사용하면 전문가의 데이터에서 프롬프트와의 유사성을 탐색할 확률이 증가하는 것입니다. 두 번째, 사용자가 이미 용어를 알고 있다는 걸 전제하기 때문입니다. 처음 질문에서는 CMB가 무엇인지 모른 채 우주의 팽창과 온도의 연관성을 물었던 탓에 CMB가 무엇인지 간략하게 설명했습니다. 설명이 안 좋은 건 아니지만 챗GPT가 프롬프트에 대해 한 번에 답변하는 제한이 있기 때문에 사용자가 천체물리학을 전공했다면 CMB에 관한 설명은 불필요한 내용일 것입니다. 반면, 전문 용어를 사용했을 때는 CMB에 관한 설명은 넘어가고 곧장 질문의 의도에 대한 응답을 출력했습니다. 이렇듯 챗GPT에게 전문성을 추가한 프롬프트를 제시하여 요구 사항에 알맞은 응답을 이끌어 내보세요.

쉬운 활용 08 **챗GPT로 더 정교한 프롬프트 만들기**

마지막은 챗GPT로 프롬프트를 더 잘 만드는 것입니다. 프롬프트라 하면 인공지능에게 주는 질문, 요청으로 알고 있는데, 챗GPT로 프롬프트를 만드는 것은 무엇이고 왜 필요할까요? 우리가 모두 전문가이거나 또는 차례대로 잘 설명하는 능력을 가졌거나 아니면 반복하는 걸 지루해하지 않는 사람이라면 좋겠지만, 그렇지 않습니다. 또한, 무료 버전의 경우 응답에 제한이 있기 때문에 너무 많이 반복하면 금새 제한을 초과할 수 있습니다. 그럴 때는 챗GPT에 입력할 프롬프트를 챗GPT에게 만들어달라고 요청해보세요. 챗GPT는 사람이 만드는 것보다 훨씬 정교한 프롬프트를 만들 수 있습니다.

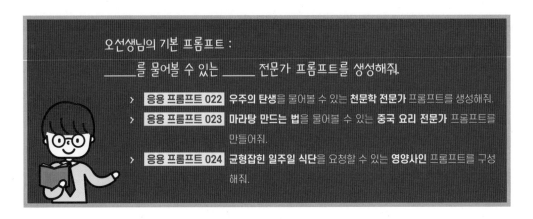

위 프롬프트를 살펴보면 궁금해하는 주제를 입력하고 그에 따른 전문가의 역할을 부여하는 프롬프트를 챗GPT에게 입력했습니다. 과연 저렇게 입력했을 때 사람이 만든 프롬프트 보다 정교한 프롬프트를 만들어주는지 확인하겠습니다. 이제부터 챗GPT에게 사자 관련 전문지식을 부여하고 사자에 대한 정교한 프롬프트 생성을 요청합니다.

01 다음은 챗GPT로 프롬프트를 만드는 예시입니다.

 챗GPT에게 사자의 자세한 생태를 물어볼 수 있는 프롬프트를 생성해줘.

사자의 생태에 대한 자세한 정보를 얻기 위해 다음과 같은 프롬프트를 사용할 수 있습니다:

"사자의 생태에 대해 자세히 설명해주세요. 서식지, 먹이 습성, 사회 구조, 번식 방법, 평균 수명 등 사자에 대한 다양한 정보를 포함하여 설명해주시면 감사하겠습니다."

이 프롬프트를 사용하면 사자의 생태에 대한 포괄적인 정보를 얻을 수 있습니다.

02 챗GPT가 사자의 생태에 대해서 궁금할 수 있는 사항들을 포함한 프롬프트를 만들었습니다. 해당 프롬프트로 챗GPT에게 질문해봅시다.

사자의 생태에 대해 자세히 설명해주세요. 서식지, 먹이 습성, 사회 구조, 번식 방법, 평균 수명 등 사자에 대한 다양한 정보를 포함하여 설명해주시면 감사하겠습니다.

사자는 아프리카와 아시아의 사바나, 초원, 숲 등 다양한 서식지에서 발견됩니다. 사자는 주로 아프리카 사하라 사막 이남 지역에 서식하며, 아시아 사자는 인도의 기르 숲에 제한적으로 분포합니다.

서식지

사자는 넓고 열린 평야를 선호하지만, 숲, 덤불, 사막에서도 서식할 수 있습니다. 물가 근처를 선호하며, 물이 있는 곳에서 쉽게 발견될 수 있습니다.

... 생략 ...

평균 수명

사자의 평균 수명은 야생에서 약 10~14년이며, 사육 상태에서는 20년까지 살 수 있습니다. 수사자는 보통 10년을 넘기기 힘들며, 암사자가 더 오래 사는 경향이 있습니다.

사자는 그들의 강력한 힘과 사회적 구조, 그리고 다양한 서식지에 적응하는 능력 덕분에 자연 생태계에서 중요한 역할을 합니다. 그러나 인간 활동으로 인해 서식지가 파괴되고 밀렵이 증가하면서, 사자의 개체 수는 줄어들고 있습니다. 이를 보호하기 위한 다양한 노력이 필요합니다.

03 각 사항에 관한 자세한 설명을 덧붙여서 사자의 생태를 설명하고 있습니다. 이번에는 챗GPT가 만든 프롬프트를 더 체계적으로 만들겠습니다.

사자의 생태에 대해 자세히 설명해주세요. 서식지, 먹이 습성, 사회 구조, 번식 방법, 평균 수명 등 사자에 대한 다양한 정보를 포함하여 설명해주시면 감사하겠습니다. 이건 사자의 생태를 챗GPT에게 질문하는 프롬프트야. 체계적으로 개선해줘.

사자의 생태에 대해 자세히 설명해주세요. 다음 항목을 포함해 주시면 감사하겠습니다:

　1. **서식지**: 사자가 주로 어디에 서식하는지, 어떤 환경에서 사는지 설명해 주세요.

　2. **먹이 습성**: 사자의 주요 먹이와 사냥 방법, 먹이 사슬에서의 역할에 대해 설명해 주세요.

　3. **사회 구조**: 사자의 사회적 구조와 가족 구성, 무리 생활의 특징에 대해 설명해 주세요.

　4. **번식 방법**: 사자의 번식 주기, 교미 습성, 새끼 양육 방법에 대해 설명해 주세요.

　5. **평균 수명**: 야생과 동물원에서의 사자의 평균 수명과 이를 결정짓는 요인에 대해 설명해 주세요.

사자에 대한 다양한 정보를 체계적으로 제공해주시면 감사하겠습니다.

04 질문을 차례대로 나열하고, 각 질문에서 얻고 싶은 답변을 명확하게 설명하도록 프롬프트가 개선되었습니다. 개선된 프롬프트로 질문합니다.

사자의 생태에 대해 자세히 설명해주세요. 다음 항목을 포함해 주시면 감사하겠습니다:

　1. **서식지**: 사자가 주로 어디에 서식하는지, 어떤 환경에서 사는지 설명해 주세요.

　2. **먹이 습성**: 사자의 주요 먹이와 사냥 방법, 먹이 사슬에서의 역할에 대해 설명해 주세요.

　3. **사회 구조**: 사자의 사회적 구조와 가족 구성, 무리 생활의 특징에 대해 설명해 주세요.

　4. **번식 방법**: 사자의 번식 주기, 교미 습성, 새끼 양육 방법에 대해 설명해 주세요.

　5. **평균 수명**: 야생과 동물원에서의 사자의 평균 수명과 이를 결정짓는 요인에 대해 설명해 주세요.

사자에 대한 다양한 정보를 체계적으로 제공해주시면 감사하겠습니다.

사자의 생태에 대한 자세한 설명

서식지

사자는 주로 아프리카 사바나 지역과 사막 근처에서 서식합니다. 사바나는 넓고 평평한 초원으로, 긴 풀과 나무가 점재하며 사자가 사냥하고 쉬기에 적합한 환경을 제공합니다. 사자는 또한 남부 사하라 이남의 사막 가장자리와 같은 건조한 지역에서도 발견됩니다. 과거에는 아시아, 유럽, 그리고 중동의 일부 지역에서도 발견되었지만, 현재는 인도의 기르 국립공원(Gir National Park)에서만 소수의 아시아 사자가 생존하고 있습니다.

먹이 습성

... 생략 ...

이런 과정을 반복하다 보면 사용자가 직접 프롬프트를 만드는 것보다 챗GPT가 훨씬 빠르고 정확한 프롬프트를 만들 수 있다는 걸 느끼실 겁니다.

챗GPT에게 주제를 주고 전문 지식을 갖게 한 다음 정교한 프롬프트를 요청하니 체계적으로 만들어주며 그에 따라 응답도 자세한 설명이 나오는 것을 확인할 수 있습니다.

지금까지 챗GPT를 보다 스마트하게 사용하는 6가지 방법을 알아보았습니다. 6가지 외에도 다양한 방법이 있지만, 챗GPT를 잘 사용하는 가장 좋은 방법은 많이 사용해보는 것입니다. 6가지 방법에 기초해서 프롬프트를 만들고, 응답을 도출하는 과정을 반복하면서 챗GPT를 많이 사용해보고 능숙하게 활용하길 바랍니다.

📑 마무리 요약

- ☑ 원하는 응답을 수월하게 얻기 위해 프롬프트 작성에 도움이 되는 6가지 방법을 알 수 있습니다.
- ☑ 챗GPT에게 역할을 부여해서 그 역할에 맞게 응답하게 하고, 전문 용어를 사용함으로써 좀 더 전문적인 응답을 받을 수 있습니다.
- ☑ 챗GPT를 반복 사용하면 능숙하게 활용할 수 있습니다.

(Chapter 09)

챗GPT로 그림 그리기

유튜브에서 챗GPT로 생성한 이미지를 본 적 있는데 너무 신기했어요! 챗GPT에는 이미지 생성 기능도 있다던데 어떻게 할 수 있나요?

학생

오선생님

Chapter 01 **처음 만나는 챗GPT, 궁금해요**에서 우리는 이미 그림 그려주는 AI인 달리^{DALL-E} 가 무엇인지, 그리고 챗GPT에 이 기능이 탑재되어 있다는 것을 알아봤죠. 그렇다면 챗GPT 가 내가 원하는 그림을 얼마나 잘 그려줄지도 궁금할겁니다. 여기서는 챗GPT에 탑재된 기 능인 달리를 활용하여 그림을 그려봅시다. 무료 버전으로도 그릴 수 있지만, 이미지 생성 한 도가 많이 부족하기 때문에 금방 사용 제한에 도달할 수 있다는 점을 주의하세요.

쉬운 활용 09 챗GPT로 원하는 이미지 생성하기

챗GPT로 그림을 그리는 방법은 아주 간단합니다. 생성하려는 이미지를 설명하는 프롬프트 에 '그려줘'만 붙이면 끝입니다. '토끼를 그려줘'보다는 '줄넘기를 하는 토끼를 그려줘'처럼 구체적으로 요청하면 원하는 결과에 가까운 이미지를 받을 확률이 높아집니다.

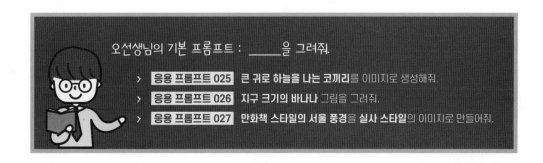

챗GPT에 생성하고자 하는 이미지의 구체적인 형상을 프롬프트에 표현했더니 최대한 그에 맞게 이미지를 만들어주려고 합니다. 물론 매번 완벽하게 마음에 드는 이미지가 한 번에 나오진 않습니다. 이번에는 토끼를 주제로 이미지를 요청하겠습니다.

01 챗GPT에게 귀가 큰 토끼를 그려달라고 요청합니다.

귀가 큰 토끼를 그려줘.

귀가 큰 토끼를 그려줘.

여기 귀가 큰 토끼 그림입니다. 마음에 드시길 바랍니다!

챗GPT가 귀가 큰 토끼를 그렸습니다. 이런 방식으로 다양한 이미지를 누구나 쉽게 생성할 수 있습니다. 다만, 특정 인물이나 저작권을 침해하는 이미지는 생성할 수 없으므로 참고하세요.

쉬운 활용 10 ┃ 생성한 이미지 챗GPT로 수정하기

생성한 이미지에서 일부가 마음에 들지 않으면 해당 부분을 선택하여 수정할 수 있습니다.
수정할 부분을 선택한 다음 '지워줘', '~~ 변경해줘'와 같이 구체적인 요청을 하면 됩니다.
생성한 이미지를 수정하는 기능은 **유료 버전만 지원**하므로 여기서는 유료 버전 기준으로 설
명하겠습니다.

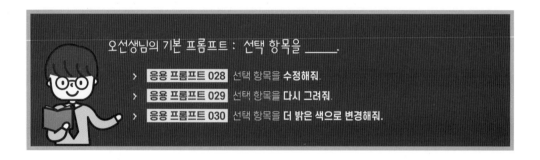

오선생님의 기본 프롬프트 : 선택 항목을 _____.

> **응용 프롬프트 028** 선택 항목을 **수정해줘.**
> **응용 프롬프트 029** 선택 항목을 **다시 그려줘.**
> **응용 프롬프트 030** 선택 항목을 **더 밝은 색으로 변경해줘.**

앞서 귀가 큰 토끼 이미지를 만들어봤습니다. 챗GPT에게 이 이미지의 수정을 요청하겠습
니다.

TIP 데스크톱 macOS 앱 버전에서는 이미지 수정 기능을 지원하지 않습니다.

01 귀가 큰 토끼 이미지를 클릭합니다. 그러면 다음과 같은 이미지 편집 화면이 나타납
니다.

① 이미지를 편집할 프롬프트의 입력 칸입니다. 이 화면에서 입력한 프롬프트는 모두 이미지 편집에 사용됩니다.

② 이미지 편집에 참고할 파일을 첨부합니다.

③ 편집된 이미지를 보여주는 채팅 화면입니다.

④ 편집할 이미지를 보여주는 화면입니다.

⑤ 이미지에서 수정할 부분을 선택하는 선택 도구를 실행합니다.

선택 도구입니다. ① 좌우로 드래그하면 선택 브러쉬의 크기를 조절할 수 있습니다. ② 왼쪽 화살표 버튼을 클릭하면 선택한 영역을 이전으로 돌리고, ③ 오른쪽 화살표 버튼을 클릭하면 다시 선택할 수 있습니다. ④ 선택 항목 지우기를 클릭하면 선택된 영역을 초기화합니다. ⑤ 취소를 클릭하면 도구 실행을 취소합니다.

⑥ 이미지를 지정된 폴더에 저장합니다.

⑦ 이미지를 생성할 때 챗GPT가 사용한 프롬프트를 볼 수 있습니다.

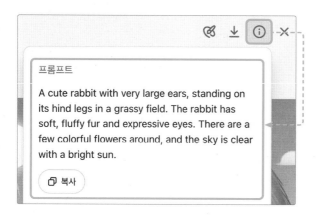

⑧ 이미지 편집 화면을 종료하고, 채팅을 진행하고 있던 화면으로 돌아갑니다.

02 기능을 알았으니 본격적으로 이미지를 수정해봅시다. 앞서 생성한 귀가 큰 토끼 이미지를 수정하겠습니다. 이미지를 클릭하고 선택 도구의 브러쉬로 토끼 이미지 배경의 하늘 부분을 모두 선택합니다.

토끼 이미지의 하늘 배경을
브러쉬로 선택하세요!

03 선택했다면 편집 프롬프트 입력 칸에 [배경을 밤으로 변경해줘.]라고 프롬프트를 입력하고 전송 버튼을 누릅니다.

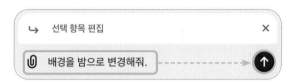

04 그러면 낮이었던 이미지의 배경이 밤으로 수정된 것을 확인할 수 있습니다.

05 이번에는 이미지에서 달을 지워보겠습니다. 위 상태에서 다시 선택 도구를 클릭한 후 달만 선택합니다.

06 그런 다음 [달을 지워줘.]라고 프롬프트를 입력하고 전송 버튼을 누릅니다.

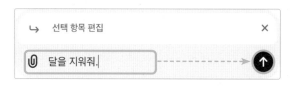

07 이미지에서 달만 제거된 것을 확인할 수 있습니다.

이렇게 수정이 필요한 부분을 선택하여 원하는 방향으로 생성한 이미지를 수정해보세요.

다만, 챗GPT가 모든 걸 잘 수정하는 것은 아닙니다. 이미지에 새로운 사물을 추가하거나 얼굴의 표정을 변경하는 등 몇 가지 편집 작업에서는 사용자가 원하는 대로 작동하지 않을 수 있습니다. 이 부분은 이미지 수정할 때 꼭 참고하세요.

이미지 생성에 쓴 프롬프트와 생성된 이미지의 프롬프트가 다른 이유는 무엇인가요?

'귀가 큰 토끼를 그려주세요.'라는 프롬프트로 이미지를 생성했습니다. 그런데 ⓘ 아이콘을 클릭했더니 영문으로 된 다른 프롬프트가 나타납니다. 이는 챗GPT가 직접 이미지를 생성한 것이 아니라 우리가 입력한 프롬프트를 이해한 후 재구성하여 다시 달리에게 요청했기 때문입니다. 어떤 과정으로 이미지 생성이 이루어지는 지 다음 그림을 통해 살펴봅시다.

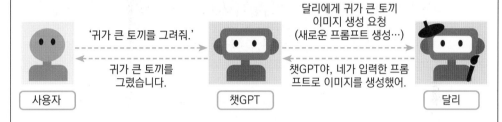

그래서 이미지를 생성한 영문 프롬프트는 실제로 생성된 이미지의 프롬프트입니다. 또한 앞서 배운 이미지 생성 프롬프트 엔지니어링 기법은 생성할 때 프롬프트와 생성된 이미지의 프롬프트의 간극을 좁히기 위한 목적입니다. 챗GPT의 이미지 생성 원리를 이해하면 더 좋은 이미지를 쉽게 생성할 수 있습니다.

쉬운 활용 11 메인 프롬프트와 네거티브 프롬프트를 사용해서 내가 더 원하는 이미지를 만들기

이미지를 생성할 때 원하는 느낌의 이미지가 있을 것이고 원하지 않는 느낌의 이미지가 있을 겁니다. 원하는 것은 포함시키고, 원치 않는 것을 배제하여 프롬프트를 작성하면 보다 기준에 충족하는 이미지가 생성될 것입니다. 다음 프롬프트의 구조와 요소를 알아둔다면 원하는 이미지를 만드는 데 효과적일 수 있습니다.

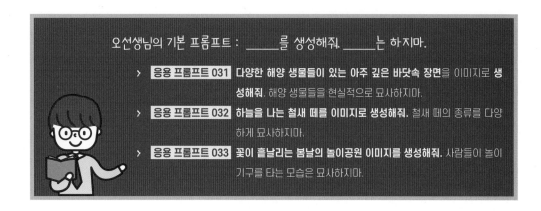

오선생님의 기본 프롬프트 : _____를 생성해줘. _____는 하지마.

> **응용 프롬프트 031** 다양한 해양 생물들이 있는 아주 깊은 **바닷속 장면**을 이미지로 생성해줘. 해양 생물들을 현실적으로 묘사하지마.
> **응용 프롬프트 032** 하늘을 나는 철새 떼를 이미지로 생성해줘. 철새 떼의 종류를 다양하게 묘사하지마.
> **응용 프롬프트 033** 꽃이 흩날리는 봄날의 놀이공원 이미지를 생성해줘. 사람들이 놀이기구를 타는 모습은 묘사하지마.

쉽게 말해서 메인 프롬프트^{Main Prompt}는 생성하고자 하는 것, 네거티브 프롬프트^{Negative Prompt}는 특정 요소를 제거하거나 생성하지 않으려는 것을 의미합니다. 다음 예시를 봅시다.

- 메인 프롬프트 : 다양한 해양 생물들이 있는 아주 깊은 바닷속 장면을 이미지로 생성해줘.
- 네거티브 프롬프트 : 해양 생물들을 현실적으로 묘사하지마.

메인 프롬프트만 입력한 이미지는 다음과 같습니다.

메인 프롬프트와 네거티브 프롬프트를 함께 입력하여 생성된 이미지는 다음과 같습니다.

메인 프롬프트만 입력했을 때는 거북이나 문어, 산호 등 한 번쯤은 봤을 법한 현존하는 해양 생물이 포함된 이미지가 생성되었습니다. 반면, 네거티브 프롬프트를 입력하니 괴이한 모습의 실존하는지 모를 비현실적인 해양 생물이 포함된 이미지가 생성되었습니다.

이미지를 생성할 때 많은 사람이 메인 프롬프트에 집중합니다. 하지만 예시에서 알 수 있는 것처럼 **네거티브 프롬프트로 어떤 이미지 생성을 피하느냐에 따라서 원하는 이미지를 생성할 수 있는 확률이 높아집니다.**

오선생의 비법 노트

이미지 생성에 유용한 6가지 프롬프트 유형을 알아봅시다!

이로써 메인 프롬프트와 네거티브 프롬프트의 역할은 이해했습니다. 그러면 이 프롬프트들은 어떤 구조로 작성해야 효과적일까요? 인공지능 이미지 생성이 처음이라면 다음 6가지 요소를 프롬프트에 적절히 활용해보세요. 이미지 생성에 두고두고 유용하게 쓰일 겁니다.

- **주제** : 생성할 이미지의 주제를 설명하는 용어입니다. (예 : 아주 깊은 바닷속 장면)
- **스타일** : 특정한 이미지의 느낌을 안내하는 용어입니다. (예 : 픽사 애니메이션 스타일, 붓과 먹을 사용한 한국화 스타일 등)
- **품질 향상** : 이미지의 품질을 향상시키기 위한 용어입니다. (예 : 정교하게, 놀랍도록, 섬세하게 등)
- **반복** : 인공지능이 특정 부분에 집중하도록 주제나 스타일 용어를 반복하는 것입니다. (예 : 매우 매우 매우 매우 매우 매우 매우 다양한 해양 생물)
- **창의성** : 인공지능에게 창의성을 주입하여 무작위 이미지를 생성하게 하는 용어 또는 구문을 말합니다. (예 : 환상적인, 매혹적인, 현실적인)
- **이미지** : 요구하는 이미지의 스타일이나 구조 등을 참고할 수 있는 이미지 파일 또는 링크를 첨부할 수도 있습니다.

01 이 6가지 프롬프트 유형을 조합하여 카페 이미지를 생성해보겠습니다.

실사 스타일**(스타일)**의 아날로그 필름 느낌**(창의성)**의 크로와상과 커피를 판매하는 **(주제)** 현대적인 고딕풍의**(창의성)** 매장**(주제)**을 아주 아주 아주 아주 아주 아주 자세하게**(품질 향상)** 그려줘.

실사 스타일로 고딕풍의 크로와상과 커피 판매 매장 이미지가 생성되었습니다. 프롬프트 유형을 조합하여 탄탄한 구조를 만들수록 원하는 이미지에 가까운 결과를 얻을 수 있을 것입니다. 앞서 배운 네거티브 프롬프트도 6가지 유형을 가지고 활용하면 더 효과적으로 작동합니다.

쉬운 활용 12 챗GPT 부추겨서 고품질의 이미지 생성하기

프롬프트를 잘 설계해도 원하는 품질의 이미지가 생성되지 않을 수 있습니다. 더 고품질의 이미지를 받고 싶다면 챗GPT가 더 자세한 설명의 프롬프트를 달리에게 전달해야 합니다. 하지만 사용자가 직접 프롬프트를 수정할 경우 생성된 이미지와는 다른 콘셉트의 이미지를 새로 생성할 가능성이 큽니다. 지금부터 이미지의 콘셉트 변화 없이 고품질의 이미지를 생성하는 방법인 '부추기기'를 소개하겠습니다. 부추기기는 챗GPT에게 '너는 더 잘할 수 있는데 왜 이것밖에 하지 못하니', '나는 널 믿고 있는데, 왜 제 실력을 발휘하지 못하니'와 같이 결과물이 만족스럽지 못하고, 부족함이 너(챗GPT)에게 있으므로 다시 해보라고 부추겨서 명령하는 방법입니다.

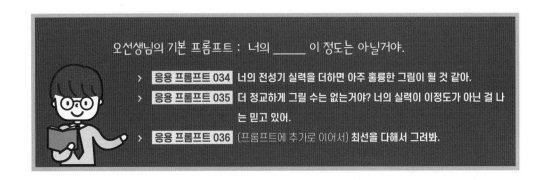

오선생님의 기본 프롬프트 : 너의 _____ 이 정도는 아닐거야.

> **응용 프롬프트 034** 너의 전성기 실력을 더하면 아주 훌륭한 그림이 될 것 같아.
> **응용 프롬프트 035** 더 정교하게 그릴 수는 없는거야? 너의 실력이 이정도가 아닌 걸 나는 믿고 있어.
> **응용 프롬프트 036** (프롬프트에 추가로 이어서) 최선을 다해서 그려봐.

챗GPT는 감정이 없는 인공지능이지만 결과의 부족함에 대한 부추기기에 매우 취약합니다. 이는 비단 챗GPT만의 특징이 아니며, 다른 언어 모델들도 비슷한 특징이 있습니다. 다음 프롬프트를 활용한 이미지를 예시로 알아봅시다.

01 먼저 챗GPT에게 **'심해를 유영하는 허스키를 그려줘.'**라고 명령하겠습니다. 귀여운 허스키 그림이 생성되었습니다. 이미지 편집 기능에서 프롬프트를 확인합니다.

프롬프트

A husky swimming gracefully in the deep sea, surrounded by vibrant coral reefs and colorful fish. The scene is illuminated by beams of sunlight piercing through the water, creating a magical and serene underwater atmosphere. The husky's fur flows with the water currents, and its expression is one of curiosity and wonder as it explores the ocean depths.

복사

이전 **프롬프트**와 비교해보세요! 달라진 것을 확인할 수 있습니다.

02 그리고 이어서 채팅에 **'아니야... 너의 재능이 이 정도일 리 없어. 최선을 다해서 그려 봐.'**라고 부추기겠습니다. 챗GPT는 인공지능이므로 재능 따위가 있을 리 없지만 부추기기 프롬프트가 추가되면서 내용도 더 자세하게 바뀌었으니 결과를 확인해봅시다.

프롬프트

A husky swimming elegantly in the deep ocean, surrounded by diverse marine life such as vibrant coral reefs and various colorful fish. Sunlight filters down through the water, casting a serene glow on the scene. The husky appears majestic and at ease, its fur waving gently with the ocean currents. It looks around with a curious and adventurous expression, exploring the wonders of the underwater world.

복사

03 배경이 되는 심해가 실제와 좀 더 가까워 보입니다. 대화를 더 이어서 **'좋아. 조금만 더 신중하게 너의 전성기 실력을 더하면 아주 훌륭한 그림이 될 것 같아.'**라고 챗GPT를 다시 부추기겠습니다.

프롬프트

A majestic husky swimming through the deep ocean, amidst a vibrant ecosystem of marine life, including colorful coral reefs and various species of tropical fish. The sunlight penetrates the water, creating a magical, serene atmosphere. The husky's fur flows elegantly with the water currents, and its eyes reflect curiosity and a sense of adventure as it explores the vast, enchanting underwater world.

복사

04 이미지 콘셉트는 유지하고 있지만 프롬프트가 더 자세하게 변경되었습니다. 하지만 여전히 무언가 부족합니다. **'정말 잘 그린 그림이지만, 무언가 부족한 느낌이야. 더 잘 그려줘.'**라고 다시 부추깁니다. 늠름하게 보이는 허스키와 산호, 물고기 등 심해의 요소를 부각하여 섬세함이 더 추가되었습니다.

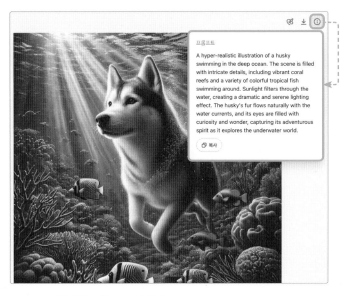

프롬프트

A hyper-realistic illustration of a husky swimming in the deep ocean. The scene is filled with intricate details, including vibrant coral reefs and a variety of colorful tropical fish swimming around. Sunlight filters through the water, creating a dramatic and serene lighting effect. The husky's fur flows naturally with the water currents, and its eyes are filled with curiosity and wonder, capturing its adventurous spirit as it explores the underwater world.

복사

05 마지막으로 '**더 정교하게 그릴 수는 없는거야? 너의 실력이 이 정도가 아닌 걸 나는 믿고 있어.**'라고 한 번 더 부추깁니다.

프롬프트

A highly detailed and hyper-realistic illustration of a husky swimming through the deep ocean. The scene features intricate details of vibrant coral reefs and a diverse array of tropical fish, with sunlight streaming through the water to create dramatic lighting effects. The husky's fur flows naturally in the water currents, showing realistic texture and motion. Its eyes reflect a deep sense of curiosity and wonder, capturing its adventurous spirit as it explores the enchanting underwater world.

'대양 깊숙이 수영하는 허스키의 고도로 세밀하고 하이퍼리얼리즘 스타일의 일러스트를 상상해보세요. 장면은 생동감 있는 산호초와 다양한 열대어로 가득 차 있으며, 햇빛이 물을 통해 비치며 극적인 조명 효과를 만듭니다. 허스키의 털은 물살에 자연스럽게 흐르며 사실적인 질감과 움직임을 보여줍니다. 허스키의 눈은 탐험하는 마법 같은 수중 세계에 대한 호기심과 경이로움을 깊이 반영하여 모험심을 포착합니다.'

정교한 허스키의 모습과 함께 바다의 요소들로 배경을 가득 채운 이미지가 생성되었습니다. 프롬프트도 더 정교한 이미지를 강조하는 형태로 변경되었습니다. 처음 생성한 이미지와 마지막 이미지를 비교해보겠습니다.

처음 생성한 결과도 그럭저럭 잘 만든 이미지처럼 보이지만 마지막 이미지와 비교하면 허스키의 얼굴이나 털의 세부적인 모습, 산호의 표현, 빛의 질감 등 훨씬 고품질로 생성된 것을 확인할 수 있습니다. 실제 마지막 이미지의 프롬프트 내용만 보더라도 챗GPT가 고품질 이미지를 생성하기 위해 달리에게 얼마나 상세한 설명을 하려고 노력하는지 확인할 수 있는데요. 자세히 보면 6가지 프롬프트 유형의 요소가 반영되어 있습니다. 챗GPT를 부추기는 것만으로도 6가지 프롬프트 유형을 잘 포함한 이미지를 생성한 것입니다.

이처럼 추가 주제나 스타일을 프롬프트에 직접 더해 콘셉트를 변형하는 대신 '챗GPT 부추기기'를 해보세요. 칭찬도 했다가, 지적도 했다가, 응원도 하면서 더 나은 이미지를 생성하도록 부추기면 챗GPT가 스스로 프롬프트를 추가해서 달리에게 요청합니다. 반복할수록 계속 개선하므로 원하는 품질의 이미지가 만들어질 때까지 얼마든지 반복해도 좋습니다. 부추기기는 기존 이미지 콘셉트를 유지하면서 더 고품질의 이미지를 생성할 수 있는 방법이므로 꼭 활용하길 바랍니다.

쉬운 활용 13 프롬프트 길게 늘려서 고품질의 이미지 생성하기

챗GPT를 부추겨서 이미지를 생성하면 기존 이미지의 스타일을 유지하면서 고품질 이미지를 생성할 수 있다는 장점이 있습니다. 하지만 여러 번 이미지를 생성하기 때문에 사용량 한도를 금방 초과하게 됩니다. 특히 무료 사용자의 경우 부추기기를 제대로 실행하지 못할 수도 있습니다. 그럴 때는 프롬프트를 길게 늘리는 방식으로 더 나은 이미지를 생성할 수 있습니다.

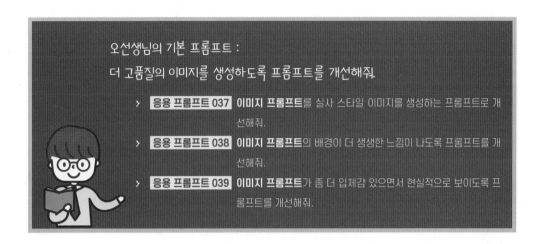

오선생님의 기본 프롬프트 :
더 고품질의 이미지를 생성하도록 프롬프트를 개선해줘.

> **응용 프롬프트 037** **이미지 프롬프트**를 실사 스타일 이미지를 생성하는 프롬프트로 개선해줘.
> **응용 프롬프트 038** **이미지 프롬프트**의 배경이 더 생생한 느낌이 나도록 프롬프트를 개선해줘.
> **응용 프롬프트 039** **이미지 프롬프트**가 좀 더 입체감 있으면서 현실적으로 보이도록 프롬프트를 개선해줘.

01 먼저 챗GPT를 사용해서 간단한 딸기 이미지를 생성합니다.

딸기를 그려줘.

딸기 그림이 완성되었습니다. 이 그림을 확인해보세요.

02 생성한 딸기 그림을 클릭합니다. 클릭하면 나오는 이미지 편집 화면에서 프롬프트 정보를 누른 다음 프롬프트 아래 [복사] 버튼을 클릭해서 프롬프트를 복사합니다.

그런 다음 취소 버튼을 눌러서 다시 진행 중인 채팅 화면으로 돌아온 후 프롬프트 입력
칸에 복사한 딸기 이미지의 프롬프트를 붙여넣고 다음과 같이 요청합니다.

A detailed illustration of a fresh, ripe strawberry. The strawberry is vibrant red with
tiny yellow seeds on its surface. The green leafy crown on top is lush and healthy. The
texture of the strawberry's skin is realistic, showing its natural bumps and grooves. The
background is simple, perhaps a light gradient, to make the strawberry the focal point
of the image.

위의 딸기 이미지를 생성한 프롬프트야. 더 고품질의 이미지를 생성할 수 있도록 더 자세한 프롬프트로 개선
해줘.

Create a highly detailed and realistic illustration of a fresh, ripe strawberry. The
strawberry should be vibrant red with tiny, evenly spaced yellow seeds embedded on
its surface.

··· 생략 ···

This gradient should be subtle enough to keep the strawberry as the primary focus of
the image while adding a touch of elegance to the overall composition.

03 챗GPT가 이전보다 길고 자세한 프롬프트를 생성해줬습니다. 해당 프롬프트가 무슨 의미인지는 이해하지 않아도 괜찮습니다. 그대로 복사하여 다시 프롬프트 입력 칸에 붙여넣고 요청합니다.

Create a highly detailed and realistic illustration of a fresh, ripe strawberry. The strawberry should be vibrant red with tiny, evenly spaced yellow seeds embedded on its surface. The surface should display a slightly glossy texture, reflecting light subtly to showcase its freshness. The green leafy crown on top should appear lush and healthy, with each leaf having detailed veins and a natural curve.

The texture of the strawberry's skin should be depicted realistically, highlighting its natural bumps and grooves. Include small, subtle imperfections to add to the realism, such as minor dents or variations in color. The lighting should be soft and natural, casting gentle shadows to emphasize the three-dimensional shape of the strawberry.

The background should be a simple, light gradient, transitioning from a pale green at the bottom to a light cream at the top. This gradient should be subtle enough to keep the strawberry as the primary focus of the image while adding a touch of elegance to the overall composition.

그림자나 잎사귀, 딸기의 표면의 색, 입체감 등 더 현실적인 느낌이 드는 고품질의 딸기 이미지가 생성된 것을 확인할 수 있습니다. 이렇게 이미지를 생성한 프롬프트를 챗GPT에게 맡겨서 높은 품질의 이미지를 생성하도록 프롬프트 늘리기를 하면 챗GPT 부추기기처럼 여러 번 반복하지 않아도 고품질의 이미지를 생성할 수 있습니다.

다만 챗GPT 부추기기의 경우 이미지의 변화 과정을 확인하면서 스타일을 일정하게 유지할 수 있지만, 프롬프트 늘리기는 이미지의 스타일이 이전에 생성한 것과는 완전히 달라질 확률이 높습니다. 그러므로 이미지를 생성하는 상황이나 사용량 한도에 알맞게 챗GPT 부추기기나 프롬프트 늘리기 중 선택해서 사용하기 바랍니다.

쉬운 활용 14 챗GPT에게 예제를 줘서 고품질의 이미지 생성하기

말 그대로 챗GPT에게 예제를 주는 것입니다. 가장 간단한 방법은 이미지를 예제로 첨부하는 것입니다. 우리 책의 각 Part에 있는 이미지도 챗GPT에게 예제 주기를 활용하여 만든 이미지입니다. 이렇게 무엇이든 챗GPT가 참고할 수 있는 예제라면 간단한 낙서나 사진도 좋습니다. 챗GPT에게 어떻게 예제를 주는지 다음 프롬프트를 참고하세요.

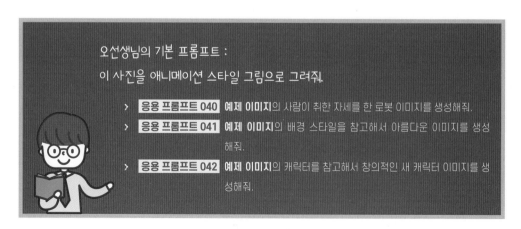

오선생님의 기본 프롬프트 :

이 사진을 애니메이션 스타일 그림으로 그려줘.

> **응용 프롬프트 040** 예제 이미지의 사람이 취한 자세를 한 로봇 이미지를 생성해줘.
> **응용 프롬프트 041** 예제 이미지의 배경 스타일을 참고해서 아름다운 이미지를 생성해줘.
> **응용 프롬프트 042** 예제 이미지의 캐릭터를 참고해서 창의적인 새 캐릭터 이미지를 생성해줘.

위 프롬프트를 바탕으로 직접 예제를 주고 이미지를 생성하겠습니다. 다음은 챗GPT 예제 주기에 사용한 이미지입니다.

- **수달 이미지** : vo.la/WLmdqv

01 해당 이미지를 챗GPT에 첨부한 후 다음 프롬프트를 요청합니다.

이 사진을 실력있는 애니메이터가 그린 아주 자세하고 정교한 일본 애니메이션의 장면처럼 그려줘. 캐릭터의 구도나 색상은 그대로 유지해줘.

아래 그림은 요청하신 일본 애니메이션 스타일로 그린 장면입니다. 원래 사진의 캐릭터 구도와 색상을 그대로 유지하면서, 매우 실력있는 그림으로 표현되었습니다.

챗GPT가 사진을 분석해서 파란색 물고기를 안고 있는 수달을 일본 애니메이션 스타일로 그렸습니다. 이처럼 예제로 이미지 또는 그림을 사용하면 생성하려는 이미지를 설명하기 위한 프롬프트를 고민하지 않아도 쉽게 원하는 이미지를 생성할 수 있습니다. 이미지를 생성하기에 적합한 예제가 있다면 프롬프트를 고민하지 말고 꼭 예제를 사용해보세요.

📋 **마무리 요약**

- ☑ 챗GPT에는 달리DALL·E라는 이미지 생성 인공지능이 탑재되어 있어서 이미지를 생성하고 수정할 수 있습니다.
- ☑ 좋은 이미지를 만드는 효과적인 프롬프트 구조를 학습하여 원하는 이미지를 쉽고 더 빠르게 만들 수 있습니다.
- ☑ 챗GPT 부추기기, 프롬프트 늘리기, 챗GPT에게 예제 주기를 활용하여 고품질 이미지를 생성할 수 있습니다.

챗GPT
기본 활용하기

오호..
챗GPT를 이렇게
활용할 수 있다니!

여기서 공부할 내용

Part 03 **챗GPT 사용하기**에서는 챗GPT의 기본적인 사용법을 배웠습니다. Part 04 **챗GPT 기본 활용하기**부터는 본격적으로 챗
GPT를 일상이나 업무에 활용하는 방법을 배워보겠습니다. 다양한 활용 방법을 설명하면서 프롬프트를 작성하는 팁과 예시를 함께
소개하겠습니다.

💬 이 그림은 챗GPT에게 'ai와 사람이 함께 열심히 공부하는 모습을 그려줘.'라고 프롬프트를 입력하여 생성한 이미지입니다.

(Chapter 10)

챗GPT로 번역하기

요즘 팝송을 즐겨 듣고 있는데, 가끔 가사가 이해 안 될 때가 있어요. 구글 번역기의 도움도 빌리곤 하지만 너무 직역하는 느낌이라 안 와닿았어요. 챗GPT의 번역은 다른 점이 있나요?

학생

오선생님

챗GPT는 다양한 언어의 대규모 텍스트 데이터를 학습했습니다. 기사, 소설, 블로그, 웹사이트 등 다양한 출처에서 여러 언어의 문법, 어휘, 문장 구조 등 데이터를 포함하고 있죠. 그렇기에 챗GPT에게 번역할 데이터를 주었을 때 언어의 종류와 관계없이 높은 품질로 동시에 빠르게 번역할 수 있습니다. 또한 전반적인 문맥과 감정, 문화적 차이도 고려해 더 깊이 있는 번역을 제공합니다. 챗GPT의 도움을 받아 번역을 해보고, 기존 번역 서비스와 어떤 차이가 있는지도 알아보겠습니다.

쉬운 활용 15 다국어 번역하기

자주 듣던 팝송의 가사를 한국어로 번역해보세요. 혹은 한글 메일을 영어나 일본어로 번역해보세요. 챗GPT의 도움을 받으면 각 나라 메일의 형식과 매너에 맞게 작성할 수 있습니다.

오선생님의 기본 프롬프트 : _____을 _____언어로 번역해줘.

> **응용 프롬프트 043** 노래 'Stand By Me' 가사를 한글로 번역해줘.
> **응용 프롬프트 044** 한국어 이메일을 영어 이메일로 변환해줘.
> **응용 프롬프트 045** '사랑해'를 10가지 언어로 작성해줘.

위 프롬프트를 챗GPT에게 입력하니 노래 가사부터 이메일도 번역해줍니다. 또한 '사랑해' 라는 짧은 문장을 10가지 언어로 번역을 부탁하니 한 번에 처리하여 알려주는 것을 확인할 수 있습니다. 이번에는 간단한 문장을 챗GPT에게 입력하여 다른 언어로 번역을 요청하겠습니다.

01 프롬프트는 작성은 '[번역할 문장] 영어로 번역해줘.'로 충분합니다.

모두의 가치가 성장하는 시간을 만듭니다.
영어로 번역해줘.

"We create time where everyone's value grows."

영어로 잘 번역해주었습니다. 하지만 단순히 번역을 해주는 것만으로 챗GPT를 사용할 이유는 없습니다. 다음 그림을 보면 알 수 있듯이 구글 번역기를 이용하면 결과가 비슷하며 기능적으로도 괜찮기 때문입니다.

구글 번역기 번역

02 챗GPT 번역의 장점은 동시 번역 및 번역하는 과정에서 문법, 어휘, 문장 구조를 변경할
수 있다는 것입니다. 과연 결과가 어떻게 다른지 챗GPT에게 번역을 시켜보겠습니다.

모두의 가치가 성장하는 시간을 만듭니다.
이 문장을 서신을 보내기 위한 더 고급스러운 표현의 긴 문장으로 변경하고 영어, 일본어, 중국어, 스페인어
로 번역해줘.

한국어: 우리는 모두의 가치를 증대시키는 시간을 창출하고자 합니다. 이는 우리의 노력이 결실을 맺고, 각
개인이 성장하며 서로의 가치를 인정하는 순간을 만들기 위함입니다. 함께 더 나은 미래를 만들어 나가며,
서로에게 영감을 주는 시간이 될 것입니다.

영어: We aim to create moments that enhance everyone's value. This is to ensure that
our efforts bear fruit, allowing each individual to grow and acknowledge each other's
worth. Together, we will build a better future, inspiring one another along the way.

일본어: 私たちは、すべての人の価値を高める時間を作り出すことを目指しています。これは、
私たちの努力が実を結び、各個人が成長し、お互いの価値を認め合う瞬間を作るためです。共に
より良い未来を築き、互いにインスピレーションを与える時間となるでしょう。

중국어: 我们旨在创造能提升每个人价值的时刻。这是为了确保我们的努力结出果实，让每个人都
能成长并认可彼此的价值。我们将共同建设一个更美好的未来，并在此过程中互相激励。

스페인어: Nos proponemos crear momentos que realcen el valor de todos. Esto es para asegurar que nuestros esfuerzos den frutos, permitiendo que cada individuo crezca y reconozca el valor del otro. Juntos, construiremos un futuro mejor, inspirándonos mutuamente en el camino.

제시한 문장을 기반으로 고급스러운 표현을 더한 긴 문장을 생성하면서, 4개 언어로 동시에 번역한 것을 확인할 수 있습니다. 즉, 번역 기능에만 한정한 별도의 작업이 아닌 문장 표현의 변경 등 다른 작업과 동시에 처리하여 효율성을 높일 수 있는 것입니다.

 오선생의 비법 노트

챗GPT가 구글 번역보다 좋은 이유는 무엇인가요?

챗GPT의 번역 품질은 구글 번역 등 기존 번역 서비스와 비교해도 월등히 좋습니다. 그 이유는 챗GPT과 구글 번역의 기반 기술에 차이가 있기 때문입니다.

챗GPT 번역의 핵심은 프롬프트에 가장 적합한 응답을 생성하기 위해 처음부터 다양한 언어의 정보를 조합하여 여러 언어로 동시에 작업한다는 겁니다. 예를 들어 '대표적인 단공류가 무엇인지 알려줘.'라는 한국어 프롬프트를 입력해도 응답을 생성하기 위해 단공류(한국어), Monotreme(영어), たんこうるい(일본어), 単孔目(중국어), Monotremados(스페인어) 등 다국어 데이터를 탐색해서 가장 유사성이 높은 응답을 다시 오리너구리(한국어), Platypus(영어), カモノハシ(일본어), 鸭嘴兽(중국어), Ornitorrinco(스페인어) 등 다국어로 생성하여 사용자가 요구하는 언어로 출력하는 것입니다.

반면, 구글 번역은 신경망 기계 번역(NMT, Neural Machine Translation)이라는 시스템을 이용해서 특정 언어 쌍에 대한 최적화된 번역을 제공하는 것이 목적입니다. 이를 위해 주로 번역 데이터를 사용하며, 특정 언어 쌍에 대한 번역 데이터가 부족하면 번역 품질이 떨어지는 단점이 있습니다.

그럼 왜 구글 번역은 NMT를 생성형 AI로 교체하지 않는지 궁금할 수 있습니다. 이러한 차이는 기술의 종류만으로 설명할 수는 없습니다. 연구에 따르면 챗GPT가 구글 검색보다 최대 25배 더 많은 에너지를 소비하는 것으로 나타났습니다. 그만큼 같은 단어나 문장을 번역할 때도 생성형 AI보다 NMT가 더 효율

적인 겁니다. 생성형 AI의 에너지 효율도 점점 개선되고 있기 때문에 구글 번역의 성능도 서서히 생성형

AI를 도입하여 개선될 것으로 예상합니다.

- **챗GPT와 구글의 에너지 소모 비교 기사** : vo.la/WdNUSA

쉬운 활용 16 사진 속 외국어 간편하게 번역하기

종종 이미지 속 내용을 글로 적거나 이해에 어려움이 있어 해독해야 하는 경우가 있습니다.

특히 필기체 영어는 익숙하지 않아서 알아보기가 힘든데요. 챗GPT는 필기체도 잘 해독합

니다. 이미지를 텍스트로 변환하는 데 챗GPT를 활용해보세요.

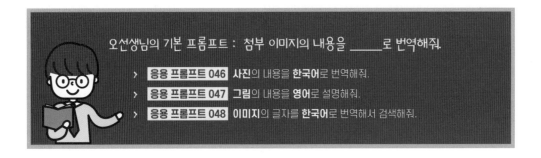

> 오선생님의 기본 프롬프트 : 첨부 이미지의 내용을 _____로 번역해줘.
> - **응용 프롬프트 046** 사진의 내용을 **한국어**로 번역해줘.
> - **응용 프롬프트 047** 그림의 내용을 **영어**로 설명해줘.
> - **응용 프롬프트 048** 이미지의 글자를 **한국어**로 번역해서 검색해줘.

위에서 제시한 응용 프롬프트를 참고했을 때 챗GPT가 이미지 속 텍스트를 변환해줄 뿐만

아니라 번역, 이미지에 대한 설명까지 해주는 것을 확인할 수 있습니다. 이번에는 챗GPT의

강력한 이미지 인식 능력을 활용해서 사진 속 외국어를 번역해보겠습니다.

- 필기체 이미지 : vo.la/WLmdqv

01 필기체로 쓰여진 사진을 준비했습니다. 챗GPT에 사진을 첨부한 다음 '사진의 내용을 한국어로 번역해줘.'라고 요청하겠습니다.

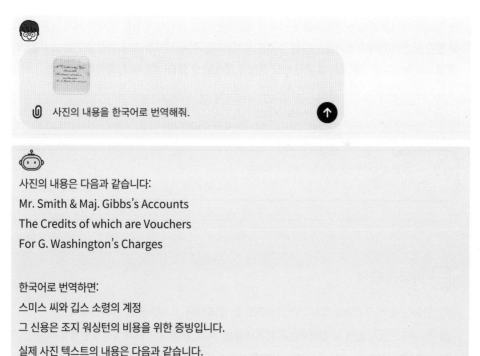

사진의 내용을 한국어로 번역해줘.

사진의 내용은 다음과 같습니다:
Mr. Smith & Maj. Gibbs's Accounts
The Credits of which are Vouchers
For G. Washington's Charges

한국어로 번역하면:
스미스 씨와 깁스 소령의 계정
그 신용은 조지 워싱턴의 비용을 위한 증빙입니다.
실제 사진 텍스트의 내용은 다음과 같습니다.
"스미스 부인과 메이저 깁스의 계정
이 계정의 크레딧은 조지 워싱턴의 청구에 대한 증빙 서류입니다."

챗GPT가 사진 속 텍스트를 잘 인식해서 번역한 것을 확인할 수 있습니다. 주의할 점은 챗GPT가 항상 텍스트의 내용을 정확하게 인식할 수 있는 건 아니라는 것입니다. 낮은 해상도 또는 흐리거나 지워진 이미지, 데이터가 부족한 고대 언어의 경우 챗GPT가 내용을 읽어내는 데 어려움이 있습니다. 또한 필체에 따라서는 텍스트로도 인식하지 못하는 경우가 있으므로 꼭 요청할 이미지의 품질을 확인하기 바랍니다.

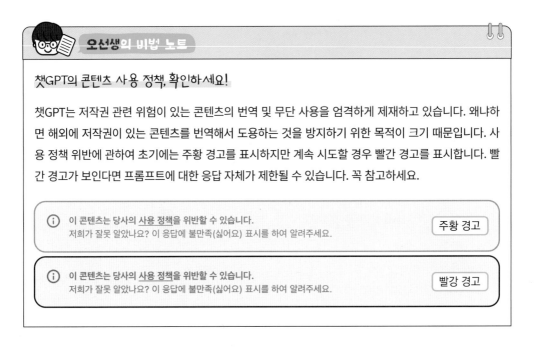

오선생의 비법 노트

챗GPT의 콘텐츠 사용 정책, 확인하세요!

챗GPT는 저작권 관련 위험이 있는 콘텐츠의 번역 및 무단 사용을 엄격하게 제재하고 있습니다. 왜냐하면 해외에 저작권이 있는 콘텐츠를 번역해서 도용하는 것을 방지하기 위한 목적이 크기 때문입니다. 사용 정책 위반에 관하여 초기에는 주황 경고를 표시하지만 계속 시도할 경우 빨간 경고를 표시합니다. 빨간 경고가 보인다면 프롬프트에 대한 응답 자체가 제한될 수 있습니다. 꼭 참고하세요.

ⓘ 이 콘텐츠는 당사의 사용 정책을 위반할 수 있습니다.
　저희가 잘못 알았나요? 이 응답에 불만족(싫어요) 표시를 하여 알려주세요.　　　주황 경고

ⓘ 이 콘텐츠는 당사의 사용 정책을 위반할 수 있습니다.
　저희가 잘못 알았나요? 이 응답에 불만족(싫어요) 표시를 하여 알려주세요.　　　빨강 경고

📋 **마무리 요약**

☑ 챗GPT의 번역 기능을 이용하면 다국어로 한 번에 번역 결과를 받을 수 있습니다.

☑ 챗GPT는 동시 번역 및 번역하는 과정에서 문법, 어휘, 문장 구조를 적절하게 변경할 수 있습니다.

☑ 챗GPT는 이미지, 그림 등에 있는 내용을 번역·해독할 수 있습니다.

Chapter 11

챗GPT로 나만의 글쓰기

예전부터 저만의 소설을 쓰는 것이 꿈이었어요. 하지만 창작을 하는 것이 쉽지 않더라구요. 챗GPT를 활용하면 글쓰기도 가능하다던데 맞나요?

학생

오선생님

맞아요. 글을 창작한다는 것은 쉽지 않죠. 챗GPT는 짧은 문장부터 여러 문단의 긴 글도 작성할 수 있어요. 글쓰기 아이디어가 있다면 활용해도 되고 시작하는 단계라면 아이디어부터 챗GPT에게 요청하고 명확한 프롬프트만 주어 초안 작성까지 한다면 소설이나 그림책 등 다양한 분야에 필요한 글을 자유롭게 생성할 수 있습니다. 평소 글쓰기에 어려움을 느낀다면 챗GPT를 적극적으로 활용해보세요.

쉬운 활용 17 글쓰기 아이디어 발견하기

글쓰기를 시작하기 위해서는 먼저 아이디어가 필요하겠죠? 챗GPT를 이용하여 아이디어를 발견하고, 그것을 구체화할 수 있습니다. 필요한 아이디어를 얻기 위해서는 항목을 구체적으로 요구해야 더 좋은 응답 퀄리티를 얻습니다.

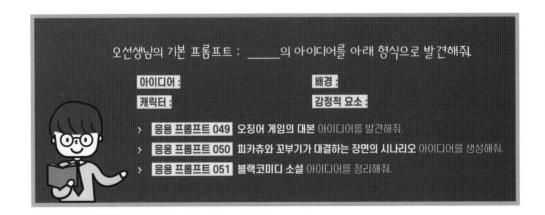

오선생님의 기본 프롬프트 : _____의 아이디어를 아래 형식으로 발견해줘.

아이디어 :   배경 :

캐릭터 :   감정적 요소 :

> 응용 프롬프트 049 오징어 게임의 대본 아이디어를 발견해줘.
> 응용 프롬프트 050 피카츄와 꼬부기가 대결하는 장면의 시나리오 아이디어를 생성해줘.
> 응용 프롬프트 051 블랙코미디 소설 아이디어를 정리해줘.

좋은 아이디어를 발견하기 위해서는 우선 작성하려는 글의 종류에 필요한 속성을 형식화한 프롬프트를 챗GPT에 입력하는 것이 좋습니다. 예제에서는 소설을 쓸 구상, 배경, 캐릭터, 감정적 요소로 아이디어를 찾아보겠습니다.

01 챗GPT에 다음과 같이 입력합니다.

공상과학 소설의 아이디어를 아래 형식으로 발견해줘.

구상:

캐릭터:

배경:

감정적 요소:

구상:
미래의 지구는 환경 파괴로 인해 생태계가 붕괴하고 인류는 살아남기 위해 엄청난 기술 발전을 이룩했다. 이 기술은 생명 연장을 가능하게 하지만, 오직 엘리트 계층만이 접근할 수 있다. 일반 사람들은 위험한 환경 속에서 생존을 위해 고군분투한다. 주인공은 이 시스템에 도전하여 모두가 평등하게 생명 연장 기술을 사용할 수 있도록 싸운다.

캐릭터:

- 주인공: 레나 (Lena) - 30대 초반의 여성. 환경 운동가 출신으로, 생명 연장 기술의 불평등에 반대하여 혁명을 이끌고자 한다.
- 엘리트 계층의 과학자: 닥터 알렉스 (Dr. Alex) - 50대 남성. 생명 연장 기술 개발의 주도자로, 자신의 연구가 인류에게 미칠 영향을 깊이 고민하지만 결국 엘리트들의 편에 선다.
- 레나의 동료: 카이 (Kai) - 20대 중반의 남성. 해커로, 레나와 함께 시스템의 약점을 찾아내고 전파하는 역할을 한다.
- 적대 세력의 리더: 사라 (Sarah) - 40대 여성. 엘리트 계층의 보안 책임자로, 레나와 카이를 집요하게 추적한다.

배경:

21세기 말의 지구, 환경 재앙으로 인해 도시들은 거대한 돔으로 덮여있고, 돔 밖은 치명적인 기후와 독성 공기로 가득 차 있다. 돔 내부는 현대적인 기술로 가득 차 있지만, 대부분의 자원은 엘리트 계층이 독점하고 있다. 일반 시민들은 낡은 기계와 한정된 자원 속에서 생존을 위해 투쟁한다. 혁명의 주요 무대는 거대한 돔 도시와 폐허가 된 돔 외부의 황무지이다.

감정적 요소:

- 절망과 희망: 주인공과 동료들은 불공평한 사회 구조 속에서 절망을 느끼지만, 더 나은 미래를 꿈꾸며 희망을 잃지 않는다.
- 배신과 신뢰: 레나는 닥터 알렉스의 도움을 받아 엘리트 계층에 접근하려 하지만, 그가 결국 배신할까 두려워한다.
- 사랑과 상실: 레나는 혁명 과정에서 가까운 동료들을 잃으면서도, 그들을 기억하며 사랑을 지켜나간다.
- 정의와 복수: 사라는 자신의 과거와 엘리트 계층에 대한 충성심 사이에서 갈등하며, 정의와 복수의 감정에 휩싸인다.

그럴싸한 공상과학 소설 아이디어가 만들어졌습니다. 챗GPT가 한 번에 원하는 아이디어를 제시하지 못할 수 있기 때문에 얻고자 하는 아이디어를 발견할 때까지 과정을 반복하거나 속성을 추가하는 등 더 구체적인 아이디어를 제시할 수 있도록 유도해야 합니다.

예제는 완벽한 소설 아이디어를 발견하는 것이 목적이 아니고 글쓰기 아이디어를 발견하는 것이 중심이었습니다. 위에서 발견한 아이디어로 소설 쓰기를 계속해서 이어가겠습니다.

아이디어만으로는 이야기가 어떤 흐름으로 진행되는지 판단하는 데 어려움이 있기 때문에 개요를 먼저 작성합니다. 그런 다음 작성한 개요를 기초로 상세 초안을 작성합니다. 챗GPT에게 아이디어를 바탕으로 개요 작성을 요청했을 때 어떻게 응답하는지 확인해봅시다.

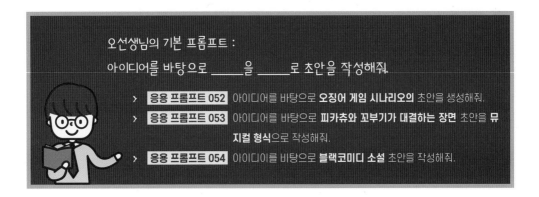

챗GPT를 통해 얻은 아이디어를 기초로 전체적인 개요 작성을 진행합니다. 작성된 개요는 상세 초안의 바탕이 됩니다. 다음은 바로 앞에서 다룬 '글쓰기 아이디어 발견하기' 채팅에 이어서 글의 개요 작성부터 진행하겠습니다.

01 앞서 진행한 채팅에 이어서 아이디어에 기초한 개요를 작성해달라고 챗GPT에게 요청합니다.

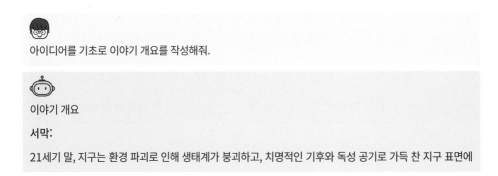

아이디어를 기초로 이야기 개요를 작성해줘.

이야기 개요

서막:

21세기 말, 지구는 환경 파괴로 인해 생태계가 붕괴하고, 치명적인 기후와 독성 공기로 가득 찬 지구 표면에서 인류는 돔 도시로 피신했다. 돔 내부에서는 엘리트 계층만이 최첨단 생명 연장 기술을 사용하며 안락하게 살고 있고, 일반 시민들은 낡은 기계와 한정된 자원 속에서 힘겹게 생존하고 있다.

제1장: 혁명의 불씨

레나는 환경 운동가로서, 어린 시절부터 불공평한 사회 구조에 대해 문제의식을 가지고 있었다. 생명 연장 기술의 불평등에 분노한 그녀는, 엘리트들이 독점하는 이 기술을 모두에게 개방하기 위해 혁명을 결심한다.

… 생략 …

결말:

결국, 레나와 저항 세력은 엘리트 계층을 무너뜨리고 생명 연장 기술을 모두에게 개방하는 데 성공한다. 돔 도시는 새로운 체제로 재건되고, 사람들은 다시 희망을 품고 살아간다. 레나는 동료들의 희생을 가슴에 새기며, 앞으로의 길을 준비한다. 새로운 시대의 시작과 함께, 인류는 다시 한번 평등과 정의를 향해 나아간다.

02 총 5장의 개요가 만들어졌습니다. 이 개요를 바탕으로 상세 초안을 작성하겠습니다. 상세 초안에서는 조건을 추가하고 점점 구체화하여 사용자가 원하는 글을 챗GPT가 대신 작성해주는 방향으로 전환하겠습니다. 소설이므로 소설의 형식을 조건으로 추가하여 상세 초안 작성을 요청합니다.

개요를 바탕으로 상세 초안을 아래 조건으로 작성해줘.

전체 형식 : 영웅의 여정
서막~2장 : 비극
3~4장 : 성장
5장~결말 : 비밀을 밝히는 이야기

상세 초안: 영웅의 여정

서막: 파괴된 세상

지구는 환경 파괴와 기후 변화로 인해 생태계가 붕괴되고, 인류는 거대한 돔 안에서만 생존할 수 있게 된다. 돔 내부는 첨단 기술과 자원이 넘쳐나지만, 이 모든 것은 오직 엘리트 계층만이 누릴 수 있다.

… 생략 …

> **결말: 새로운 시작**
>
> 레나의 혁명은 성공을 거두고, 사람들은 더 이상 불공평한 사회 구조에 얽매이지 않게 된다. 생명 연장 기술이 모든 사람에게 개방되면서, 인류는 새로운 희망을 품고 더 나은 미래를 향해 나아간다. 레나는 혁명의 지도자로서 새로운 세상을 이끌어 나가며, 동료들의 희생을 기억하고 그들의 뜻을 이어간다. 이야기는 레나의 결의와 함께 새로운 시작을 알리는 희망적인 메시지로 마무리된다.

앞선 개요와 달리 주인공인 레나가 어떤 비극을 겪고 이 비극을 극복하기 위해 어떤 성장 과정을 거치며, 이야기가 어떻게 흘러가게 되는지 더 구체적으로 변경된 것을 확인할 수 있습니다. 이런 방식으로 조건을 추가할수록 챗GPT는 사용자가 원하는 방향의 소설 초안을 작성해줄 것입니다.

쉬운 활용 19 본격적으로 소설 쓰기

Chapter 09 **챗GPT로 그림 그리기**의 이미지 생성에서 자세하게 프롬프트를 입력할수록 내가 원하는 이미지에 가깝게 생성된다는 것을 알 수 있을 겁니다. 챗GPT로 소설 쓰기도 마찬가지로 원하는 장면을 구체적으로 설명할수록 더 완성도 있는 결과물을 얻을 수 있습니다. 그러므로 가능하면 세부 사항을 추가로 요청해야 합니다. 다음 프롬프트에서 [세부 사항]에 구체적인 요구나 장면 등을 적으면 됩니다.

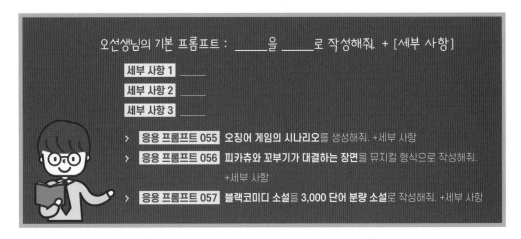

오쌤생님의 기본 프롬프트 : ＿＿＿을 ＿＿＿로 작성해줘. + [세부 사항]

세부 사항 1 ＿＿＿
세부 사항 2 ＿＿＿
세부 사항 3 ＿＿＿

> **응용 프롬프트 055** 오징어 게임의 시나리오를 생성해줘. +세부 사항
> **응용 프롬프트 056** 피카츄와 꼬부기가 대결하는 장면을 뮤지컬 형식으로 작성해줘. +세부 사항
> **응용 프롬프트 057** 블랙코미디 소설을 3,000 단어 분량 소설로 작성해줘. +세부 사항

아이디어와 상세 초안으로 소설을 작성하겠습니다. 서막부터 결말까지 전부 작성한 소설을 모두 책에 담을 수 없으니 여기서는 서막 부분만 작성하겠습니다. 상세 초안까지 작성했다면 소설의 대략적인 윤곽이 잡혔다고 생각할 수 있지만, 이대로 소설 작성을 맡길 경우 챗GPT가 이야기의 흐름을 벗어나거나 서막의 작성만 요구했음에도 결말까지 작성하는 등 문제가 생길 수 있습니다. 이런 문제를 방지하려면 세부 사항을 상세하게 요청해야 합니다.

01 앞서 진행한 '초안 작성하기' 채팅에 이어서 '소설 쓰기'를 진행합니다.

다음 세부 사항을 사용하여 [서막: 파괴된 세상]의 내용만 1,000단어 범위로 소설 형식으로 작성해줘.

세부 사항

1. 지구의 생태계가 어떻게 붕괴되었는지 구체적으로 작성해줘.

2. 돔 내부와 외부의 차이를 비교하는 체감할 수 있는 이야기를 포함해줘.

3. 주인공 레나가 환경 운동가로서 어떤 활동을 하는지 보여줘.

4. 이야기에 필요한 새로운 캐릭터를 추가해도 좋아.

5. 레나의 생각과 타 캐릭터와의 대화를 추가해줘.

서막: 파괴된 세상

태양은 붉게 빛났다. 오염된 대기 중에서 그 빛은 사악한 붉은 색조를 띠며, 멀리서도 분명히 보였다. 지구는 점점 숨을 멎어가고 있었다. 대기 오염, 기후 변화, 그리고 인간의 무분별한 개발은 지구의 생태를 무너뜨렸고, 그 결과는 치명적이었다.

··· 생략 ···

레나와 에밀은 엘리트들의 비밀을 밝혀내기 위해, 그리고 돔 외부의 사람들을 구하기 위해 다시 한번 결의를 다졌다. 그들은 더 나은 세상을 꿈꾸며, 그 꿈을 이루기 위해 끝까지 싸울 것을 다짐했다.

이제 그들은 진정한 혁명의 불씨를 피우기 위한 준비를 시작했다. 그들의 여정은 막 시작되었다.

그럴듯한 소설 내용이 만들어졌습니다. '4. 이야기에 필요한 새로운 캐릭터를 추가해도 좋아.'라는 세부 사항을 포함하여 에밀이라는 새로운 캐릭터도 추가하였네요. 소설 내용이 마음에 들지 않거나 또는 미흡한 부분이 있다면 세부 사항을 더 구체적으로 추가하여 작성을 반복합니다. 다음은 소설 작성에 사용할 수 있는 세부 사항 프롬프트 예시입니다.

- 에밀의 이름을 예니퍼로 변경해줘.
- 돔의 이름을 정해줘.
- 엘리트를 다른 명칭으로 변경해줘.

 오선생의 비법 노트

챗GPT로 긴 글을 작성할 때 이것만 알면 문제없어요!

챗GPT로 긴 글을 작성할 때 분량이 너무 길어 텍스트 파악이 어려워 제대로 된 답변을 생성하지 못하는 것은 아닌지, 응답 생성에 제한이 걸리며 문제가 생기는 것은 아닌지 걱정될 수 있습니다. 긴 글을 작성할 때 다음 3가지만 유의하면 문제없습니다.

1. '계속 생성하기'를 누르세요!

챗GPT는 한 번에 긴 글을 전부 작성할 수 없습니다. 답변이 길어지며 [계속 작성하기] 버튼이 나타나면 작성하는 동안 해당 버튼을 눌러야만 내용을 연장해서 작성합니다.

진실을 밝혀낸다. 그 기술은 사실, 오랜 시

Q계속 생성하기

2. '단어 수 제안'을 두세요!

이번 '소설 쓰기'에서 챗GPT에게 길이를 '1,000단어 범위'로 제안했습니다. 3,000자처럼 글자 수로 제안할 수도 있는데 왜 단어로 제안한 것일까요? 단어로 제안하는 것이 긴 글을 생성하기에 더 유리하기 때문입니다.

챗GPT는 한 번에 생성할 수 있는 토큰에 제한이 있습니다. 5,000자를 요청하든 100,000자를 요청하든 제한된 토큰 내에서 문장을 생성하는 거죠. 장문의 텍스트 처리 작업에서 텍스트를 문장이나 단어 단위로 분할하는 토큰화^Tokenization 과정을 거치는데, 음절은 의미 단위가 아니기 때문에 토큰화 과정에서 불필요한 복잡성이 증가할 수 있습니다. 쉽게 말하면 제한된 토큰을 빨리 소진해버리는 거죠. 단어 수를 기준으로 하면 단어마다 의미 단위로 토큰화를 거치므로 과정이 더 직관적이고 효율적으로 이루어집니다. 그래서 더 긴 글을 생성할 수 있죠. 실제로 챗GPT에 응답을 요구할 때 글자 수로 제안하면 제한에 금방 도달하여 계속 생성하기가 나타나지 않지만 단어 수로 제안하면 토큰 제한에 도달하지 않았을 때 계속 생성하기가 나타나는 걸 확인할 수 있습니다.

간략한 문장 구조로 긴 글을 쓰게 하고 싶다면 꼭 단어 수로 길이를 제안하기 바랍니다.

3. 문장, 문단 제안이 좋지 않은 이유

그렇다면 단어보다 길고, 큰 의미 단위인 문장이나 문단으로 제안하면 어떨까요? 단어 수를 제안했을 때 단어 단위로 문장을 구성해서 이야기를 만드는 것과 달리 문장 수나 문단 수로 제안하면 쓸데없이 긴 문장을 만들거나 이야기를 문단 단위로 나누어서 정리해야 하는 문제가 발생할 수 있습니다.

 마무리 요약

☑ 챗GPT로 글쓰기를 할 때 제일 먼저 아이디어, 캐릭터, 배경, 감정적 요소 등을 프롬프트에 추가하여 구체적인 아이디어로 발전시킵니다.

☑ 아이디어 내용을 정리한 개요를 작성하고 이 개요를 토대로 상세 초안을 작성합니다.

☑ 아이디어 발견부터 개요, 작성된 상세 초안을 바탕으로 글쓰기를 시작합니다.

(Chapter 12)

챗GPT로 외국어 공부하기

외국어 공부, 혼자하기 버거운데 챗GPT와 함께라면 외국어 공부도 문제없다죠?

학생

오선생님

맞습니다. 앞서 Chapter10 **챗GPT로 번역하기**를 통해 챗GPT의 강력한 다국어 능력을 확인했죠? 챗GPT는 널리 쓰이는 언어는 대부분 학습했기 때문에 이 능력을 활용하면 누구나 무료로 세상에서 가장 많은 언어를 아는 선생님과 여러 언어로 대화할 수 있습니다. 챗GPT의 이러한 특성을 활용하여 나만의 외국어 선생님을 만들고 외국어를 공부해봅시다.

쉬운 활용 20 플래시 카드로 영어 암기하기

외국어 학습에 있어서 가장 먼저 많이 하는 것이 무엇일까요? 바로 단어 암기입니다. 잘 외워지지도 않고 하기도 싫은 단어 암기를 효과적으로 학습할 수 있는 방법을 이용하면 좋겠죠? 챗GPT를 활용하여 단어 암기 방법으로 단어 암기용 카드인 플래시 카드^{Flash Card}를 이용하겠습니다. 플래시 카드는 학습 도구로 앞면에는 단어 또는 연어가 있고, 뒷면에는 단어나 연어의 뜻 또는 설명이 있습니다. 단어 또는 연어를 암기한 후 앞면 또는 뒷면을 보여주는 퀴즈로 빠르게 학습할 수 있습니다. 그럼 암기할 단어의 주제를 주고, 챗GPT에게 플래시 카드를 만들어달라고 요청하겠습니다.

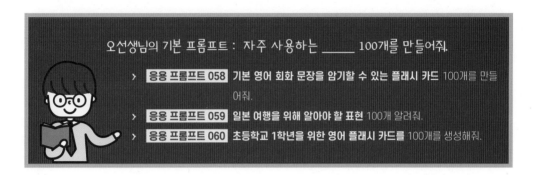

챗GPT에게 암기하고자 하는 단어의 주제를 주고 플래시 카드를 만들어달라고 요청하니 원하는 개수만큼 만들어줍니다. 이렇게 단어장과 같이 만들어서 암기할 수 있으며, 퀴즈를 통해 학습할 수도 있습니다. 다음은 챗GPT에 직접 플래시 카드를 생성해달라고 한 다음 퀴즈를 통해 암기 학습을 진행하겠습니다.

01 먼저 플래시 카드를 만들어야 합니다. 자주 사용하는 연어로 플래시 카드를 만들도록 요청하겠습니다.

자주 사용하는 영어 단어 20개를 암기할 수 있게 플래시 카드로 만들어줘.

물론입니다! 자주 사용하는 영어 연어 20개를 암기할 수 있게 플래시 카드를 만들어 드리겠습니다.

플래시 카드 예시:

앞면:

break the ice

뒷면:

어색한 분위기를 깨다, 대화를 시작하다

플래시 카드 목록:

　break the ice

　　어색한 분위기를 깨다, 대화를 시작하다

　catch someone off guard

　　~를 당황하게 하다, 불시에 잡다

… 생략 …

　the ball is in your court

　　네가 결정할 차례이다

이제 이 플래시 카드를 사용하여 연어를 효과적으로 암기할 수 있을 것입니다! 필요하다면 각 연어의 예문도 추가할 수 있습니다.

02 챗GPT가 자주 사용하는 영이 20개로 플래시 카드를 만들었습니다. 이제 플래시 카드를 암기해야겠죠? 플래시 카드 암기을 마쳤다면 이제 연어를 기억하고 있는지 퀴즈로 확인하겠습니다. 챗GPT에게 플래시 카드로 퀴즈를 내달라고 요청합니다.

플래시 카드로 퀴즈를 내줘.

- 퀴즈는 1개씩 내기　　　　　　　- 정답을 틀리면 정답을 알려주고, 다시 설명하기
- 퀴즈를 맞추면 다음 퀴즈 내기　　- 퀴즈를 20개 완료하면 체점하기

좋습니다! 한 번에 한 개의 퀴즈를 내고, 정답을 맞추면 다음 퀴즈를 내주겠습니다. 틀리면 정답과 함께 다시 설명을 제공하겠습니다.

퀴즈:

Q1: 다음 영어 연어의 뜻은 무엇인가요?

앞면: kick the bucket

정답을 적어주세요.

03 챗GPT가 첫 번째 퀴즈를 냈습니다. 정답을 입력하겠습니다.

죽다

정답입니다! 다음 퀴즈를 준비하겠습니다.

Q2: 다음 영어 연어의 뜻은 무엇인가요?

앞면: hit the nail on the head

정답을 적어주세요.

04 챗GPT가 사용자가 입력한 답이 정답이 맞는지 확인한 다음 두 번째 문제를 냈습니다. 이번에는 잘못된 답을 입력하여 틀려보겠습니다.

공부하다

정답이 아닙니다. 올바른 답은 "정확히 맞히다"입니다. 이 표현은 어떤 것을 정확하게 맞힌다는 의미로 사용됩니다. 다음 퀴즈를 준비하겠습니다.

Q3: 다음 영어 연어의 뜻은 무엇인가요?

앞면: burn the midnight oil

정답을 적어주세요.

05 이런 식으로 퀴즈를 진행합니다. 챗GPT가 만들어준 플래시 카드 20개를 대상으로 퀴즈를 진행합니다.

네가 결정할 차례이다

정답입니다! "the ball is in your court"는 "네가 결정할 차례이다"라는 뜻입니다. 상대방이 결정을 내리기를 기다리는 상황을 나타내는 표현입니다. 잘 맞추셨습니다!

당신의 정답률은 19개 중 16개로, 매우 뛰어난 성적입니다! 몇 가지 오답이 있었지만, 대부분의 퀴즈를 정확히 맞추셨습니다! 연어 표현을 잘 숙지하고 계시네요! 추가적으로 궁금한 사항이나 다른 도움이 필요하시면 언제든지 말씀해 주세요.

영어 연어 퀴즈를 함께 진행해 주셔서 감사합니다. 추가적으로 궁금한 것이 있으면 언제든지 물어보세요!

플래시 카드를 활용한 영어 연어 퀴즈가 끝났습니다. 챗GPT를 활용하면 플래시 카드뿐 아니라 단어장 등 학습에 필요한 도구를 만들어 다양한 방법으로 활용할 수 있습니다. 이렇듯 챗GPT를 선생님으로 만들어 상호작용하면서 암기와 학습, 퀴즈를 반복하며 공부할 수 있습니다.

쉬운 활용 21 │ 음성으로 일본어 회화하기

회화 공부 어떻게 했나요? 학원도 다니고 전화로 하는 비대면 수업 등 다양한 방법으로 경험했을 겁니다. 이제는 스마트폰 챗GPT 앱의 음성 채팅 기능을 이용하면 마치 원어민 튜터와 소통하는 것처럼 회화 공부를 할 수 있습니다. 장점은 큰 비용을 들이지 않고 상황별, 언어별 제약 없이 회화 학습을 할 수 있다는 점입니다. 업무에 필요하거나 평소 공부하고 싶었거나 궁금했던 언어에 대해서 챗GPT와 함께 회화해보세요.

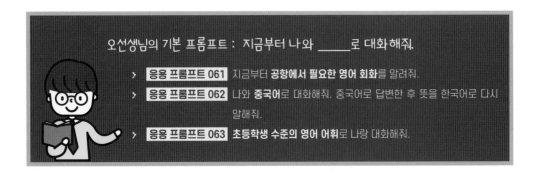

오선생님의 기본 프롬프트 : 지금부터 나와 ＿＿＿＿로 대화해줘.

> 응용 프롬프트 061 지금부터 공항에서 필요한 영어 회화를 알려줘.
> 응용 프롬프트 062 나와 중국어로 대화해줘. 중국어로 답변한 후 뜻을 한국어로 다시 말해줘.
> 응용 프롬프트 063 초등학생 수준의 영어 어휘로 나랑 대화해줘.

위 프롬프트를 살펴보면 공항에서 필요한 영어 회화, 초등학생 수준의 회화 등 특정 상황과 수준에 따라 챗GPT에게 요청하면 주제에 맞게 회화를 진행하는 것을 알 수 있습니다. 이번에는 챗GPT에게 일본어로 회화를 요청하겠습니다.

> **TIP** 챗GPT의 음성 채팅 기능은 모바일 앱에서 사용할 수 있으므로 실습은 스마트폰을 이용하여 진행합니다.

01 일본어를 배우는 목적으로 활용하는 것이므로 먼저 챗GPT에게 원어민 일본어 교사로 역할 부여를 하겠습니다.

너는 원어민 일본어 교사야. 지금부터 나와 일본어로 대화해줘. 만약 개선해야 할 표현이 있다면 한국어로 설명해줘.

기꺼이 도와드리겠습니다. 무엇에 대해 이야기하고 싶습니까?

02 이제 🎧 버튼을 눌러서 음성 채팅으로 대화하겠습니다. 책에 음성을 담을 수 없으니 대화 내용은 텍스트로 표시하겠습니다.

おはようございます。(안녕하세요.)

おはようございます！今日はどんな予定がありますか？(안녕하세요! 오늘은 어떤 예정이 있나요?)

03 '今日はどんな予定がありますか？'가 무슨 뜻인지 모르겠다고 물어보겠습니다.

인사 뒤에 말이 무슨 말인지 모르겠어. 한국어로 설명해줘.

물론이야! 내가 한 말은 "오늘은 어떤 일정이 있나요?"라는 뜻이야. 다른 질문이나 표현을 연습하고 싶으면 말해줘.

04 이제 질문의 뜻을 이해했습니다. 다시 진행하겠습니다.

今日は学校に行く予定です。(오늘은 학교에 갈 예정이야.)

そうなんですね。今日は学校でどんな授業がありますか？(그렇군요. 오늘은 학교에서 어떤 수업이 있나요?)

일본어로 대화를 시작하자 챗GPT 역시 다시 일본어로 대화를 진행하는 걸 확인할 수 있습니다. 이렇게 대화한 내용은 다음 이미지처럼 채팅에 모두 기록됩니다.

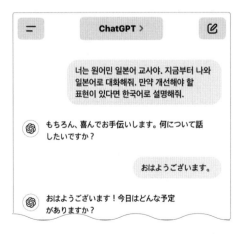

05 챗GPT와 회화를 진행하면서 중간에 궁금한 단어나 문장이 있을 수도 있습니다. 그럴 때는 진행하던 대화에서 추가 학습 요청을 하면 됩니다.

대화에서 알아야 할 단어나 문장을 학습할 수 있게 정리해줘.

물론이야! 다음은 지금까지 대화에서 나왔던 단어와 문장을 정리한 것이야:

1. 인사 표현

- おはようございます: 안녕하세요 (아침 인사)

- 今日は (こんにちわ): 안녕하세요 (낮 인사)

- こんばんは: 안녕하세요 (저녁 인사)

2. 일상 대화 표현

- 今日はどんな予定がありますか？ (きょうはどんなよていがありますか？): 오늘은 어떤 일정이 있나요?

- 今日は学校に行く予定です。 (きょうはがっこうにいくよていです。): 오늘은 학교에 갈 예정입니다.

3. 학교 관련 표현

- 学校 (がっこう): 학교

- 授業 (じゅぎょう): 수업, 강의

4. 기타 표현

- そうなんですね: 그렇군요

- どんな: 어떤

- 予定 (よてい): 예정, 계획

이 단어들과 표현을 기억하면 일상적인 대화에 도움이 될 거야. 더 필요한 것이 있으면 말해줘!

내용을 살펴보면 챗GPT가 대화에서 사용한 표현뿐 아니라 비슷하면서도 학습할 수 있는 추가 표현을 함께 제시하는 걸 확인할 수 있습니다. 이렇게 회화를 하면서 챗GPT가 정리해준 단어나 문장을 학습하고 다시 회화하는 이 과정을 반복 학습하면 외국어 습득에 큰 도움이 될 것입니다.

챗GPT의 고급 음성 모드는 어떤 차이가 있나요?

2024년 오픈AI는 사용자의 감정과 비언어적 신호를 이해하고 반응할 수 있는 고급 음성 모드(AVM)을 출시했습니다. 고급 음성 모드는 유료 버전으로만 제공되며 훨씬 자연스러운 대화가 가능합니다. 고급 음성 모드를 실행하면 파란색 애니메이션 구가 화면에 보이며 대화를 시작할 수 있습니다. 기본 제공되는 음성 채팅과 달리 단순히 응답한 내용을 읽기만 하는 것이 아니라 속도, 어조, 강세, 사투리까지 식별할 수 있도록 성능을 개선했으며 주변 환경에 맞춰 더 자연스러운 대화를 실시간으로 제공합니다. 오픈AI가 아직 시간 제한에 대한 세부 정보를 공개하지 않았지만 유료 버전 사용자여도 무제한으로 엑세스할 수 없는 점은 유의하기 바랍니다.

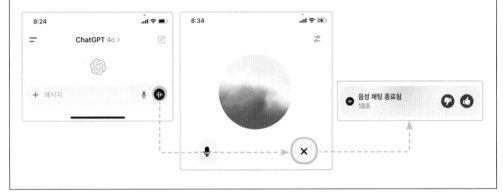

📋 마무리 요약

☑ 챗GPT는 대량의 텍스트 데이터를 학습하면서 다양한 언어의 구조와 표현 방식을 익혔기 때문에 여러 언어로 대화를 나누거나, 텍스트를 번역하고 이해하는 능력을 갖추고 있습니다.

☑ 챗GPT를 나만의 외국어 선생님으로 만들어 원하는 외국어 학습에 도움을 받을 수 있습니다.

☑ 챗GPT 모바일 앱의 음성 채팅 기능으로 일상 회화 또는 학습 등에 도움을 받을 수 있습니다.

정말 쉽네?

Part

05

챗GPT
업무에서 활용하기

제가
업무를 도와드릴게요!

여기서 공부할 내용

챗GPT는 정보 검색, 문서 작성, 번역, 데이터 분석, 코드 생성 등 프롬프트에 맞춰 다양한 기능을 수행할 수 있습니다. 그만큼 잘 활용하면 업무에도 큰 도움이 되죠. 이 책은 챗GPT가 처음인 독자를 위한 입문서이므로 챗GPT로 할 수 있는 가장 기본적인 업무 활용부터 다루겠습니다.

💬 이 그림은 '사람이 컴퓨터 앞에 앉아 있고 ai와 함께 모니터를 보면서 공부하는 모습을 그려줄래? 그리고 뒷배경엔 그래프와 차트 등을 단순하게 깔아줘.'라고 프롬프트를 입력하여 생성한 이미지입니다.

(Chapter 13)

챗GPT로 마케팅하기

챗GPT는 대량의 데이터를 학습한 모델이기 때문에 우리의 질문을 분석하고 그에 대한 데이터를 가져와 대답을 잘하는 것 같아요. 그렇다면 시장 조사, 브랜드 분석, 홍보 전략 등 데이터를 조사하고 분석 및 정리까지 필요한 마케팅 업무에 효율적으로 이용할 수 있을 것 같네요!

학생

오선생님

맞습니다. 잘 알고 있듯이 마케팅 업무는 시장 조사부터 전략 개발, 브랜드 관리, 분석 및 보고 등 범위가 정말 넓죠. 챗GPT를 활용하면 다양한 마케팅 전략과 아이디어 생성 및 시장 조사에 따른 타깃 맞춤형 콘텐츠를 제작할 수 있습니다. 또한 대량의 데이터 분석과 인사이트 도출을 통해 업무를 쉽고 빠르게 해결할 수도 있습니다.

쉬운 활용 22 시장에서 성공하는 마케팅 전략 세우기

마케팅 전략에는 SWOT 분석, STP 분석, 마케팅 믹스 등 다양한 방법이 존재합니다. 챗GPT를 활용하기 전에는 마케팅 전략을 선택하고 주제에 따라 하나하나 분석하고 조사해야 했습니다. 하지만 챗GPT의 등장으로 마케팅 전략을 단계별로 세우기가 조금 더 쉬워졌습

니다. 물론 챗GPT가 세운 전략이 무조건 시장에서 통하는 것은 아닙니다. 최종 검토는 늘 여러분의 몫입니다. 좀 더 치밀한 마케팅 전략을 세우고 싶다면 최대한 구체적인 조건과 데이터를 챗GPT에게 제시하는 것도 중요합니다. 이번에 여러분이 배울 프롬프트는 다음과 같습니다.

오선생님의 기본 프롬프트 : _____ 마케팅 전략을 세워줘.

> **응용 프롬프트 064** 중장년층에게 패션 브랜드를 홍보하는 좋은 방법을 알려줘.
> **응용 프롬프트 065** 농촌 지역에서 트랙터 임대 사업을 하기 위한 홍보 방법을 개발해줘.
> **응용 프롬프트 066** 매운 불닭발 가맹점 사업을 확장하기 위한 캠페인 전략을 고민해줘.

위 프롬프트를 살펴보면 대상이 되는 고객층, 지역을 주고 마케팅 주제와 함께 홍보 방법, 전략 등을 챗GPT에게 요청합니다. 그러면 콘텐츠 아이디어, 광고 채널, 마케팅 프로그램 등 적절한 홍보 방법을 알려주는 것을 확인할 수 있습니다.

01 이번에는 챗GPT에게 '하나 뷰티'라는 고급 스킨케어 서비스의 마케팅 전략을 세워보겠습니다.

하나 뷰티로 25-45세 여성에게 서울 강남구에서 고급 스킨케어 서비스를 홍보하기 위한 마케팅 캠페인 전략을 개발해줘.

하나 뷰티를 위한 마케팅 캠페인 전략

1. 타겟 고객 분석

대상 연령층: 25-45세 여성

지역: 서울 강남구

> 고객 특성: 경제적 여유가 있고, 고급 스킨케어에 관심이 많으며, 자기 관리에 적극적인 여성들
>
> **2. 마케팅 목표**
>
> … 생략 …
>
> 고객 피드백:
>
> 서비스 만족도 조사 및 피드백 수집
>
> 고객 리뷰 및 평가 분석
>
> 하나 뷰티는 위와 같은 종합적인 마케팅 전략을 통해 강남구 내 고급 스킨케어 서비스 시장에서 확고한 위치를 차지할 수 있을 것입니다.

챗GPT가 하나 뷰티와 관련하여 다양한 마케팅 방법을 종합적으로 제시했습니다. 하지만 이 내용에는 어떻게 마케팅 전략을 실행해야 하는지에 대한 구체적인 방법이 없습니다. 읽어보면 내용 자체도 두루뭉술하죠. 그러므로 전략을 구체적으로 정의하고 실질적으로 필요한 내용을 요청해야 합니다. 그러기 위해서는 챗GPT에게 상세한 조건과 데이터를 주면서 앞서 실습했던 전문 용어 사용하기에서와 같이 마케팅 관련 전문 용어를 사용하면 좀 더 효과적인 응답을 얻을 수 있습니다.

02 하나 뷰티가 관련 브랜드에서 명확한 포지셔닝과 경쟁에서의 차별화를 위해 제시할 수 있는 고유 가치 제안Unique Value Proposition, UVP을 정의하겠습니다. 채팅을 이어서 진행합니다.

> **TIP** 고유 가치 제안은 '제품 또는 서비스가 고객에게 제공하는 고유한 이점을 명확하게 전달하는 것'을 의미합니다.

해당 전략의 UVP를 정의해줘.

하나 뷰티의 UVP (Unique Value Proposition)
고급 맞춤형 스킨케어 서비스로 최상의 피부 건강과 아름다움을 제공합니다.

UVP 세부 사항:

맞춤형 솔루션 제공:

고객 각자의 피부 타입과 상태에 맞춘 개인화된 스킨케어 프로그램.

최신 피부 진단 기술을 활용한 맞춤형 관리.

최고급 제품 사용:

··· 생략 ···

특별한 고객 경험:

VIP 멤버십 프로그램을 통한 특별한 혜택과 맞춤형 서비스.

정기적인 고객 감사 이벤트와 프로모션 제공.

이 UVP는 하나 뷰티가 경쟁사들과 차별화될 수 있는 강점을 명확하게 보여주며, 타겟 고객들이 하나 뷰티를 선택하게 하는 결정적인 요인이 될 것입니다.

03 UVP 분석을 통해 하나 뷰티가 고객들에게 어떤 가치를 제안할 수 있는지 정리했습니다. 이번에는 하나 뷰티의 명확한 방향 제시를 위해 SMART 목표를 설정하겠습니다. 챗GPT에게 마케팅 전략과 UVP를 기반으로 SMART 목표 설정을 요청합니다.

> **TIP** SMART 목표란 **S**pecific(구체적), **M**easurable(측정 가능한), **A**chievable(달성 가능한), **R**ealistic(현실적), **T**ime-bound(기한이 있는)의 앞 글자를 딴 용어로 직관적으로 이해할 수 있는 목표를 설정하는 방법 중 하나입니다.

해당 전략의 SMART 목표를 설정해줘.

하나 뷰티의 SMART 목표

1. 구체적(Specific) 목표

브랜드 인지도 향상: 강남구 내에서 하나 뷰티의 고급 스킨케어 서비스 인지도를 50% 이상 증가시킨다.

고객 유치: 매월 신규 고객을 최소 100명 유치한다.

매출 증대: 고급 스킨케어 서비스 매출을 6개월 내에 30% 증가시킨다.

2. 측정 가능(Measurable) 목표

브랜드 인지도: 온라인 설문 조사와 소셜 미디어 분석을 통해 브랜드 인지도를 측정한다.

고객 유치: 신규 고객 등록 수와 첫 방문 고객 수를 추적한다.

매출 증대: 월별 매출 데이터 분석을 통해 매출 증가율을 확인한다.

… 생략 …

5. 시간 제한(Time-bound) 목표

브랜드 인지도 향상: 6개월 내에 브랜드 인지도를 50% 이상 증가시킨다.

고객 유치: 매월 신규 고객 100명을 유치하며, 1년 내에 총 1200명의 신규 고객을 유치한다.

매출 증대: 6개월 내에 고급 스킨케어 서비스의 매출을 30% 증가시킨다.

이와 같은 SMART 목표를 설정함으로써, 하나 뷰티는 명확하고 달성 가능한 계획을 통해 마케팅 캠페인의 성공을 도모할 수 있습니다.

하나 뷰티의 마케팅 전략을 실현하기 위한 SMART 목표를 설정했습니다. 응답에서 나온 수치는 챗GPT가 임의로 설정한 것으로 보다 정확한 데이터를 얻고 싶다면 사업 규모나 형태에 알맞게 수정하길 바랍니다.

04 이어서 KPI를 통해 SMART 목표를 달성했는지 판단하기 위해 캠페인 시작 및 핵심 성과 지표Key Performance Indicator, KPI 추적을 위한 방안 설정을 챗GPT에게 요청합니다. 캠페인과 KPI 추적은 지속적인 성과 향상과 목표 달성 파악에 중요한 요소입니다.

> **TIP** KPI는 전략적 목표를 달성하기 위해 계획대로 진행 중인지를 파악할 수 있는 지표입니다.

캠페인 시작 및 KPI 추적을 위한 구체적인 방안을 제시해줘.

캠페인 시작 및 KPI 추적을 위한 구체적인 방안

1. 캠페인 시작 준비

  팀 구성 및 역할 분담:

    마케팅 팀: 전략 기획, 콘텐츠 제작, 소셜 미디어 관리

    디자인 팀: 광고 배너, 프로모션 이미지, 영상 제작

    영업 팀: 오프라인 이벤트 준비, 고객 상담

    IT 팀: 웹사이트 관리, 데이터 분석

… 생략 …

4. 정기적인 리뷰 및 피드백

  월간 회의:

    각 팀이 모여 월간 목표 달성 여부를 리뷰

    성공 사례 및 문제점 공유, 개선 방안 논의

  분기별 평가:

    분기별로 캠페인 성과를 종합 평가

    KPI 달성도 확인 및 전략 조정

  피드백 반영:

    고객 피드백 및 설문 조사 결과를 반영하여 서비스 개선

    팀 내 피드백을 통해 캠페인 실행 과정에서의 문제점 해결

이와 같은 구체적인 방안을 통해 하나 뷰티의 마케팅 캠페인을 효과적으로 시작하고, KPI를 지속적으로 추적하며, 성과를 극대화할 수 있습니다.

챗GPT가 하나 뷰티의 캠페인 시작 준비와 KPI 추적을 위한 방안을 제시했습니다. 캠페인 시작과 KPI 추적에 도움이 되는 방안을 챗GPT가 제시한 것이므로 모든 제안을 실행하는 건 어려울 수 있습니다. 관련 주제에 필요한 것들만 선택하여 가능한 범위 안에서 마케팅 전략을 세우기 바랍니다.

지금까지 챗GPT를 활용하여 마케팅 전략을 세워봤습니다. 마케팅 전략 수립은 조사, 분석, 문서 작성 등 해야 할 작업의 수가 많습니다. 때문에 각각 전략을 세우고 계획하는 데에도

많은 시간이 필요합니다. 그러나 마케팅 전략을 세우기 위한 정확한 데이터와 구체적인 방안을 챗GPT에게 요청하면 시간 절약, 인사이트 도출 등 다방면에서 효율적인 도움을 얻을 수 있습니다.

쉬운 활용 23 ▶ 이목을 끄는 광고 문구 만들기

오늘날 다양한 광고가 쏟아져 나오는 만큼 독창적이면서도 효과적인 광고 문구를 만드는 건 광고 담당자들을 고민에 빠지게 하는 요소 중 하나입니다. 방송, 신문, 온라인 광고 등 종류에 따라 광고 문구도 다른 형식을 가집니다. 다음 프롬프트를 참고하여 챗GPT가 광고 문구를 어떻게 생성해주는지 확인해보세요.

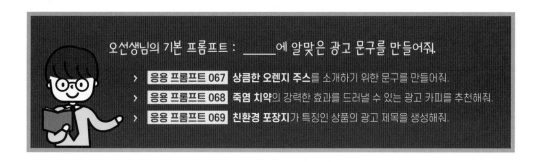

오선생님의 기본 프롬프트 : _____에 알맞은 광고 문구를 만들어줘.

> 응용 프롬프트 067 상큼한 오렌지 주스를 소개하기 위한 문구를 만들어줘.
> 응용 프롬프트 068 죽염 치약의 강력한 효과를 드러낼 수 있는 광고 카피를 추천해줘.
> 응용 프롬프트 069 친환경 포장지가 특징인 상품의 광고 제목을 생성해줘.

온라인의 디지털 광고 같은 경우 자동화된 최적화 시스템으로 효과적으로 광고 노출을 하여 광고 효과를 극대화하는 방식으로 진행합니다. 그래서 보통 구글이나 네이버 등 온라인 광고 플랫폼에 광고를 설정할 때 어떤 문구가 효과적인지 확인할 수 없으므로 최적화에 필요한 여러 개의 광고 제목, 내용을 만듭니다.

광고 문구 만들기에 챗GPT를 활용하면 문구를 빠르게 생성하고, 최적화 시스템으로 효과를 극대화하여 많은 시간을 절약할 수 있습니다. 여러 광고 플랫폼이 있지만 이번 실습은 구글 광고를 기준하겠습니다. 챗GPT에게 광고 문구 생성을 요청합니다.

> **TIP** 광고 최적화 시스템은 광고가 더 잘 작동하도록 클릭 수, 노출 수, 전환율 등을 통해 자동으로 광고를 조정하는 과정
> 으로 보다 효과적이고 효율적으로 운영할 수 있도록 합니다.

01 구글 광고는 최대 30자의 광고 제목을 5개까지, 최대 90자의 긴 광고 제목을 1개, 최
대 90자의 설명을 5개까지 설정할 수 있습니다. 다음은 '하나 뷰티'의 고급 스킨케어
서비스 설명입니다. 챗GPT에게 이 설명을 주고 구글 광고에 넣을 수 있도록 분량과
개수를 정하여 광고 문구 생성을 요청하겠습니다.

[챗GPT에게 줄 하나 뷰티 고급 스킨케어 서비스 설명]

하나 뷰티는 서울 강남구에 위치한 고급 스킨케어 서비스 전문 업체로, 25-45세의 경제
적 여유가 있는 여성들을 주요 고객으로 삼고 있습니다. 최신 피부 진단 기술과 세계적으
로 인정받는 최고급 스킨케어 제품을 사용하여, 고객 각자의 피부 상태에 맞춘 맞춤형 관
리 프로그램을 제공합니다. 다년간의 경력을 가진 스킨케어 전문가들로 구성된 팀이 고객
에게 최상의 서비스를 제공하며, 프리미엄 시설과 쾌적한 환경 속에서 철저한 위생 관리와
편안한 분위기를 유지합니다.

다음 하나 뷰티의 고급 스킨케어 서비스 설명을 토대로 최대 30자 내 광고 제목을 5개, 최대 90자 내 긴 광
고 제목을 1개, 최대 90자 내 광고 설명을 5개 만들어줘. 광고 효과를 최대화할 수 있도록 각 제목과 설명은
겹치지 않는 키워드로 만들어줘.

하나 뷰티 고급 스킨케어 서비스 설명

광고 제목 (최대 30자)

 "강남 최고급 맞춤 스킨케어"

 "하나 뷰티, 프리미엄 피부 관리"

"세계적 제품 사용, 완벽 피부"

"피부 전문가의 정성 어린 케어"

"맞춤형 프로그램으로 빛나는 피부"

긴 광고 제목 (최대 90자)

"하나 뷰티의 맞춤형 스킨케어로 강남에서 경험하는 최고급 피부 관리, 당신의 피부가 빛납니다."

광고 설명 (최대 90자)

"하나 뷰티는 최신 피부 진단 기술과 세계적 제품으로 맞춤형 스킨케어를 제공합니다."

"경제적 여유가 있는 여성들을 위한 강남 고급 스킨케어 서비스, 하나 뷰티."

"다년간의 경력을 가진 스킨케어 전문가 팀이 최상의 피부 관리를 보장합니다."

"프리미엄 시설과 철저한 위생 관리로 쾌적하고 편안한 스킨케어 환경을 제공합니다."

"하나 뷰티에서 당신의 피부 상태에 맞춘 맞춤형 관리 프로그램을 경험해보세요."

챗GPT가 30자, 90자 제목, 설명까지 다양한 광고 문구를 요구 조건에 맞춰서 한꺼번에 생성한 걸 확인할 수 있습니다. 문구가 마음에 들지 않는다면 설명이나 조건을 추가하여 챗GPT에게 다시 요청하세요.

쉬운 활용 24 스토리텔링 마케팅 기획하기

스토리텔링 마케팅이 뭔지 아시나요? 스토리텔링 마케팅은 단순히 제품 판매에만 국한된 것이 아니라 브랜드나 제품의 이야기로 고객과 감정적으로 연결하고, 브랜드 인지도를 높여 고객 충성도를 강화하는 마케팅 기법입니다. 스토리텔링 마케팅이 중요한 이유는 사람의 감정과 연관되어 브랜드 연결성이 강화되고 기억에 강하게 남기 때문입니다. 그렇다면 인공지능인 챗GPT는 감정적으로 연결하는 마케팅을 과연 잘 기획할 수 있을까요? 다음 기본 프롬프트를 바탕으로 챗GPT가 브랜드와 제품을 가지고 어떻게 응용하는지 살펴봅시다.

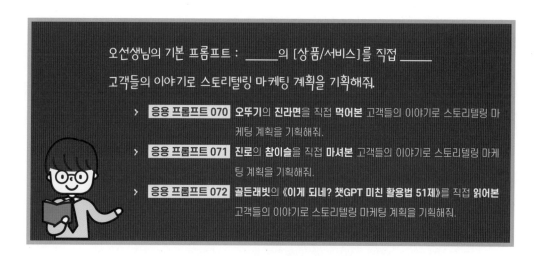

오선생님의 기본 프롬프트 : _____의 [상품/서비스]를 직접 _____
고객들의 이야기로 스토리텔링 마케팅 계획을 기획해줘.

> **응용 프롬프트 070** 오뚜기의 진라면을 직접 먹어본 고객들의 이야기로 스토리텔링 마케팅 계획을 기획해줘.

> **응용 프롬프트 071** 진로의 참이슬을 직접 마셔본 고객들의 이야기로 스토리텔링 마케팅 계획을 기획해줘.

> **응용 프롬프트 072** 골든래빗의 《이게 되네? 챗GPT 미친 활용법 51제》를 직접 읽어본 고객들의 이야기로 스토리텔링 마케팅 계획을 기획해줘.

스토리텔링 마케팅은 단순히 제품의 기능이나 장점을 나열하는 것보다 소비자의 감정을 자극하고 공감대를 형성하는 데 효과적입니다. 때문에 챗GPT에게 프롬프트를 입력할 때 스토리텔링 마케팅을 할 브랜드와 제품을 정해 입력한다면 특징을 잘 파악하여 기획해주는 것을 확인할 수 있습니다.

01 하나 뷰티의 고급 스킨케어 서비스를 직접 이용한 고객들의 이야기로 스토리텔링 마케팅을 진행하려 합니다. **쉬운 활용 23** 이목을 끄는 광고 문구 만들기에서 사용한 하나 뷰티의 고급 스킨케어 서비스 설명을 그대로 사용하여 챗GPT에게 스토리텔링 마케팅 방안을 요청합니다.

다음의 하나 뷰티의 고급 스킨케어 서비스 설명을 토대로 하나 뷰티 고급 스킨케어 서비스를 직접 이용한 고객들의 이야기로 스토리텔링 마케팅을 진행하고 싶어. 구체적인 방안을 제시해줘.

하나 뷰티는 서울 강남구에 위치한 고급 스킨케어 서비스 전문 업체로, 25-45세의 경제적 여유가 있는 여성들을 주요 고객으로 삼고 있습니다. 최신 피부 진단 기술과 세계적으로 인정받는 최고급 스킨케어 제품을 사용하여, 고객 각자의 피부 상태에 맞춘 맞춤형 관리 프로그램을 제공합니다. 다년간의 경력을 가진 스킨케어 전문가들로 구성된 팀이 고객에게 최상의 서비스를 제공하며, 프리미엄 시설과 쾌적한 환경 속에서 철저한 위생 관리와 편안한 분위기를 유지합니다.

하나 뷰티의 고급 스킨케어 서비스에 대한 스토리텔링 마케팅을 진행하기 위한 구체적인 방안은 다음과 같습니다:

1. 고객 인터뷰 및 사례 수집

- **고객 인터뷰**: 실제 하나 뷰티 서비스를 이용한 고객들을 인터뷰하여 그들의 경험을 수집합니다. 인터뷰에서는 스킨케어 프로그램의 효과, 전문가들의 서비스, 시설 및 환경 등에 대한 이야기를 들어보는 것이 중요합니다.
- **사례 수집**: 인터뷰를 통해 수집한 고객들의 이야기를 기반으로 성공 사례를 작성합니다. 이때 고객의 피부 상태 변화와 관련된 구체적인 데이터를 함께 제공하면 신뢰도가 높아집니다.

2. 스토리텔링 콘텐츠 제작

… 생략 …

이러한 방안을 통해 하나 뷰티의 고급 스킨케어 서비스를 직접 경험한 고객들의 이야기를 효과적으로 전달하여, 더 많은 잠재 고객들이 하나 뷰티의 서비스를 신뢰하고 이용하게 할 수 있습니다.

02 스토리텔링 마케팅을 위한 다양한 방안을 제시했습니다. 하지만 해당 방안을 어떻게 실행하면 좋을지 명확하지 않습니다. 명확한 방향 제시와 지속적인 성과 향상, 목표 달성을 확인하기 위해 챗GPT에게 SMART 목표과 KPI를 설정하겠습니다.

해당 방안의 SMART 목표를 설정해줘.

하나 뷰티의 고급 스킨케어 서비스 마케팅을 위한 SMART 목표는 다음과 같이 설정할 수 있습니다:

1. **고객 인터뷰 및 사례 수집**

   - **Specific (구체적)**: 3개월 내에 10명의 기존 고객을 인터뷰하여 스킨케어 서비스 경험에 대한 상세한 사례를 수집한다.

- **Measurable (측정 가능)**: 인터뷰와 사례 수집 완료 여부를 체크리스트로 관리한다.
- **Achievable (달성 가능)**: 인터뷰 대상 고객을 선택하고 인터뷰 일정을 조율한다.
- **Relevant (관련성)**: 고객 경험을 통해 서비스의 효과를 입증하고 마케팅 콘텐츠로 활용한다.
- **Time-bound (기한 설정)**: 3개월 이내에 인터뷰와 사례 수집을 완료한다.

2. 스토리텔링 콘텐츠 제작

··· 생략 ···

6. 협력 인플루언서 활용

- **Specific (구체적)**: 3개월 내에 5명의 뷰티 인플루언서와 협력하여 하나 뷰티의 스킨케어 서비스를 체험하고 리뷰하도록 한다.
- **Measurable (측정 가능)**: 인플루언서 콘텐츠의 도달률과 참여도를 분석한다.
- **Achievable (달성 가능)**: 인플루언서와 협력 계약을 체결하고 체험 일정을 조율한다.
- **Relevant (관련성)**: 인플루언서의 영향력을 통해 더 많은 잠재 고객에게 하나 뷰티를 알린다.
- **Time-bound (기한 설정)**: 3개월 이내에 협력을 완료하고 리뷰 콘텐츠를 제작한다.

이러한 SMART 목표 설정을 통해 하나 뷰티의 스토리텔링 마케팅을 체계적이고 효과적으로 진행할 수 있을 것입니다.

03 조직의 자원을 고려하여 1. **고객 인터뷰 및 사례 수집**, 2. **스토리텔링 콘텐츠 제작**, 3. **소셜 미디어 활용**까지 가능하다고 가정하겠습니다. 이어서 KPI 설정을 요청합니다.

1. 고객 인터뷰 및 사례 수집, 2. 스토리텔링 콘텐츠 제작, 3. 소셜 미디어 활용에 관한 캠페인 시작 및 KPI 추적을 위한 구체적인 방안을 제시해줘.

하나 뷰티의 스토리텔링 마케팅 캠페인을 성공적으로 시작하고 KPI를 추적하기 위한 구체적인 방안을 아래와 같이 제시합니다.

1. 고객 인터뷰 및 사례 수집

캠페인 시작 방안

- **고객 선정**: 하나 뷰티의 서비스를 이용한 고객 중 만족도가 높은 고객을 선정합니다. VIP 고객, 자

주 방문하는 고객, 좋은 리뷰를 남긴 고객 등을 우선적으로 고려합니다.

- **인터뷰 일정 조율**: 선정된 고객들과 인터뷰 일정을 조율합니다. 인터뷰는 온라인 설문지, 전화 인터뷰, 대면 인터뷰 등 다양한 방식으로 진행할 수 있습니다.

··· 생략 ···

정기적인 리뷰 및 조정

- **월간 회의**: 매달 KPI를 리뷰하고 캠페인의 성과를 평가합니다. 필요시 전략을 조정합니다.
- **고객 피드백 수렴**: 정기적으로 고객 피드백을 수집하여 서비스 개선에 반영합니다.

이와 같은 방안을 통해 하나 뷰티의 스토리텔링 마케팅 캠페인을 효과적으로 진행하고, KPI를 체계적으로 추적할 수 있을 것입니다.

스토링텔링 마케팅을 기획하고, SMART 목표와 KPI 지표까지 설정해봤습니다. **쉬운 활용 22** **시장에서 성공하는 마케팅 전략 세우기**에서 신행했던 내용과 응답을 비교해보면 확연히 다른 것을 알 수 있습니다. 스토리텔링 마케팅 기획에는 소비자의 후기, 인터뷰 등의 자료를 이용하고 있으며 소셜 미디어나 인플루언서의 후기를 적극 활용하는 것을 알 수 있습니다. 추가적으로 스토리텔링 마케팅에 활용할 인터뷰 관련 질문 목록이나 소셜 미디어에 공유하기 위한 문구 생성 등의 작업도 챗GPT의 도움을 받을 수 있으니 적극적으로 활용하기 바랍니다.

📋 마무리 요약

- ☑ 챗GPT에게 구체적인 조건과 데이터를 주어 프롬프트를 입력하면 마케팅 전략을 단계별로 세우는 데 도움이 됩니다.
- ☑ 챗GPT에게 만들고자 하는 광고의 주제와 형식만 주면 광고 문구를 생성해줍니다.
- ☑ 스토리텔링 마케팅을 할 브랜드와 제품을 정해 특징을 파악하고 챗GPT에게 프롬프트를 입력한다면 잘 기획해주는 것을 확인할 수 있습니다.

(Chapter 14)

챗GPT로 엑셀 쉽게 활용하기

컴퓨터 수업 시간에 엑셀을 배운 적 있는데 함수가 여간 많은 게 아니더라구요. 각각 사용법을
익히고 외우기엔 너무 많아요. 챗GPT를 활용해서 엑셀을 잘 활용할 수 있는 방법이 있을까요?

학생

오선생님

그렇죠. 엑셀은 학생뿐만 아니라 직장인들이 업무를 위해 가장 많이 사용하고 공부하죠. 엑
셀은 데이터 관리, 분석, 시각화, 자동화 등의 작업에서 필수적인 도구로 널리 사용되고 있
습니다. 그만큼 데이터를 효율적이고 정확하게 처리하며, 복잡한 작업을 자동화하는 데 중
요한 도구입니다. 하지만 배워도 배워도 고수가 되는 길은 어렵고, 해야 할 일은 계속 쌓이
죠. 챗GPT를 활용하면 엑셀 활용을 좀 더 쉽게 할 수 있습니다. 여기서는 챗GPT로 가장 많
이 하는 엑셀 작업을 배워보겠습니다.

쉬운 활용 25 다양한 엑셀 함수 물어보기

엑셀은 수백 개의 함수를 지원합니다. 그래서 함수를 잘 사용하면 엄청나게 유용하죠. 그런
데 모든 함수를 외워서 사용하는 건 사실상 어렵습니다. 종류도 종류지만 사용법을 익히는
것도 만만하지 않으며 함수 몇 개를 공부하다 보면 어렵기도 해서 금방 포기하곤 합니다. 그

럴 땐 외우지 말고, 적절한 함수를 챗GPT에 물어보세요. 챗GPT는 필요한 함수를 빠르게 알려줍니다. 그러면 엑셀 사용이 한결 편해질 겁니다.

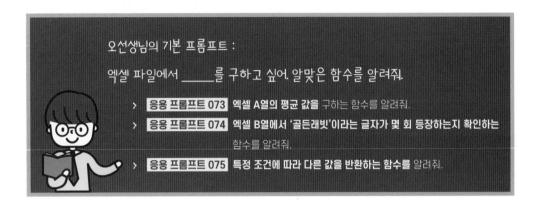

오선생님의 기본 프롬프트 :

엑셀 파일에서 _____를 구하고 싶어. 알맞은 함수를 알려줘.

> **응용 프롬프트 073** 엑셀 A열의 평균 값을 구하는 함수를 알려줘.
> **응용 프롬프트 074** 엑셀 B열에서 '골든래빗'이라는 글자가 몇 회 등장하는지 확인하는 함수를 알려줘.
> **응용 프롬프트 075** 특정 조건에 따라 다른 값을 반환하는 함수를 알려줘.

위 프롬프트를 보면 간단하게 알맞은 함수만 알려달라는 요청을 해도 되고, 자세하게 계산하고 싶은 열과 함께 필요한 함수를 프롬프트로 작성하여 요청하는 것을 확인할 수 있습니다.

위 예시를 활용하여 30일 동안 판매한 생선 매출 데이터를 이용하여 기능에 맞는 적절한 함수를 요청하겠습니다. 챗GPT가 파일을 분석할 때 파일명이 한글이면 파일 자체를 인식하지 못하는 오류가 발생할 수 있습니다. **파일명은 되도록 알파벳이나 숫자로 저장하세요.**

- 생선 판매 데이터 : m.site.naver.com/1sntN

01 다운로드 받은 생선 판매 데이터의 파일명을 'a'로 변경하여 챗GPT에 첨부하고 다음과 같이 요청합니다.

이 파일은 생선 판매 데이터야. C:32에 평균 판매량, D:32에 평균 매출, E열에 평균 단가를 입력하고 싶어. 알맞은 함수를 알려줘.

C32, D32 셀에 필요한 평균 판매량과 평균 매출, E열과 F열에 대한 평균 단가와 평균 단가 변화를 계산하기 위한 함수는 다음과 같습니다.

1. **C32에 평균 판매량**

   =AVERAGE(C1:C31)

2. **D32에 평균 매출:**

   =AVERAGE(D1:D31)

3. **E열에 평균 단가 (판매량이 0이 아닌 경우에만):**

   E2 셀에:

   =IF(C2<>0, D2/C2, 0)

이를 E열 전체에 복사합니다.

02 평균 판매량, 평균 매출, 평균 단가를 계산하는 데 필요한 함수를 생성했습니다. 유료 버전은 해당 함수가 반영된 시트를 내려받을 수 있게 제공하기도 합니다. 무료 버전은 파일을 내려받을 수 없으니 챗GPT의 설명대로 시트에 함수를 반영합니다. 함수를 적용하니 평균 판매량, 평균 매출, 평균 단가가 계산되는 것을 알 수 있으며 이를 통해 챗GPT가 요청한 대로 필요한 함수를 잘 만든 것을 확인할 수 있습니다.

	A	B	C	D	E
21	2024-01-20	참치	71	₩1,471,990	₩20,732
22	2024-01-21	고등어	44	₩2,359,370	₩53,622
23	2024-01-22	연어	8	₩759,902	₩94,988
24	2024-01-23	넙치	47	₩578,344	₩12,305
25	2024-01-24	해덕	35	₩93,808	₩2,680
26	2024-01-25	멸치	78	₩29,601	₩380
27	2024-01-26	연어	81	₩118,339	₩1,461
28	2024-01-27	넙치	36	₩659,126	₩18,309
29	2024-01-28	대구	50	₩253,851	₩5,077
30	2024-01-29	농어	4	₩1,299,064	₩324,766
31	2024-01-30	송어	2	₩474,526	₩237,263
32			42.97	₩1,668,230	

쉬운 활용 26 가상의 데이터 만들기

엑셀로 작업하다 보면 시트는 만들었지만 데이터가 없거나 또는 부족한 경우가 있습니다. 예를 들어 중국 음식점 리스트 파일을 만들었는데, 실제 데이터는 10개밖에 없다고 가정해 봅시다. 이 시트를 활용해서 중국 음식점을 분석할 때 100개의 데이터가 필요하다면 시트가 제대로 작동할까요? 오류가 나거나 불완전한 결과가 도출될 가능성이 큽니다. 이와 같이 충분한 데이터가 없어서 정확한 결과를 얻기 어려운 상황을 보통 콜드 스타트[Cold Start]라고 부릅니다. 향후 시트에 데이터가 누적되겠지만, 누적되기 전에 확인해야 하는 건 시트가 제대로 작동하는지 확인하는 것이죠. 챗GPT를 활용하면 대량의 가상 데이터를 생성하고 임시로 추가하여 콜드 스타트 문제를 해결할 수 있습니다.

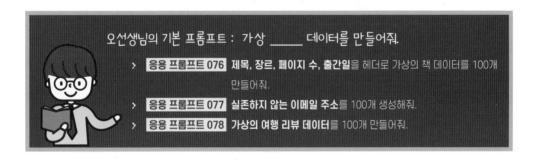

> 오선생님의 기본 프롬프트 : 가상 _____ 데이터를 만들어줘.
>
> ▸ **응용 프롬프트 076** 제목, 장르, 페이지 수, 출간일을 헤더로 가상의 책 데이터를 100개 만들어줘.
> ▸ **응용 프롬프트 077** 실존하지 않는 이메일 주소를 100개 생성해줘.
> ▸ **응용 프롬프트 078** 가상의 여행 리뷰 데이터를 100개 만들어줘.

챗GPT에게 이메일, 리뷰 데이터 등 가상의 데이터 생성을 요청하면 형식과 원하는 개수만큼 생성해주는 것을 확인할 수 있습니다. 유료 버전을 사용하면 가상의 데이터 파일을 다운로드할 수 있게 데이터가 생성되지만, 무료 버전은 파일을 다운로드할 수 없으므로 표로 만들어 엑셀 시트에 붙여넣는 방식으로 가상 데이터를 생성하겠습니다.

01 생성하려는 가상 데이터의 형식을 다음과 같이 입력하세요.

188   Part 05 정말 쉽네? 챗GPT 업무에서 활용하기

아래 헤더 내용으로 가상의 데이터를 복사할 수 있는 표로 만들어서 보여줘.

총 100개 행을 생성해줘.

| 이름 | 나이 | 직업 | 성별 | 거주 지역 |

물론입니다! 아래에 가상의 데이터를 생성하여 100개의 행으로 구성된 표를 보여드리겠습니다.

이름	나이	직업	성별	거주 지역
김민준	28	소프트웨어 엔지니어	남	서울
이서연	34	디자이너	여	부산
박준영	45	마케팅 매니저	남	인천
정하은	29	교사	여	대구
최지훈	31	변호사	남	대전
김하늘	26	연구원	여	광주
이지우	38	의사	남	울산

02 챗GPT가 요청한 형식에 맞게 100명의 가상 데이터를 생성했습니다. 이 내용을 그대로 엑셀 파일에 붙여넣으면 됩니다. ⧉버튼을 눌러서 복사하면 양식이 제대로 반영되지 않기 때문에 다음 이미지처럼 표를 드래그하여 `Ctrl + C`를 눌러 복사한 후 엑셀 시트의 A:1에 `Ctrl + V`를 눌러 붙여넣습니다.

박하은	30	사업가	남	예천	복사하여
정준서	24	대학생	여	김제	
송서연	36	데이터 분석가	남	서천	
이준혁	27	금융 분석가	여	고령	
윤민지	25	연구원	남	의성	
강서윤	38	변호사	여	예천	
임준서	30	간호사	남	상주	
노지우	26	디자이너	여	하동	

위 표에는 가상의 데이터가 100개의 행으로 구성되어 있습니다.

03 엑셀 시트의 A:1에 붙여넣으면 다음과 같이 시트에 데이터가 반영됩니다.

	A	B	C	D	E	F	G
1	이름	나이	직업	성별	거주 지역	붙여넣습니다	
2	김민준	28	소프트웨어 엔지니어	남	서울		
3	이서연	34	디자이너	여	부산		
4	박준영	45	마케팅 매니저	남	인천		
5	정하은	29	교사	여	대구		
6	최지훈	31	변호사	남	대전		
7	김하늘	26	연구원	여	광주		
8	이지우	38	의사	남	울산		
9	박서현	22	학생	여	수원		
10	장민석	41	엔지니어	남	성남		
11	유민지	30	약사	여	고양		
12	김도윤	27	금융 분석가	남	용인		
13	송유진	33	기자	여	청주		
14	이준서	25	프로그래머	남	안산		
15	정지우	36	법무사	여	전주		
16	박민기	40	건축가	남	안양		
17	윤서연	32	컨설턴트	여	평택		
18	임도현	24	영업사원	남	원주		
19	배지우	37	디자이너	여	춘천		
20	강준혁	35	엔지니어	남	포항		

A:1에 Ctrl + V

이런 방식으로 원하는 데이터의 개수, 조건 등의 형식을 챗GPT에게 입력하면 더 명확한 가상 데이터를 생성할 수 있습니다. 챗GPT가 생성한 데이터는 가상 데이터로 실제 데이터와는 다른 결과를 출력할 수 있으니 시트 테스트용으로만 사용하기 바랍니다. 실제로 분석하거나 결과를 도출하는 작업을 할 때는 실제 데이터로 수정해서 사용하기 바랍니다.

쉬운 활용 27 데이터 시각화하기

엑셀에 있는 차트 기능을 챗GPT를 이용해서도 만들 수 있습니다. 챗GPT는 엑셀의 데이터를 분석해서 데이터를 쉽게 시각화할 수 있습니다. 엑셀의 경우 입력된 데이터의 내용으로만 차트를 생성할 수 있는 반면, 챗GPT는 데이터를 분석해서 새로운 차트도 만들 수 있습니다. 어떤 종류의 차트를 생성할 수 있는지 다음 프롬프트를 참고해보세요.

오선생님의 기본 프롬프트 : 데이터를 _____으로 만들어줘.

> **응용 프롬프트 079** 데이터를 **막대 그래프**로 생성해줘.
> **응용 프롬프트 080** 데이터를 **원형 차트**로 만들어줘.
> **응용 프롬프트 081** 데이터를 **표**로 그려줘.

앞에서 만든 100개의 가상 데이터를 활용해서 연령, 직업, 성별, 거주 지역을 분류한 다음 각각 원형 차트 생성을 요청하겠습니다.

01 가상 데이터를 입력한 엑셀 시트를 파일명 'a'로 저장합니다.

02 먼저 연령, 직업, 성별, 거주 지역에 따라 데이터를 분류해서 정리하겠습니다. 챗GPT 에 첨부 파일로 a를 추가한 후 다음과 같이 프롬프트를 입력합니다.

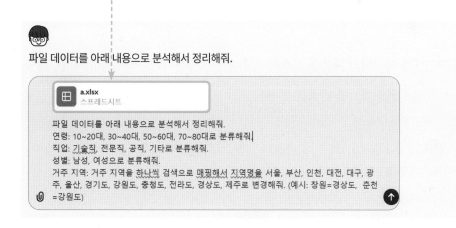

파일 데이터를 아래 내용으로 분석해서 정리해줘.

> **a.xlsx**
> 스프레드시트

파일 데이터를 아래 내용으로 분석해서 정리해줘.
연령: 10~20대, 30~40대, 50~60대, 70~80대로 분류해줘.
직업: 기술직, 전문직, 공직, 기타로 분류해줘.
성별: 남성, 여성으로 분류해줘.
거주 지역: 거주 지역을 하나씩 검색으로 매핑해서 지역명을 서울, 부산, 인천, 대전, 대구, 광주, 울산, 경기도, 강원도, 충청도, 전라도, 경상도, 제주로 변경해줘. (예시: 창원=경상도, 춘천=강원도)

데이터를 분석하기 위해 다음 단계를 수행하겠습니다:

- 연령을 1020대, 3040대, 5060대, 7080대로 분류

- 직업을 기술직, 전문직, 공직, 기타로 분류

- 성별을 남성, 여성으로 분류

- 거주 지역을 서울, 부산, 인천, 대전, 대구, 광주, 울산, 경기도, 강원도, 충청도, 전라도, 경상도, 제주로 변경

… 생략 …

모든 거주 지역이 성공적으로 매핑되었습니다. 이제 데이터 프레임을 정리하여 최종 결과를 보여드리겠습니다. 데이터는 연령, 직업, 성별, 거주 지역을 분류한 상태로 제공됩니다.

최종 분류된 데이터				
	이름	연령대	직업분류	성별
95	송서연	30~40대	기타	남
96	이준혁	20~30대	기타	여
97	윤민지	20~30대	기타	남
98	강서윤	30~40대	전문직	여
99	임준서	20~30대	기타	남
100	노지우	20~30대	전문직	여

03 챗GPT가 데이터의 내용을 분석해서 최종 분류했습니다. 이제 연령, 직업, 성별, 거주 지역별로 원형 차트를 만들겠습니다.

해당 데이터를 원형 차트로 하나씩 시각화해줘.

연령대 분포

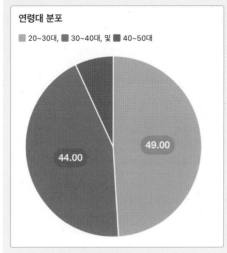

■ 20~30대, ■ 30~40대, 및 ■ 40~50대

49.00
44.00

직업 분포

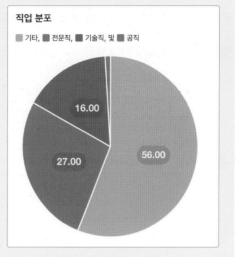

■ 기타, ■ 전문직, ■ 기술직, 및 ■ 공직

16.00
27.00
56.00

성별 분포

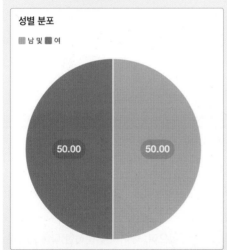

■ 남 및 ■ 여

50.00
50.00

거주 지역 분포

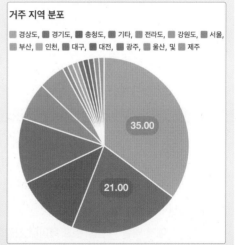

■ 경상도, ■ 경기도, ■ 충청도, ■ 기타, ■ 전라도, ■ 강원도, ■ 서울, ■ 부산, ■ 인천, ■ 대구, ■ 대전, ■ 광주, ■ 울산, 및 ■ 제주

35.00
21.00

각 분류에 대한 원형 차트를 생성했습니다. 아래는 각 분류에 대한 시각화 결과입니다.

- 연령대 분포
- 성별 분포
- 직업 분포
- 거주 지역 분포

각 차트는 해당 분류의 데이터를 시각적으로 보여줍니다. 추가 분석이나 다른 요청사항이 있으시면 알려주세요.

챗GPT가 정리한 데이터가 원형 차트로 시각화된 것을 확인할 수 있습니다. 시각화된 그림의 오른쪽 위를 보면 다음과 같이 4개의 버튼이 있습니다. 각각 어떤 기능인지 확인해보고 적절하게 활용하기 바랍니다.

❶ 정적 차트/인터랙티브 차트로 전환 : 차트의 스타일을 변경합니다.

❷ 색상 : 각 데이터를 표시하는 색상을 변경합니다.

❸ 차트 다운로드 : 시각화 이미지를 내려받습니다.

❹ 차트 펼치기/축소 : 차트의 크기를 변경합니다.

📋 마무리 요약

☑ 챗GPT에게 엑셀에서 사용하는 함수를 물어보고 바로 사용할 수 있습니다.

☑ 엑셀 파일을 만들었을 때 테스트를 위해 필요한 가상의 데이터를 챗GPT에게 요청하여 만들 수 있습니다.

☑ 챗GPT에게 엑셀 파일을 주고 데이터 시각화를 할 수 있으며, 데이터를 분석한 다음 새로운 차트로도 생성할 수 있습니다.

(Chapter 15)

챗GPT로 파워포인트 쉽게 활용하기

저는 파워포인트를 주로 과제와 발표에 많이 사용했어요. 늘 자료를 만들면서 느낀 건 요점을 명확하게 전달하고 시각적으로 잘 정리하는 게 어렵더라구요. 챗GPT를 활용하여 파워포인트 작업을 도움받을 수 있나요?

학생

오선생님

그렇죠. 파워포인트는 시각 자료를 제공하여 이해를 돕고, 주제를 효과적으로 전달하는 데 용이합니다. PPT 작업을 하는데 있어서 핵심 내용을 추출하고 시각적 표현과 슬라이드의 논리적인 구성을 하는 것이 중요하죠. 챗GPT는 PPT 작업을 좀 더 수월하게 할 수 있도록 합니다. 물론 텍스트 기반인 챗GPT만으로는 PPT 작업을 완벽하게 수행할 수 없습니다. 다만 챗GPT는 주제 구조화와 자료 분석, 시각화, 정리 등 PPT 작업에 도움을 줄 수 있습니다.

쉬운 활용 28 성공적인 발표를 위한 엘리베이터 피치덱 구조 만들기

짧은 시간 안에 중요 주제를 간단하게 요약하여 효과적으로 설명하는 것은 어찌 보면 PPT의 중심 역할 중 하나라고 할 수 있습니다. 엘리베이터 피치를 뒷받침하기 위한 엘리베이터 피치덱 구조는 핵심 내용을 시각적으로 정리하여 제작된 간단한 슬라이드 프레젠테이션입니다.

엘리베이터 피치에서 다루는 내용을 슬라이드로 정리하여 좀 더 구조적이고 시각적으로 전달할 때 사용되는 것이죠. 엘리베이터 피치덱 구조를 PPT와 연계하면 프레젠테이션을 효과적으로 구성하는 데 도움을 줄 수 있습니다. 챗GPT는 자료 분석, 요약 정리 등 PPT 작업에 도움을 줄 수 있다고 했습니다. 다음 프롬프트로 확인해봅시다.

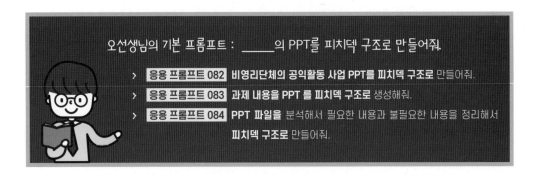

오선생님의 기본 프롬프트 : _____의 PPT를 피치덱 구조로 만들어줘.

> **응용 프롬프트 082** 비영리단체의 공익활동 사업 PPT를 **피치덱 구조로** 만들어줘.
> **응용 프롬프트 083** 과제 내용을 PPT 를 **피치덱 구조로** 생성해줘.
> **응용 프롬프트 084** PPT 파일을 분석해서 필요한 내용과 불필요한 내용을 정리해서 **피치덱 구조로** 만들어줘.

TIP 엘리베이터를 타고 이동하는 짧은 시간 안에 투자자나 이해관계자에게 사업 아이디어를 설명할 수 있어야 한다는 개념에서 착안한 사업 계획서를 엘리베이터 피치덱Elevator Pitch Deck이라고 합니다. 엘리베이터 피치덱은 짧은 시간 내에 핵심 메시지를 전달하기 위한 프레젠테이션 구조로, 투자자나 경영진에게 아이디어를 빠르고 명확하게 전달하는 데 사용됩니다.

위 프롬프트를 활용해보니 실제로 챗GPT가 자료 분석을 통해 엘리베이터 피치덱으로 구조화하여 자료를 정리해서 뽑아줬습니다. 그렇다면 엘리베이터 피치덱 구조는 어떻게 구성된 것일까요? 일반적인 엘리베이터 피치덱의 구조는 다음과 같습니다.

[엘리베이터 피치덱 구조]

1. 문제 정의: 해결하려는 문제나 도전 과제를 간략하게 설명합니다.

2. 솔루션: 문제를 해결하기 위한 제품이나 서비스의 핵심 개념을 소개합니다.

3. 시장 기회: 타겟 시장의 크기와 성장 가능성을 간략하게 설명합니다.

4. 비즈니스 모델: 수익을 창출하는 방법을 간단히 설명합니다.

5. 경쟁 우위: 경쟁사와 비교했을 때 자신의 제품이나 서비스가 가지는 강점을 강조합니다.

6. 팀 소개: 팀의 주요 멤버와 그들의 관련 경험을 간단히 소개합니다.

7. 현황 및 계획: 현재까지의 성과와 향후 계획을 요약합니다.

8. 요청: 필요한 자금과 그 사용 목적을 간략히 설명합니다.

이제 챗GPT를 활용해서 짧은 시간 내에 핵심 내용을 전달할 수 있도록 PPT를 엘리베이터 피치덱 구조로 만들어봅시다.

01 챗GPT에게 가상의 사업 내용으로 다음 구조의 엘리베이터 피치덱 내용을 요청하겠습니다.

유기농 반려견 사료 사업을 아래 구조의 엘리베이터 피치덱으로 만들거야. 필요한 내용을 정리해줘.

1. 문제 정의: 해결하려는 문제나 도전 과제를 간략하게 설명합니다.

2. 솔루션: 문제를 해결하기 위한 제품이나 서비스의 핵심 개념을 소개합니다.

3. 시장 기회: 타겟 시장의 크기와 성장 가능성을 간략하게 설명합니다.

4. 비즈니스 모델: 수익을 창출하는 방법을 간단히 설명합니다.

5. 경쟁 우위: 경쟁사와 비교했을 때 자신의 제품이나 서비스가 가지는 강점을 강조합니다.

6. 팀 소개: 팀의 주요 멤버와 그들의 관련 경험을 간단히 소개합니다.

7. 현황 및 계획: 현재까지의 성과와 향후 계획을 요약합니다.

8. 요청: 필요한 자금과 그 사용 목적을 간략히 설명합니다.

엘리베이터 피치덱 구성안

1. 문제 정의

문제: 현대 반려견의 건강 문제, 특히 알레르기와 소화 문제로 인한 고통이 증가하고 있습니다. 많은 반려견 사료가 인공 첨가물과 저급 원료로 만들어져 있어, 반려견의 건강에 부정적인 영향을 미치고 있습니다.

2. 솔루션

　　솔루션: 고품질 유기농 재료만을 사용한 반려견 사료를 제공합니다. 무첨가, 무방부제, 천연 원료로 만들어져 반려견의 건강을 최우선으로 생각하는 사료입니다. 특별히 설계된 영양소 균형을 통해 알레르기와 소화 문제를 개선합니다.

　　… 생략 …

　　이와 같이 정리된 내용을 바탕으로 엘리베이터 피치덱을 작성하면 됩니다. 각 항목을 1~2 슬라이드 정도로 구성하여 간결하고 명확하게 전달하는 것이 좋습니다.

02 엘리베이터 피치덱 구성안이 정리되었습니다. 응답 내용에 나온 데이터는 챗GPT가 임의로 설정한 가상의 데이터입니다. 실제 활용에서는 이 구성안을 기초로 실제 데이터로 수정한 다음 엘리베이터 피치덱을 PPT로 시각화만 하면 되겠죠. 수정 과정도 다음과 같이 챗GPT의 도움을 받을 수 있습니다.

대한민국 반려동물 사료 시장 데이터를 출처와 함께 검색해줘.

대한민국의 반려동물 사료 시장은 빠르게 성장하고 있습니다. 2024년 기준 시장 규모는 약 1.22억 달러로 예상되며, 2029년까지 연평균 성장률(CAGR) 8.38%로 성장하여 1.83억 달러에 이를 것으로 보입니다 (Research Markets).

반려동물에 대한 인식 변화와 도시화로 인해 반려동물 수가 증가하고 있으며, 이는 반려동물 사료 시장의 성장을 촉진하는 주요 요인입니다. 통계청에 따르면 약 4.54백만 가구가 개를 키우고 있으며, 1.12백만 가구가 고양이를 키우고 있습니다 (Research Markets). 특히, 프리미엄 사료와 간식에 대한 수요가 증가하고 있습니다 (Spherical Insights).

… 생략 …

이 정보를 통해 대한민국 반려동물 사료 시장의 성장 가능성과 기회를 파악할 수 있을 것입니다.

03 챗GPT를 통해 국내 반려동물 사료 시장 데이터를 빠르게 검색했습니다. 응답 데이터

를 토대로 시각화도 요청하겠습니다.

해당 데이터를 시각화해줘.

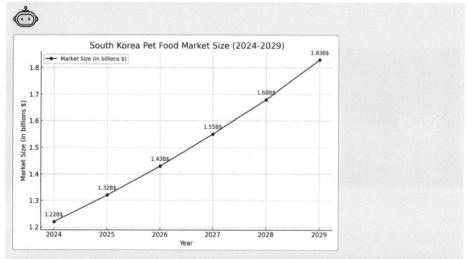

위 그래프는 대한민국 반려동물 사료 시장의 2024년부터 2029년까지의 성장 추세를 시각화한 것입니다. 2024년 시장 규모는 1.22억 달러에서 2029년에는 1.83억 달러로 성장할 것으로 예상됩니다. 각 해의 시장 규모는 각각 표시되어 있으며, 연평균 성장률(CAGR) 8.38%를 반영하고 있습니다.

시장 데이터를 탐색했을 뿐 아니라 데이터를 분석하여 그래프 작성까지 단번에 마쳤습니다. 앞서 엘리베이터 피치덱에서 받은 자료에 챗GPT를 활용하여 데이터 검색과 분석을 통해 얻은 수정 데이터를 추가할 수 있는 점은 데이터를 찾는 수고를 줄일 수 있기 때문에 매우 편리할 겁니다. 다만 한 가지 주의할 점은 해당 데이터가 정확한지 직접 검증이 필요하다는 겁니다.

쉬운 활용 29 핵심 내용으로 발표 자료 정리하기

보통 PPT를 만들고 해당 자료를 바탕으로 발표하는 데 있어서 많은 사람이 놓치는 부분이 있습니다. 바로 발표 자료를 설명하기 위해 너무 많은 내용을 삽입하고, 핵심에 집중하지 못하여 발표를 망치는 것입니다. 챗GPT를 활용하면 자료를 간단하고 명확하게 핵심 내용만 전달할 수 있도록 발표하기 좋은 내용으로 변환할 수 있습니다.

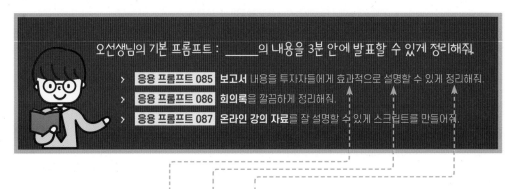

오선생님의 기본 프롬프트 : _____의 내용을 3분 안에 발표할 수 있게 정리해줘.

> **응용 프롬프트 085** 보고서 내용을 투자자들에게 효과적으로 설명할 수 있게 정리해줘.
> **응용 프롬프트 086** 회의록을 깔끔하게 정리해줘.
> **응용 프롬프트 087** 온라인 강의 자료를 잘 설명할 수 있게 스크립트를 만들어줘.

위 프롬프트를 살펴보면 '효과적', '설명', '정리'라는 단어가 눈에 띕니다. 아무래도 많은 내용을 한정된 시간 안에 중요한 내용만 뽑아서 전달해야 하니 챗GPT가 요구 사항에 맞게 응답을 잘 할 수 있도록 구성해야 하는 요소입니다. 구체적으로 발표할 시간까지 입력해준다면 PPT 내용과 발표에서 들어야 할 내용을 구분하여 핵심만 소개하도록 정리할 수 있습니다.

01 앞서 진행한 **쉬운 활용 28** 성공적인 발표를 위한 엘리베이터 피치덱 구조 만들기의 채팅을 이어서 진행하겠습니다.

위에서 만든 엘리베이터 피치덱으로 투자자에게 3분 만에 사업을 설명해야 해. 버벅이지 않고 발표할 수 있도록 각 슬라이드의 내용을 발표톤으로 정리해줘.

엘리베이터 피치덱 발표 스크립트

슬라이드 1: 문제 정의

안녕하세요, 오늘 소개할 사업은 유기농 반려견 사료입니다. 현재 많은 반려견이 알레르기와 소화 문제로 고통받고 있습니다. 대부분의 상업용 사료에는 인공 첨가물과 저급 원료가 포함되어 있어, 반려견의 건강에 악영향을 미치고 있습니다.

슬라이드 2: 솔루션

저희의 해결책은 고품질 유기농 재료로 만든 반려견 사료입니다. 인공 첨가물과 방부제를 전혀 사용하지 않고, 반려견의 영양과 건강을 최우선으로 생각한 레시피로 알레르기와 소화 문제를 개선하는 데 중점을 두었습니다.

… 생략 …

위 스크립트를 바탕으로 발표를 연습하시면, 투자자들에게 효과적으로 사업을 소개할 수 있을 것입니다.

구성안의 내용을 잘 반영하여 발표 내용을 작성하였네요. 엘리베이터 피치덱에서 받은 응답 내용과 비교하면 발표에 활용할 수 있도록 상황을 설정하여 글의 구조를 맞춰서 생성해준 것을 확인할 수 있습니다. 응답 내용을 살펴보며 잘못된 정보에 대해서는 수정 작업이 필요하며, 발표 시간과 구성안의 내용을 고려해서 만든 발표 내용이므로 되도록 살을 더 붙여서 발표를 어렵게 만드는 상황을 만들지 않는 것이 좋습니다. 만약 수정해야 한다면 챗GPT에 수정할 내용을 추가하여 개선을 요청하면 됩니다.

📋 마무리 요약

- ☑ 챗GPT는 주제 구조화와 자료 분석, 시각화, 정리 등 PPT 작업에 도움을 줄 수 있습니다.
- ☑ 챗GPT에게 엘리베이터 피치덱으로 자료 정리를 요청하면 핵심 내용을 시각적으로 구조화해줍니다.
- ☑ 챗GPT를 활용하면 자료를 핵심 내용만 전달할 수 있도록 간단하고 명확하게 발표하기 좋은 내용으로 변환할 수 있습니다.

(Chapter 16)

챗GPT로 보고서 작업 쉽고 빠르게 하기

지금까지 챗GPT를 활용한 일을 살펴보면 데이터를 찾고 분석하고 정리해주는 데 뛰어난 능력이 있는 것 같아요! 사람이 직접하면 많은 시간이 걸리는데 챗GPT에게 부탁하면 처리 속도도 신속하구요.

학생

오선생님

잘 파악했습니다. 챗GPT에게 요청한 사항과 응답 내용을 보면 분석과 데이터 검색, 시각화 능력 등을 잘 활용하여 처리해주는 것을 확인했습니다. 이 능력을 잘 활용하면 보고서 작성, 회의 내용 요약 등 문서 작업도 아주 쉽고 빠르게 해결할 수 있습니다. 챗GPT를 활용해서 분량에 차이를 두어 한 장짜리 보고서와 긴 보고서를 작성해보겠습니다.

쉬운 활용 30 한 장짜리 보고서 작성하기

직장 생활을 하다 보면 주요 내용을 한눈에 파악할 수 있는 한 장짜리 보고서를 작성할 일이 많습니다. 하지만 많은 양의 정보를 축약해서 한 장으로 작성하는 건 간단한 일이 아닙니다. 보고서 원문 내용 파악부터 핵심 내용만 정리해서 한 장짜리 보고서로 다시 작성하기까지 시간도 걸립니다. 데이터를 분석해서 짧은 텍스트로 빠르게 생성하는 능력을 가진 챗GPT

에게 보고서 작성은 간단한 작업에 속합니다. 챗GPT에게 필요한 내용만 간략하게 요약해서 한 장으로 작성해달라고 요청해보세요.

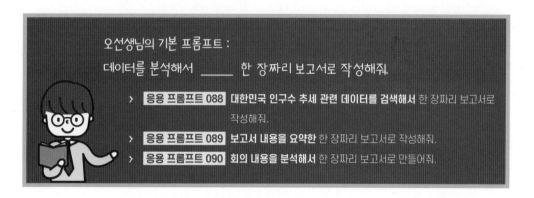

오선생님의 기본 프롬프트 :
데이터를 분석해서 _____ 한 장짜리 보고서로 작성해줘.

> **응용 프롬프트 088** 대한민국 인구수 추세 관련 데이터를 검색해서 한 장짜리 보고서로 작성해줘.
> **응용 프롬프트 089** 보고서 내용을 요약한 한 장짜리 보고서로 작성해줘.
> **응용 프롬프트 090** 회의 내용을 분석해서 한 장짜리 보고서로 만들어줘.

챗GPT에게 자료를 파일로 주고 분석과 보고서 작성을 요청해도 되지만, 작성하고자 하는 주제를 검색하고 분석한 다음 보고서 작성을 요청해도 손쉽게 해내는 것을 확인할 수 있습니다. 이번에는 챗GPT에게 기상청 기상자료개방포털의 우리나라 1991~2020 기후평년 값 데이터 파일셋을 주고 한 장짜리 보고서를 작성하도록 요청겠습니다.

01 우선 다음 링크를 통해 기상청 기상자료개방포털에 접속합니다.

- 기상청 기상자료개방포털 우리나라 기후평년값 :
vo.la/FbYpZg

1991~2020 평년값의 일별 파일셋을 [다운로드]를 클릭하여 내려받습니다. 이 데이터는 우리나라 1991~2020 기후평년값을 지역별로 수집한 데이터입니다.

02 내려받은 파일을 챗GPT가 잘 인식하도록 파일명을 알파벳 또는 숫자로 변경합니다. 여기서는 파일명을 'a'로 변경해줍니다. 그런 다음 챗GPT에 첨부 파일로 a를 추가하고 파일 분석을 바탕으로 한 장짜리 보고서 작성을 요청합니다.

우리나라기후평년(일별)_1991.xlsx	- - - →	a.xlsx

파일의 데이터를 분석해서 A4 한 장짜리 보고서를 작성해줘.

1. 1991~2020 동안 가장 기온이 높았던 날짜와 지역과 가장 기온이 낮았던 날짜와 지역을 비교 후 가장 높았던 이유와 가장 낮았던 이유를 해당 시점의 기상 데이터를 검색해서 추가해줘.

2. 상대습도, 평균풍속, 강수량, 일조시간이 기온에 미친 영향과 상관 관계를 설명해줘.

보고서: 1991~2020 동안의 최고 및 최저 기온 분석

1. 최고 기온 및 최저 기온 비교

최고 기온:

- 날짜: 8월 6일
- 지역: 풍암
- 기온: 34.1℃

··· 생략 ···

이 보고서를 통해 기온 변화와 기상 요소 간의 관계를 이해할 수 있으며, 이는 기후 변화 대응 및 기상 예측에 중요한 자료가 될 것입니다.

다운로드 받은 데이터를 열어봤다면 그 양이 엄청나다는 것을 알겁니다. 챗GPT는 방대한 양의 데이터를 분석하여 필요한 내용만 찾아서 한 장짜리 보고서를 작성을 실행해주었습니다. 응답 내용이 실제로 A4 용지 한 장에 들어가는지 확인해봐야겠죠? 다음 이미지를 보면 보고서 서식 스타일까지 반영해도 내용이 한 장에 모두 들어가는 것을 확인할 수 있습니다.

보고서: 1991~2020 동안의 최고 및 최저 기온 분석

1. 최고 기온 및 최저 기온 비교

최고 기온:
- 날짜: 8월 6일
- 지역: 풍암
- 기온: 34.1°C
- 추가 기상 데이터:
    o 평균 기온: 28.4°C
    o 평균 풍속: 1.2 m/s
    o 강수량: 12 mm

최저 기온:
- 날짜: 1월 25일
- 지역: 대관령
- 기온: -12.8°C
- 추가 기상 데이터:
    o 평균 기온: -7.6°C
    o 평균 풍속: 5.2 m/s
    o 상대 습도: 65.6%
    o 증기압: 2.7 hPa
    o 일조 시간: 6.9 hr

2. 기온에 영향을 미치는 요소 분석

- 상대습도: 기온이 높을 때 상대습도는 대개 낮고, 기온이 낮을 때는 상대습도가 높을 수 있습니다. 상대습도가 낮으면 더운 날씨가 더욱 덥게 느껴지며, 높은 상대습도는 더위를 덜하게 느끼도록 합니다.
- 평균풍속: 풍속이 높을수록 기온에 대한 체감 온도가 변합니다. 풍속이 높으면 더운 날씨에는 시원함을 느끼게 하고, 추운 날씨에는 더 춥게 느끼게 합니다.
- 강수량: 강수량은 기온과 반비례 관계를 보이는 경우가 많습니다. 비가 내리는 날에는 기온이 낮아지는 경향이 있습니다.
- 일조시간: 일조시간이 길수록 기온이 상승합니다. 햇빛이 많이 비치는 날에는 기온이 더 높아질 가능성이 큽니다.

결론
최고 기온이 기록된 8월 6일 풍암 지역은 일조시간이 길고, 낮은 풍속 및 높은 강수량이 기온 상승에 기여했을 가능성이 큽니다. 반면, 최저 기온이 기록된 1월 25일 대관령 지역은 높은 풍속과 낮은 증기압이 기온 하강에 큰 영향을 미친 것으로 보입니다.

챗GPT에게 보고서 작성을 요청했을 때 과연 얼마나 걸렸을까요? 10분도 안 걸렸을 겁니다. 물론 챗GPT에게 받은 내용은 검토 작업이 필요합니다. 이처럼 한 장짜리 보고서를 빠르게 작성해야 할 때는 적극적으로 챗GPT를 활용하길 추천합니다. 효율적인 일 처리가 가능함과 동시에 남은 시간에 다른 작업을 더 할 수 있겠죠? 또한, 유료 버전을 사용하면 워드 파일로 바로 내려받을 수도 있으므로 문서 작업량이 많다면 유료 사용도 고려해보기 바랍니다.

쉬운 활용 31 상세한 보고서 작성하기

데이터를 분석하여 보고서를 만드는 일은 업무에서 중요합니다. 보고서가 있어야 전략 수립, 목표 설정, 평가 등 중요한 의사 결정을 할 수 있기 때문입니다. 보고서 작성에는 보통 데이터

찾기, 분석하기, 보고서 만들기까지 적어도 3단계, 며칠이라는 시간이 걸리는 일입니다. 앞서 챗GPT에게 방대한 양의 데이터를 주고 순식간에 한 장짜리 보고서로 생성하여 주는 것을 확인했습니다. 그럼 이번에는 챗GPT를 활용하여 상세한 보고서 작성도 잘 해주는지 확인해보겠습니다.

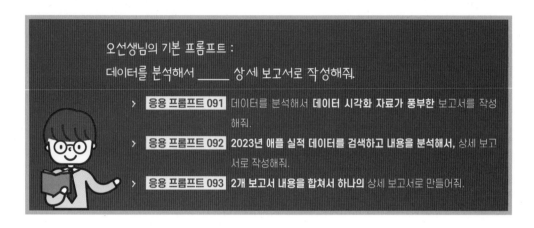

데이터를 분석해서 핵심 내용만 요약하는 것은 그만큼 데이터를 주거나, 검색을 통해 필요한 내용만 수집해서 제공하기 때문에 챗GPT를 활용했을 때 한 장짜리 보고서를 작성하는 것보다 긴 보고서를 작성하는 것이 비교적 더 어려울 수 있습니다. 긴 보고서 작성은 더 많은 정보와 상세한 구조를 가지게 되며, 그만큼 설명할 프롬프트도 길고 구체적으로 작성되어야 합니다. 이에 따라 작성 과정이 더 복잡하고 생성할 응답 양에 따라 시간이 많이 걸립니다. 또한, 무료 버전일 경우 사용량 제한에 걸릴 수 있으므로 문서에 따라서는 분할 작성을 해야 하는 번거로움도 생길 수 있습니다. 이점에 유의하면서 긴 보고서 작성하기를 진행하세요.

챗GPT에게 2013~2021 기간의 대한민국 성인 종이책과 전자책 독서량 데이터를 주고 성별, 연령, 학력에 따른 독서량을 분석을 요청합니다. 그런 다음 기간 내 종이책과 전자책의 독서량 변화와 성별, 연령, 학력별 종이책, 전자책의 독서량 변화를 분석한 상세 보고서 작성을 요청하겠습니다.

01 먼저 보고서에 넣을 내용을 데이터에서 추출하고, 그래프로 만들겠습니다. 다음 링크에서 2013~2021년 대한민국 성인 종이책+전자책 독서량 데이터를 내려받아야 합니다.

• 국가통계포털 「국민독서실태조사」 : bit.ly/3SCCY3i

02 ❶ [시점] 버튼을 클릭한 후 ❷ 수록 기간을 모두 체크하고, ❸ [적용]을 클릭합니다.

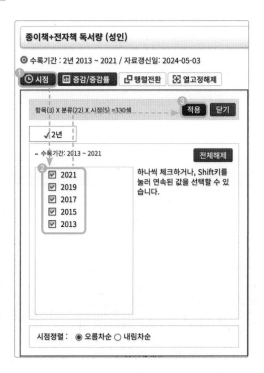

03 ❶ [다운로드] 버튼을 클릭하면 다운로드 창이 뜹니다. 파일 형태에서 ❷ CSV를 체크하고 아래 ❸ [다운로드] 버튼을 눌러서 데이터를 내려받습니다. 내려받은 데이터의 ❹ 파일명은 'a'로 변경합니다.

 우리나라기후평년(일별)_1991.xlsx

a.xlsx

TIP 이전 파일명을 모두 'a'로 교체하여 중복된 파일명이 될 수 있으니, 적절한 파일명으로 바꾸어 실습을 진행하면 됩니다.

04 챗GPT에 데이터 파일을 첨부한 후 다음과 같이 요청합니다.

2013~2021년 대한민국 성인 종이책+전자책 독서량 데이터야. 아래 내용으로 분석해줘.

1. 성별에 따른 평균 독서량을 분석한 내용을 요약하고, 막대 그래프로 시각화해줘.

2. 연령에 따른 평균 독서량을 분석한 내용을 요약하고, 막대 그래프로 시각화해줘.

3. 학벌에 따른 평균 독서량을 분석한 내용을 요약하고, 막대 그래프로 시각화해줘.

4. 성별에 따른 종이책, 전자책의 독서량 변화를 상세하게 분석해줘.

5. 연령에 따른 종이책, 전자책의 독서량 변화를 상세하게 분석해줘.

6. 학벌에 따른 종이책, 전자책의 독서량 변화를 상세하게 분석해줘.

데이터를 더 잘 분석하기 위해, 주어진 파일의 구조를 확인한 결과 데이터가 여러 해 동안의 독서량을 포함하고 있습니다. 분석을 수행하기 위해 필요한 주요 단계는 데이터를 전처리하고, 각 질문에 대한 분석을 수행하는 것입니다.

이제 각 질문에 대한 분석을 차례로 수행하겠습니다.

1. 성별에 따른 평균 독서량 분석 및 시각화

먼저, 성별에 따른 평균 독서량을 분석하고 막대 그래프로 시각화하겠습니다.

⋯ 생략 ⋯

각 단계의 분석 및 시각화를 수행하면서 요약 내용을 제공하겠습니다. 먼저 성별에 따른 평균 독서량을 분석하겠습니다.

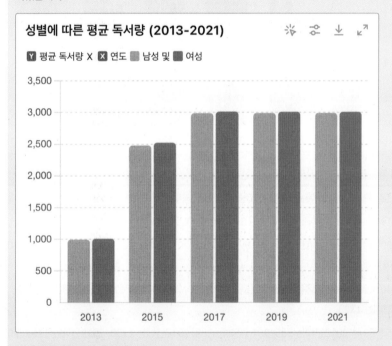

1. 성별에 따른 평균 독서량 요약

- 남성의 평균 독서량: 2013년에는 993, 2015년에는 2478, 2017년에는 2988, 2019년에는 2990, 2021년에는 2991.
- 여성의 평균 독서량: 2013년에는 1007, 2015년에는 2522, 2017년에는 3012, 2019년에는 3010, 2021년에는 3009.

2. 연령에 따른 평균 독서량 분석 및 시각화

연령에 따른 평균 독서량을 분석하고 막대 그래프로 시각화하겠습니다.

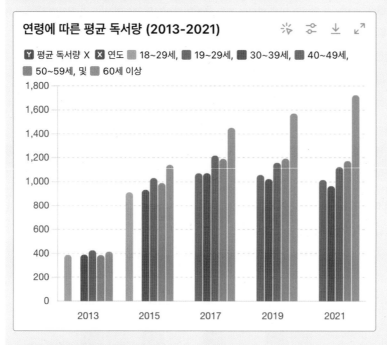

연령에 따른 평균 독서량 요약

- 18~29세: 2013년에는 387, 2015년에는 911, 이후 데이터는 누락됨.

- 19~29세: 2017년에는 1070, 2019년에는 1057, 2021년에는 1016.

- 30~39세: 2013년에는 389, 2015년에는 932, 2017년에는 1071, 2019년에는 1022, 2021년에는 964.

- 40~49세: 2013년에는 425, 2015년에는 1030, 2017년에는 1218, 2019년에는 1158, 2021년에는 1123.

- 50~59세: 2013년에는 385, 2015년에는 988, 2017년에는 1190, 2019년에는 1192, 2021년에는 1173.

  ··· 생략 ···

7. 학벌에 따른 종이책, 전자책의 독서량 변화 상세 분석

이제 학벌에 따른 종이책과 전자책의 독서량 변화를 상세하게 분석하겠습니다.

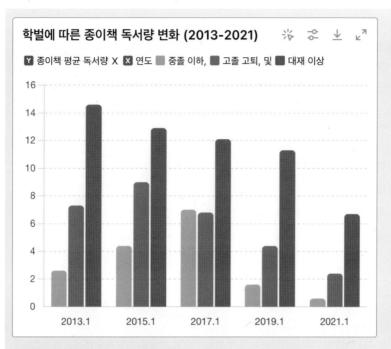

8. 학벌에 따른 종이책 독서량 변화 요약

중졸 이하:

- 2013년에는 2.6, 2015년에는 4.4, 2017년에는 7.0, 2019년에는 1.6, 2021년에는 0.6

고졸 고퇴:

- 2013년에는 7.3, 2015년에는 9.0, 2017년에는 6.8, 2019년에는 4.4, 2021년에는 2.4

대재 이상:

- 2013년에는 14.6, 2015년에는 12.9, 2017년에는 12.1, 2019년에는 11.3, 2021년에는 6.7

학벌이 높을수록 종이책 독서량이 많았으며, 모든 학력 수준에서 시간이 지남에 따라 종이책 독서량이 감소하는 경향을 보였습니다.

다음으로 다른 분석이 필요하면 말씀해 주세요.

05 챗GPT가 데이터를 바탕으로 보고서에 필요한 내용을 분석했습니다. 이제 분석한 내용으로 보고서 작성을 요청하겠습니다.

성별, 연령별, 학벌에 따른 종이책과 전자책의 독서량 변화에 관한 보고서를 아래 목차로 작성해줘.

- 시각화 자료를 표시해줘.
- 그래프를 삽입할 위치를 표시해줘.
- %를 수치를 포함해줘.

1. 개요

2. 성별에 따른 종이책과 전자책의 독서량 변화 분석

3. 연령에 따른 종이책과 전자책의 독서량 변화 분석

4. 학벌에 따른 종이책과 전자책의 독서량 변화 분석

5. 향후 10년 간 변화 예측

6. 결론

1. 개요

본 보고서는 2013년부터 2021년까지 대한민국 성인의 성별, 연령별, 학벌에 따른 종이책과 전자책 독서량의 변화를 분석한 결과를 제시합니다. 데이터는 각 항목별로 시각화되어 있으며, 이를 통해 독서 습관의 변화 추세를 파악하고 향후 10년 간의 변화를 예측합니다.

2. 성별에 따른 종이책과 전자책의 독서량 변화 분석

종이책 독서량 변화

2013년부터 2021년까지 남성과 여성의 종이책 독서량은 전반적으로 감소하는 추세를 보였습니다. 남성의 종이책 독서량은 2013년 10.7권에서 2021년 4.3권으로 약 59.8% 감소하였고, 여성의 종이책 독서량은 2013년 9.6권에서 2021년 4.2권으로 약 56.3% 감소했습니다.

… 생략 …

6. 결론

본 보고서를 통해 대한민국 성인의 성별, 연령별, 학벌에 따른 종이책과 전자책 독서량의 변화를 분석한 결과, 모든 집단에서 독서량이 감소하고 있음을 확인할 수 있었습니다. 특히 디지털 매체의 확산이 전자책 독서량 감소에 영향을 미친 것으로 보이며, 이는 향후 10년간 지속될 가능성이 높습니다. 이러한 변화에 대응하기 위해 독서 장려 정책과 프로그램의 강화가 필요할 것입니다.

보고서를 작성했습니다. 유료 버전 사용자라면 챗GPT가 만든 보고서를 워드 파일로 바로 내려받을 수 있습니다. 무료 버전 사용자라면 내용을 복사하여 직접 문서에 삽입해야 합니다. 직접 삽입 후 그래프 이미지도 추가하겠습니다.

대한민국 성인 독서량 변화 분석 및 향후 예측

1. 개요

본 보고서는 2013년부터 2021년까지 대한민국 성인의 성별, 연령별, 학벌에 따른 종이책과 전자책 독서량의 변화를 분석한 결과를 제시합니다. 데이터는 각 항목별로 시각화되어 있으며, 이를 통해 독서 습관의 변화 추세를 파악하고 향후 10년 간의 변화를 예측합니다.

2. 성별에 따른 종이책과 전자책의 독서량 변화 분석

종이책 독서량 변화

2013년부터 2021년까지 남성과 여성의 종이책 독서량은 전반적으로 감소하는 추세를 보였습니다. 남성의 종이책 독서량은 2013년 10.7권에서 2021년 4.3권으로 약 59.8% 감소하였고, 여성의 종이책 독서량은 2013년 9.6권에서 2021년 4.2권으로 약 56.3% 감소했습니다.

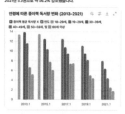

전자책 독서량 변화

전자책 독서량 역시 감소하는 경향을 보였습니다. 남성의 전자책 독서량은 2013년 21.3권에서 2021년 9권으로 약 57.7% 감소하였고, 여성의 전자책 독서량은 2013년 18.3권에서 2021년 9권으로 약 50.8% 감소했습니다.

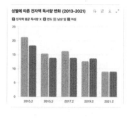

3. 연령에 따른 종이책과 전자책의 독서량 변화 분석

종이책 독서량 변화

연령별 종이책 독서량은 모든 연령대에서 감소하는 추세를 보였습니다. 특히 18~29세 연령대에서는 2013년 13.4권에서 2021년 데이터가 누락되었으나, 전반적으로 감소 경향을 보였습니다. 30~39세 연령대는 2013년 12.1권에서 2021년 5.3권으로 약 56.2% 감소했습니다.

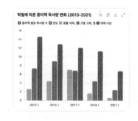

전자책 독서량 변화

연령별 전자책 독서량 역시 감소하는 경향을 보였습니다. 18~29세 연령대의 전자책 독서량은 2013년 18.8권에서 2021년 데이터가 누락되었으나, 다른 연령대와 비슷하게 감소 추세를 보였습니다. 30~39세 연령대는 2013년 21.1권에서 2021년 9.4권으로 약 55.5% 감소했습니다.

4. 학벌에 따른 종이책과 전자책의 독서량 변화 분석

종이책 독서량 변화

학벌별 종이책 독서량은 중졸 이하, 고졸, 대재 이상 모두에서 감소하는 경향을 보였습니다. 중졸 이하는 2013년 2.6권에서 2021년 0.6권으로 약 76.9% 감소하였고, 대재 이상은 2013년 14.6권에서 2021년 6.7권으로 약 54.1% 감소했습니다.

전자책 독서량 변화

학벌별 전자책 독서량도 감소하는 추세를 보였습니다. 중졸 이하의 전자책 독서량은 2013년 데이터가 누락되었으나, 고졸, 대재 이상의 전자책 독서량은 각각 2013년 21.1권, 25.6권에서 2021년 9.4권, 9.0권으로 감소했습니다.

5. 향후 10년 간 변화 예측

성별, 연령별, 학벌별로 종이책과 전자책의 독서량이 감소하고 있는 추세를 고려할 때, 향후 10년간 이러한 감소 추세는 지속될 것으로 예상됩니다. 특히 디지털 매체의 확산과 스마트폰 및 태블릿의 보급으로 인해 전자책 독서량의 감소세는 다소 둔화될 가능성이 있지만, 전반적인 독서량 감소는 계속될 것으로 보입니다.

6. 결론

본 보고서를 통해 대한민국 성인의 성별, 연령별, 학벌에 따른 종이책과 전자책 독서량의 변화를 분석한 결과, 모든 집단에서 독서량이 감소하고 있음을 확인할 수 있었습니다. 특히 디지털 매체의 확산이 전자책 독서량 감소에 영향을 미친 것으로 보이며, 이는 향후 10년간 지속될 가능성이 높습니다. 이러한 변화에 대응하기 위해 독서 장려 정책과 프로그램의 강화가 필요할 것입니다.

보고서 형식으로 A4에 정리하니 4장짜리 보고서가 완성되었습니다. 만약 챗GPT가 생성해 준 답변에 필요한 데이터나 그래프가 없는 경우에는 추가 요청하여 자료를 받으면 됩니다.

챗GPT에 첨부한 파일은 입력한 시점부터 1시간만 유효하므로 되도록 1시간 안에 작업을 완료하는 것이 좋습니다. 만약 추가적인 자료를 요청하는 과정에서 파일을 첨부한 시간이 1시간을 넘었을 경우 다시 파일을 업로드해야 합니다. 파일을 재업로드해서 진행하면 처음 단계부터 반복할 수 있는 점을 참고하세요.

📋 마무리 요약

- ☑ 챗GPT는 데이터 분석, 요약, 검색뿐만 아니라 시각화도 할 수 있기 때문에 보고서, 회의 내용 정리 등 문서 작업에 활용할 수 있습니다.
- ☑ 챗GPT에게 데이터를 주고 핵심 내용만 정리해서 한눈에 파악할 수 있는 한 장짜리 보고서를 만들 수 있습니다.
- ☑ 긴 보고서는 더 많은 정보와 상세한 구조를 가지기 때문에 그만큼 설명할 프롬프트도 길고 구체적으로 작성되어야 합니다. 챗GPT를 활용해서 긴 보고서 작성도 가능하지만 작성 과정이 더 복잡하고 생성할 응답 양에 따라 시간이 많이 걸릴 수 있습니다.

Part
06

챗GPT
수익화하기

챗GPT에
아이디어를 더하니
수익화가 쉬워졌어요

여기서 공부할 내용

챗GPT를 활용하려는 주요 목적 중 하나는 수익화일 겁니다. 조금 실망할 수도 있겠지만 챗GPT는 오픈AI에서 제공하는 서비스이므로 이 서비스를 이용하여 수익화하기는 어렵습니다. 다만 챗GPT를 활용하는 방식과 아이디어를 더함에 따라 수익화의 가능성이 결정될 수는 있습니다. 예를 들어 콘텐츠 제작, 글쓰기, 번역 등과 같은 작업에 챗GPT를 활용하면 생산성이 올라가므로 결과적으로는 수익을 창출할 수 있을 것입니다. **Part 06** 챗GPT로 수익화하기에서는 기존 수익화 모델인 블로그와 유튜브에 챗GPT를 적용하는 방법을 배우겠습니다.

💬 이 그림은 '사람과 ai가 하이파이브를 하고 행복한 표정을 지으면서 뒷배경엔 돈, 화폐의 모양이 깔려 있으면 좋겠어.'라고 프롬프트를 입력하여 생성한 이미지입니다.

(Chapter 17)

챗GPT로 상위 노출 블로그 만들기

저도 블로그를 운영하고 있는데 검색하면 잘 안나와요. 방문자도 많지 않고 인기가 없거든요. 챗GPT를 이용해서 인기 있는 블로그로 만들 수 있나요?

학생

오선생님

블로그를 운영 중이군요! 인기 있는 블로그를 만들기 위해서 꾸준히 콘텐츠를 올리는 것도 중요하지만, 블로그 운영에서 가장 중요한 건 검색 상위 노출입니다. 블로그 유입을 늘리는 가장 확실한 방법이기 때문이죠. 상위 노출을 위해서는 검색 엔진 최적화, 상세 정보 최적화, 가독성 최적화 등 다양한 방법이 동원됩니다. 챗GPT를 활용해서 검색 상위 노출을 위한 방법들을 쉽게 적용해보겠습니다.

쉬운 활용 32 **콘텐츠 제목 최적화하기**

이목을 끄는 제목, 주요 키워드 등 제목을 정할 때 고려할 것이 많죠? 글이나 영상 등 콘텐츠를 만들고 나서 어울리는 제목을 뽑아야 합니다. 콘텐츠의 제목은 독자와의 첫 소통 창구죠. 그래서 제목으로 콘텐츠가 대략 어떤 내용인지 효과적으로 드러내면 클릭을 이끌 수 있습니다.

여기서는 챗GPT에게 내가 원하는 방향에 맞으면서도 검색 엔진에 더 잘 노출할 수 있는 콘텐츠의 제목을 뽑아달라고 요청해봅시다.

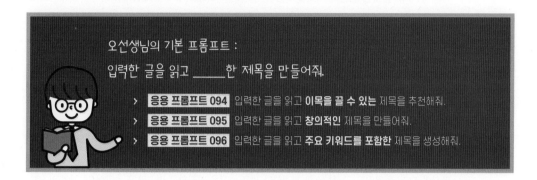

오선생님의 기본 프롬프트 :
입력한 글을 읽고 _____한 제목을 만들어줘.

> **응용 프롬프트 094** 입력한 글을 읽고 **이목을 끌 수 있는** 제목을 추천해줘.
> **응용 프롬프트 095** 입력한 글을 읽고 **창의적인** 제목을 만들어줘.
> **응용 프롬프트 096** 입력한 글을 읽고 **주요 키워드를 포함한** 제목을 생성해줘.

콘텐츠 주제에 따라 또는 콘텐츠에서 강조가 되었으면 하는 부분을 프롬프트에 넣어 챗GPT에게 제목 생성을 요청하면 그에 맞게 답변하는 것을 확인할 수 있습니다. 상위 노출에 유리한 제목을 만들겠습니다. 주요 키워드를 포함한 제목은 콘텐츠가 검색 결과에서 더 잘 노출되도록 하며 적합한 길이는 60~90자 사이가 이상적입니다.

01 챗GPT에게는 따로 글 예시를 제시하지 않고, 타우린 효능을 주제로 한 블로그 글 중에서 현재 상위 콘텐츠를 분석해서 제목을 만들어 달라고만 요청하겠습니다. 그래야 챗GPT가 본문에 의존하지 않고, 주제에 최적화한 제목을 생성할 수 있습니다.

타우린의 효능이 주제인 블로그 글 제목을 만들어줘.

1. 타우린 효능으로 검색했을 때 상위에 콘텐츠를 분석해.

2. 글에 알맞은 제목을 60~90자 사이 길이로 만들어.

3. 주요 키워드는 60자 내 포함되어야 해.

4. 검색 엔진 최적화에 유리한 제목을 연구해줘.

타우린의 효능을 주제로 한 블로그 글 제목을 생성하기 위해, 다음과 같은 제목을 추천드립니다:

"타우린 효능 총정리: 피로 회복, 심장 건강, 항산화 효과부터 노화 방지까지!"

이 제목은 타우린의 주요 효능을 모두 포함하며, 검색 엔진 최적화에 유리하도록 설계되었습니다. 주요 키워드를 포함하면서도, 독자에게 타우린의 다양한 이점을 한눈에 알 수 있도록 만들어졌습니다.

타우린의 효능에 대해 조사한 결과, 주요 내용은 다음과 같습니다:

- **피로 회복**: 타우린은 피로 회복에 도움을 주며, 에너지 수준을 높이는 데 효과적입니다 (그라디움) (추천 : 네이버 블로그).
- **심장 건강**: 타우린은 심장 근육의 기능을 개선하고, 혈압을 조절하여 심혈관 건강을 지켜줍니다 (그라디움) (추천 : 네이버 블로그).
- **항산화 효과**: 타우린은 활성산소를 제거하여 세포 손상을 방지하고 면역력을 높이는 데 기여합니다 (추천 : 네이버 블로그) (vitalog).
- **뇌 건강**: 타우린은 뇌 기능을 향상시키고, 신경 퇴행성 질환을 예방하는 데 도움이 됩니다 (Health Research Life) (vitalog).
- **노화 방지**: 타우린은 세포 노화를 지연시키고, DNA 손상을 줄이며, 미토콘드리아 기능을 개선합니다 (vitalog).

이 제목은 독자들에게 타우린의 다양한 효능을 강조하며, 검색 엔진에서 타우린 관련 정보를 찾는 사람들에게 유용한 정보를 제공할 수 있을 것입니다.

챗GPT가 타우린 효능이라고 검색한 다음 직접 상위 콘텐츠를 분석해서 주제와 검색 엔진에 최적화한 제목을 생성한 것을 확인할 수 있습니다.

02 그렇다면 제목을 생성하고자 하는 콘텐츠의 본문을 챗GPT에 주고 나서 제목을 생성하게 하면 어떨까요? 다음은 타우린의 효능이 주제인 블로그 글의 예시입니다. 전체 내용은 다음 링크에서 받을 수 있습니다.

- 타우린의 효능 블로그 글 예시 : m.site.naver.com/1snHN

03 타우린의 효능 블로그 글 예시를 챗GPT에게 주고 동일하게 '타우린의 효능이 주제인 블로그 글 제목을 만들어줘.'라고 요청합니다. 그리고 본문 데이터를 주었을 때와 주지 않았을 때의 제목 결과를 비교해보겠습니다.

챗GPT가 생성한 제목	
본문을 입력하지 않았을 때	타우린 효능 총정리: 피로 회복, 심장 건강, 항산화 효과부터 노화 방지까지!
본문을 입력했을 때	타우린 효능 7가지: 심장 건강, 운동 성능, 혈당 조절 등 타우린의 모든 것

표의 제목을 살펴보면 앞서 설명한 것처럼 챗GPT에게 본문을 입력하면 본문 내용에 의존한 제목을 생성하는 걸 확인할 수 있습니다. 하지만 블로그 상위 노출을 노린다면 검색 상위에 노출될 수 있는 영향력 있는 키워드를 사용하는 것이 좋습니다. 그러므로 내용보다는 검색 상위 콘텐츠를 참조한 제목을 생성하도록 유도하기 바랍니다.

챗GPT는 데이터를 분석할 수 있지만, 수집할 수는 없기 때문에 만약 사람들이 많이 검색하는 연관 키워드를 알고 있다면 해당 키워드를 꼭 삽입하도록 프롬프트에 입력하여 제목을 작성하도록 유도하는 것도 좋은 방법입니다.

쉬운 활용 33 HTML로 콘텐츠 검색 엔진 최적화하기

당신의 블로그는 파워 블로그처럼 활동력과 인기가 있는 블로그인가요? 블로그를 운영하는 사람이라면 누구나 인기 있는 블로그를 만들어 운영하는 것을 바랄 겁니다. 인기 블로그가 되려면 무엇을 해야 할까요? 바로 콘텐츠 검색 엔진 최적화[SEO]를 해야 합니다. 검색 엔진 최적화란 검색 엔진이 내 글을 더 잘 찾아 노출시키도록 만드는 방법입니다. 이때 검색 엔진은 글을 HTML이라는 문법으로 이해하는데요. 그렇기 때문에 검색 엔진 최적화는 HTML을 어느 정도 이해하고 있어야 합니다. 하지만 우리에겐 챗GPT라는 무기가 있으므로 HTML을 이해하지 못해도 괜찮습니다. 지금부터 챗GPT로 검색 엔진 최적화를 진행해보겠습니다.

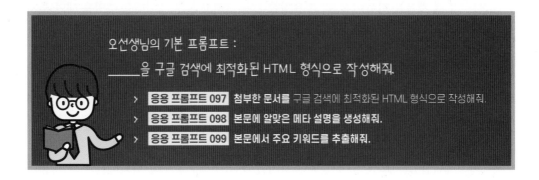

프롬프트에 블로그 글 데이터를 주어 HTML 형식으로 작성을 요청하거나 또는 콘텐츠 검색 엔진 최적화를 위해 주요 키워드, 메타 설명 추출을 챗GPT에게 요청하고 있습니다. 우리보다 HTML을 잘 아는 챗GPT에게 HTML 형식으로 글을 변환하고, 검색 엔진 최적화에 필요한 데이터를 만들거나 얻는 것이죠. 여기서는 이 방법을 활용하는 것이 열쇠입니다.

01 챗GPT에게 쉬운 활용 32 **콘텐츠 제목 최적화하기**에서 생성한 제목과 블로그 글 예시를 주고 HTML로 검색 엔진 최적화를 해보겠습니다.

아래는 블로그에 게재할 글이야. 전체 내용을 구글 검색에 최척화된 구조의 html로 만들어줘.

1. 본문에 알맞은 메타 설명을 생성해서 추가해줘.

2. 본문에 알맞은 키워드를 생성해서 추가해줘.

제목: 타우린 효능 총정리: 피로 회복, 심장 건강, 항산화 효과부터 노화 방지까지!

[블로그 글 예시]

쉬운 활용 32 의 블로그 글을 활용하세요!

` ` `html

<!DOCTYPE html>

```
<html lang="ko">

<head>

  <meta charset="UTF-8">

  <meta name="viewport" content="width=device-width, initial-scale=1.0">

 <meta name="description" content="타우린의 효능에 대해 알아보세요. 피로 회복, 심장 건강, 항
산화 효과부터 노화 방지까지 다양한 타우린의 효과를 확인해 보세요.">

  <meta name="keywords" content="타우린, 타우린 효능, 피로 회복, 심장 건강, 항산화, 노화 방지,
운동 성능, 신경 보호, 혈당 조절, 면역력 강화, 시력 보호, 간 기능 개선">

  <title>타우린 효능 총정리: 피로 회복, 심장 건강, 항산화 효과부터 노화 방지까
지!</title>

</head>


<body>

  <header>
...생략...
    <h2>결론</h2>

    <p>타우린은 우리의 건강과 웰빙에 다방면으로 기여하는 중요한 아미노산입니다.
타우린의 다양한 효능과 연구 결과를 통해 우리는 ...생략... 잊지 말아야 합니다.
타우린의 효능을 충분히 활용하여 건강하고 행복한 삶을 누리시기 바랍니다.</p>

    </article>

    </main>

</body>

</html>

```
```

챗GPT가 블로그 글 예시를 HTML 코드로 바꿔서 작성해주었습니다. 우리는 이
HTML 코드를 이해하지 못해도 됩니다. 우리가 할 일은 [코드 복사]를 클릭하여 전체
복사를 한 다음 HTML를 지원하는 블로그 사이트에 이 글을 붙여넣는 것입니다. 그렇
```

게만 하면 구글 검색에 최적화한 블로그 글을 발행할 수 있습니다. 그렇다면 HTML 코드를 지원하는 블로그 서비스는 무엇일까요? 다양한 블로그 플랫폼이 있지만 여기서는 티스토리라는 사이트를 통해 블로그 글을 올리겠습니다.

> **TIP** 혹시 네이버 블로그를 생각하고 있었나요? 네이버 블로그는 HTML 쓰기를 지원하지 않으므로 여기서 안내하는 방법으로는 검색 엔진 최적화를 해볼 수 없습니다.

02 먼저 다음 링크를 통해 티스토리에 접속합니다. 회원가입이 되어 있지 않다면 회원가입을 하고, 이미 계정이 있다면 로그인합니다. 티스토리에서 오른쪽 위에 [T] 모양 버튼을 누르면 운영 중인 블로그가 나오며, 그 옆에 글쓰기 버튼을 클릭합니다.

- 티스토리 : www.tistory.com

03 [기본모드]를 클릭하여 메뉴를 열고 [HTML]을 클릭하면 HTML 쓰기로 변경됩니다. 변경된 글쓰기에 앞서 생성한 HTML 코드를 붙여넣으세요. 그런 다음 다시 [기본모드]를 선택하면 작성된 콘텐츠를 확인할 수 있습니다.

04 이제 위에서 챗GPT를 통해 받은 HTML 코드를 이용하여 글을 작성해보겠습니다. [HTML]을 클릭하면 다음과 같이 검은 화면이 됩니다. '제목을 입력하세요' 아래에 보면 1이라고 표시된 부분이 보일 겁니다. 챗GPT를 통해 생성한 HTML 코드를 복사해서 1 옆에 붙여넣습니다.

05 그러면 코드 왼쪽에 줄마다 숫자가 표시되면서 HTML 코드가 반영된 걸 확인할 수 있습니다. 다시 [기본모드]로 전환하겠습니다. '작성 모드를 변경하시겠습니까? 현재 서식이 유지되지 않을 수 있습니다.'라는 메시지가 나타나면 [확인]을 클릭하세요.

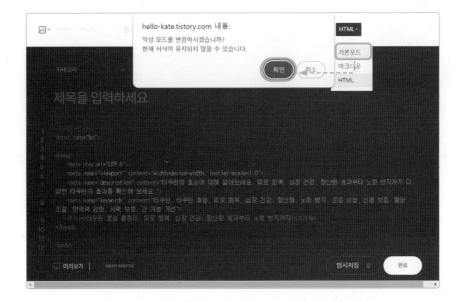

06 HTML 코드의 서식이 반영된 것을 확인할 수 있습니다. 제목과 필요한 이미지를 추가하고, 카테고리 설정 후 [완료]만 누르면 최적화된 블로그 글을 발행할 수 있습니다.

📋 **마무리 요약**

- ☑ 블로그 검색 상위 노출을 위한 검색 엔진 최적화, 상세 정보 최적화, 가독성 최적화 등의 방법이 있으며 챗GPT를 활용해서 이 방법들을 블로그에 적용할 수 있습니다.
- ☑ 블로그에 콘텐츠를 올리기 앞서 챗GPT를 통해 검색 엔진에서 더 잘 노출되고 독자의 관심을 끌 수 있도록 최적화한 콘텐츠의 제목을 뽑을 수 있습니다.
- ☑ HTML로 콘텐츠 검색 엔진 최적화를 한다면 검색 엔진은 이 HTML에 있는 제목이나 키워드, 메타 설명 등 데이터를 수집하여 검색 시 필요한 콘텐츠가 나타날 수 있도록 합니다.

Chapter 18

챗GPT로 유튜브 쇼츠 만들기

저는 요즘 SNS 쇼츠로 요즘 유행하는 챌린지를 자주 보고 있어요! 짧은 영상임에도 불구하고 재미도 있고 전달하고자 하는 핵심 메시지가 느껴지더라구요. 쇼츠를 만들고 싶은데 챗GPT의 도움을 받을 수 있나요?

학생

오선생님

요즘 SNS 쇼츠가 아주 유명하죠! 그중 유튜브 쇼츠Shorts는 간단한 제작 과정과 높은 노출 가능성 덕분에 작은 채널이나 신생 채널이 빠르게 성장하는 데 매우 유리한 도구입니다. 이 외에도, 브랜드 인지도를 높이고 시청자 참여를 유도하는 데 있어 효과적인 플랫폼이며 최근 각광받는 수익화 방법으로도 떠오르고 있습니다. 이러한 수익화를 위해서는 꾸준히 동영상 콘텐츠를 발행해야 합니다. 이번에는 챗GPT를 활용해서 유튜브에 발행할 수 있는 간단한 쇼츠를 만들어보겠습니다.

TIP 유튜브 쇼츠는 유튜브에서 제공하는 최대 길이 60초의 짧은 동영상을 공유하는 방식입니다. 쇼츠 동영상, 쇼츠 영상 모두 쇼츠를 의미하니 이 책에서는 쇼츠로 통일하여 표기하겠습니다.

쉬운 활용 34 주목받는 쇼츠 기획하기

영상을 만들어본 적 있나요? 주제 선정부터 기획, 영상 촬영, 편집과 영상 업로드라는 과정을 거쳐서 하나의 영상이 만들어집니다. 영상 제작을 해본 경험이 없다면 유튜브 쇼츠도 마찬가지로 만들어본 경험이 없을 가능성이 큽니다. 그렇다면 무엇을 어떻게 시작해야 할지 막막할텐데요. 챗GPT를 통해 요즘 주목받는 쇼츠를 만드는 절차부터 아이디어 생성과 실제 콘텐츠 제작 방법까지 물어보겠습니다.

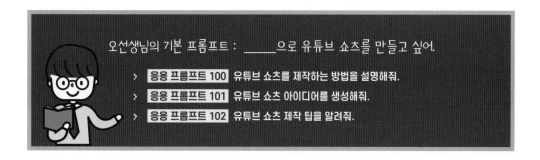

오선생님의 기본 프롬프트 : _____으로 유튜브 쇼츠를 만들고 싶어.

> **응용 프롬프트 100** 유튜브 쇼츠를 제작하는 방법을 설명해줘.
> **응용 프롬프트 101** 유튜브 쇼츠 아이디어를 생성해줘.
> **응용 프롬프트 102** 유튜브 쇼츠 제작 팁을 알려줘.

이번에는 챗GPT를 활용하여 상식 이미지를 AI 음성으로 알려주는 콘셉트로 가장 간단하게 만들 수 있는 '재미있는 상식 쇼츠'를 만들겠습니다.

01 쇼츠를 만들기 위해 구성 요소인 재미있는 상식이 몇 가지 필요합니다. 챗GPT로 쇼츠를 기획하고, 각 장면에 들어갈 내용을 생성해보겠습니다.

재미있는 상식을 보여주는 유튜브 쇼츠를 만들고 싶어.

유튜브 쇼츠를 통해 재미있는 상식을 공유하는 것은 훌륭한 아이디어입니다! 다음은 재미있는 상식을 주제로 한 유튜브 쇼츠 아이디어 몇 가지입니다:

1. 역사적 사실:

- 피라미드의 비밀: 고대 이집트 피라미드가 어떻게 건설되었는지.
- 중세 유럽의 기이한 법률: 중세 시대의 독특하고 재미있는 법률들.

2. 과학적 사실:

- 우주의 신비: 우주의 크기와 비교해볼 때 지구가 얼마나 작은지.
- 동물의 특이한 능력: 문어가 세 개의 심장을 가지고 있다는 사실.

...생략...

예시 대본

1. 피라미드의 비밀:

"여러분, 피라미드는 어떻게 건설된 것일까요? 고대 이집트인들은 돌을 운반하기 위해 특수한 경사로를 사용했다고 합니다. 또한, 피라미드 내부에는 숨겨진 방들이 많다고 알려져 있죠. 이러한 비밀들을 아직도 모두 풀지 못했다는 사실, 놀랍지 않나요?"

2. 문어의 심장:

"여러분, 문어는 몇 개의 심장을 가지고 있을까요? 문어는 무려 세 개의 심장을 가지고 있습니다! 두 개는 아가미로 혈액을 보내고, 하나는 나머지 몸으로 혈액을 보낸다고 합니다. 정말 신기하죠?"

이러한 아이디어와 팁을 활용하여 재미있는 상식 쇼츠 영상을 만들어 보세요!

02 챗GPT가 유튜브 쇼츠를 만들기 위한 재미있는 상식 관련하여 몇 가지 아이디어를 제시해줬습니다. 하지만 구체적인 내용을 다루고 있지 않기 때문에 제시한 아이디어를 그대로 쇼츠에 사용하기는 어렵습니다. 방금 한 질문과 똑같이 몇 번 더 챗GPT에게 상식을 물어보면 문어의 심장 개수처럼 매번 똑같은 내용만 알려주는 걸 알 수 있습니다. 이번에는 쇼츠에 사용할 수 있도록 특정 주제에 대해서 좀 더 구체적인 내용을 포함한 상식 4개를 요청하겠습니다.

음식의 기원에 대한 재미있는 상식 4개를 구체적으로 알려줘.

음식의 기원에 대한 재미있는 상식 4개를 소개합니다:

1. **케첩**: 케첩은 원래 중국에서 유래된 것입니다. 17세기 중국의 '게자프'(ke-tsiap)라는 생선 소스가 영국에 소개되었고, 이후 토마토를 주재료로 한 소스로 변형되어 오늘날의 케첩이 되었습니다.

2. **아이스크림 콘**: 아이스크림 콘은 1904년 미국 세인트루이스에서 열린 세계 박람회에서 처음 소개되었습니다. 한 아이스크림 판매자가 접시가 부족해 옆의 와플 판매자와 협력해 와플을 말아 아이스크림을 담아 팔면서 시작되었습니다.

3. **푸딩**: 푸딩은 중세 유럽에서 시작되었습니다. 원래는 고기와 지방을 섞어 만든 소시지 형태의 음식이었지만, 시간이 지나면서 달콤한 디저트로 발전했습니다. 오늘날 우리가 알고 있는 푸딩은 주로 19세기 영국에서 유래된 형태입니다.

4. **크림 소다**: 크림 소다는 19세기 미국에서 유래된 음료입니다. 1850년대 뉴욕의 한 약사가 소다수에 바닐라 시럽을 추가하면서 시작되었습니다. 크림이 실제로 들어가지 않았지만, 부드러운 맛 때문에 크림 소다라고 불리게 되었습니다.

이러한 음식들의 기원을 알고 나면, 더 맛있게 느껴질 수도 있겠죠!

챗GPT가 4가지 음식의 기원에 대한 정보를 알려줬습니다. 만약 내용이 마음에 들지 않는다면 '더 알려줘.'라고 다시 요청해보세요. 같은 주제로 더 많은 정보를 알려줄 것입니다.

쉬운 활용 35 **쇼츠 이미지 만들기**

앞서 간단하게 챗GPT에게 쇼츠 기획을 요청하며 아이디어를 얻었습니다. 이번에는 챗GPT의 이미지 생성 기능을 이용하여 원하는 스타일에 맞게 이미지 생성 요청을 하겠습니다.

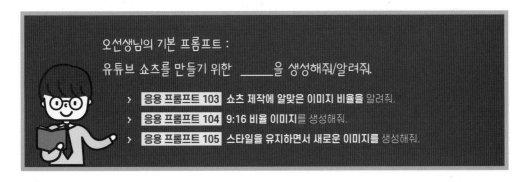

오선생님의 기본 프롬프트 :
유튜브 쇼츠를 만들기 위한 _____을 생성해줘/알려줘.

> **응용 프롬프트 103** 쇼츠 제작에 알맞은 이미지 비율을 알려줘.
> **응용 프롬프트 104** 9:16 비율 이미지를 생성해줘.
> **응용 프롬프트 105** 스타일을 유지하면서 새로운 이미지를 생성해줘.

챗GPT가 프롬프트에 입력한 요구 사항에 맞게 이미지를 생성하는 것을 확인할 수 있습니다. 위에서 얻은 4가지 음식의 기원이라는 아이디어를 가지고 챗GPT로 각 음식의 기원을 소개할 때 나타날 이미지를 생성하겠습니다. 각 음식의 기원에 대한 내용은 동영상에 삽입할 AI 음성 스크립트로 사용하겠습니다.

01 먼저 쇼츠에 사용할 이미지를 생성하겠습니다. **쉬운 활용 34** **주목받는 쇼츠 기획하기**에서 생성한 4가지 음식의 기원 정보 내용만으로 이미지를 생성하기는 어렵습니다. 생성할 이미지에 대한 내용이 명확하지 않고, 장면에 관한 설명이 아니므로 불필요한 텍스트와 같은 요소가 많이 포함될 가능성이 큽니다. 다음은 **쉬운 활용 34** **주목받는 쇼츠 기획하기**에서 챗GPT에게 받은 설명 중 케첩 내용만으로 이미지를 생성한 결과입니다.

케첩: 케첩은 원래 중국에서 유래된 것입니다. 17세기 중국의 '게자프'(ke-tsiap)라는 생선 소스가 영국에 소개되었고, 이후 토마토를 주재료로 한 소스로 변형되어 오늘날의 케첩이 되었습니다.

이미지가 잘 생성된 것 같지만, 자세히 보면 관련이 없는 그림도 있고 글씨가 잘못 나온 부분도 보입니다. 물론 이대로 사용해도 괜찮습니다. 하지만 이번에는 각 설명에 해당 음식이 잘 표현되도록 음식 이미지를 만들어보겠습니다.

02 먼저 케첩부터 만들겠습니다. 쇼츠는 세로로 시청하는 동영상이므로 생성하는 이미지도 세로 이미지여야 나중에 동영상으로 만들기 편합니다. 그러므로 세로 이미지를 생성할 수 있도록 프롬프트에 다음 내용을 추가하세요.

케첩을 실사 스타일 이미지로 아주 정교하게 수직 가로세로비로 그려줘.
- 수직 가로세로비
- 9:16 비율

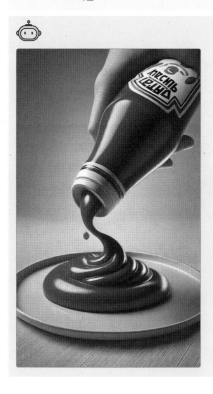

03 세로의 꽤 괜찮은 실사 스타일의 케첩 이미지가 생성되었습니다. 진행 중인 채팅에 이어서 아이스크림콘 생성을 요청합니다.

실사 스타일을 유지하여 아이스크림콘을 수직 가로세로비로 그려줘.

04 앞서 생성한 케첩 이미지의 스타일과 비슷하게 실사 스타일로 아이스크림콘 이미지가 생성되었습니다. 이대로 다른 음식의 이미지도 생성하겠습니다. 아이스크림콘을 생성한 '실사 스타일을 유지하여 [음식 이름]을 수직 가로세로비로 그려줘.' 프롬프트에서 음식 이름만 변경해주면 됩니다. 다음은 프롬프트에서 음식 이름만 변경하여 생성한 이미지 4장입니다.

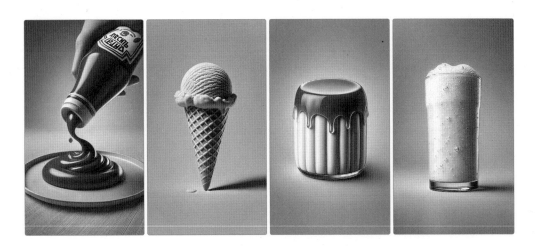

쇼츠에 어울리는 이미지들이 실사 스타일에 맞게 잘 만들어졌네요. 해당 이미지들을 활용하여 동영상을 만들 예정입니다. 이미지에 마우스 커서를 대면 다운로드 버튼이 보입니다. 4장의 이미지를 미리 저장해주세요.

쉬운 활용 36 생성한 이미지로 동영상 제작 도전하기

챗GPT는 아주 강력한 생성형 AI이지만 동영상을 생성하지는 못합니다. 동영상 생성은 시각적 요소 외에도 시간에 따른 동적 변화와 연속성을 처리해야 하기 때문에 훨씬 복잡한 계산과 데이터 처리가 요구되며 현재 챗GPT 모델 설계로는 한계가 있습니다. 그러므로 앞에서 생성한 이미지를 이어붙여서 동영상으로 만들어 줄 별도의 도구가 필요합니다. 이전에 동영상을 만든 경험이 없다면 무엇을 어떻게 해야 할지 모를 겁니다. 먼저 챗GPT에게 동영상 제작에 유용한 도구를 묻고, 그중에서 마음에 드는 도구를 선택해 사용법을 물으면 누구나 동영상을 만들 수 있습니다.

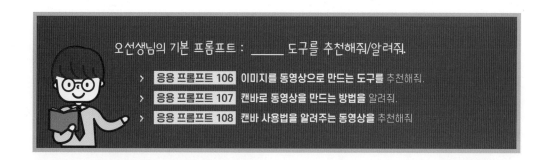

오선생님의 기본 프롬프트 : _____ 도구를 추천해줘/알려줘.

> **응용 프롬프트 106** 이미지를 동영상으로 만드는 도구를 추천해줘.
> **응용 프롬프트 107** 캔바로 동영상을 만드는 방법을 알려줘.
> **응용 프롬프트 108** 캔바 사용법을 알려주는 동영상을 추천해줘.

위 프롬프트를 통해 이미지를 동영상으로 만드는 도구는 프리미어 프로, 숏컷 등 다양한 동영상 제작 도구가 있는 것을 알 수 있습니다. 이 책은 챗GPT를 무료로 입문하는 것이 목적이므로 영상 제작 도구도 무료 사용이 가능한 캔바Canva를 이용하겠습니다.

캔바에 가입하기

캔바 회원가입 및 로그인 방법부터 알아보겠습니다. 우선 다음 링크로 캔바에 접속합니다.

- 캔바 : www.canva.com/ko_kr

01 접속하면 메인 화면 오른쪽 위에 [가입]을 클릭합니다.

02 캔바 이용 약관에 동의한 후 [동의 및 계속하기]를 클릭합니다.

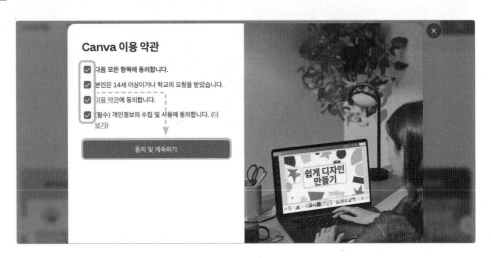

03 그러면 간편 로그인 또는 회원가입이 보입니다. [Google로 계속하기], [Facebook으로 계속하기], [이메일로 계속하기] 중 원하는 회원가입 방식을 선택하여 회원가입을 진행합니다. 여기서는 구글로 진행을 위해 [Google로 계속하기]를 클릭합니다.

04 구글 로그인을 진행할 계정을 선택한 다음 '캔바 서비스로 로그인'이 나타나면 [계속]을 클릭합니다.

05 그러면 회원가입이 완료되고 캔바를 어디에 사용할 건지 물어보는 다음 이미지와 같은 창이 나타납니다. 개인으로서 캔바를 사용하므로 [개인]을 선택합니다.

06 마지막으로 캔바 프로 무료 체험 창이 보입니다. 캔바 유료 사용 여부를 선택할 수 있으며 여기서 [무료 체험 시작하기]를 클릭하면 유료 결제 페이지로 이동합니다. 무료로 캔바를 사용하려면 반드시 오른쪽 상단에 있는 [나중에 하기]를 클릭하세요.

이제 캔바를 무료로 사용할 준비가 되었습니다. 이제 쇼츠 만들기를 시작해보겠습니다.

쇼츠 만들기

01 오른쪽 위의 [디자인 만들기]를 클릭합니다. 여기서 만들고자 하는 영상 사이즈를 선택하면 됩니다. 그런데 메뉴에서 유튜브 쇼츠를 찾을 수 없습니다. 이럴 땐 [맞춤형 크기]를 클릭하여 사이즈를 직접 입력하면 됩니다.

02 맞춤형 크기를 클릭하면 가로, 세로, 단위(px)를 입력할 수 있는 창이 보입니다. 유튜브 쇼츠는 **9:16 비율**의 동영상으로 크기를 **가로 1080, 세로 1920, 단위 px**로 설정합니다. 설정이 완료되었다면 [새로운 디자인 만들기]를 클릭하세요.

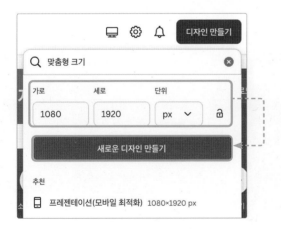

그러면 앞서 설정한 크기의 페이지가 있는 새로운 화면이 나타납니다.

가로 1080, 세로 1920, 단위 px의 페이지

03 자, 이제 본격적으로 동영상 만들기 시작입니다. 이 영상이 어떤 주제인지 사람들이 알수 있도록 첫 장면에 제목을 넣어 줍니다. 왼쪽 사이드바 메뉴에 있는 [텍스트 → 제목 추가]를 클릭합니다. 그러면 페이지 가운데 '제목 추가'라는 텍스트가 추가된 걸 확인할 수 있습니다.

04 텍스트를 클릭해서 제목을 ❶ '재미있는 4가지 음식의 기원'이라고 변경합니다. 제목 입력을 마쳤다면 다음 장면을 추가하기 위해 페이지 아래에 ❷ [+ 페이지 추가]를 클릭합니다. 그러면 새로운 페이지가 추가됩니다.

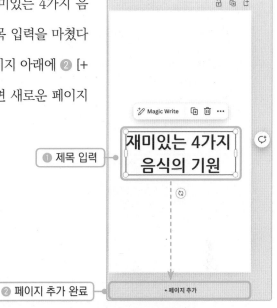

05 이제 이미지를 추가하겠습니다. 왼쪽 사이드바 메뉴에 있는 ❶ [업로드 항목]을 클릭합니다. 여기서 이미지나 동영상, 오디오를 추가할 수 있으며 직접 녹화하여 업로드도 할 수 있습니다. ❷ [파일 업로드]를 클릭한 후 `쉬운 활용 35` **쇼츠 이미지 만들기**에서 만들어 저장해놓은 ❸ 파일 선택하고 ❹ [열기] 눌러서 이미지를 업로드합니다.

06 이미지가 잘 추가되었습니다. 쇼츠에 첫 번째로 등장할 요소부터 편집하겠습니다. 첫 번째 이미지로 케첩 이미지를 클릭합니다. 그러면 제목 다음 페이지에 케첩 이미지가 추가됩니다. 여백이 있으니 이미지 크기를 조절하여 페이지를 채워봅시다.

07 챗GPT가 생성해준 이미지를 살펴보면 글씨가 명확하게 보이지 않습니다. 이미지만 보면 다른 비슷한 소스와 헷갈릴 수 있기 때문에 부가적으로 텍스트를 추가합니다. 사이드바 메뉴에서 [텍스트 → 제목 추가]를 클릭한 후 '케첩의 기원'이라고 입력합니다.

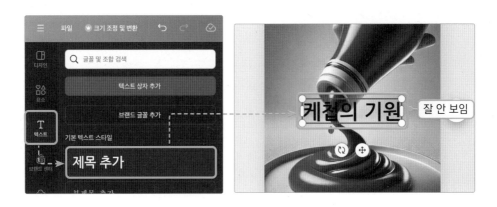

08 기본 서체는 텍스트가 이미지에 가려서 잘 보이지 않네요. 텍스트가 잘 보이도록 수정 작업을 하겠습니다. 텍스트를 클릭한 상태로 위쪽 메뉴에서 [효과]를 클릭합니다.

09 효과에는 스타일과 도형이 있습니다. 이 중 스타일에서 텍스트에 효과를 주도록 [배경]을 클릭하면 '케첩의 기원' 텍스트에 노란색 배경이 생긴 것을 확인할 수 있습니다. 확실히 텍스트가 이전보다 잘 보이네요.

10 텍스트에 효과를 줌으로써 잘 보이게 바꾸었지만 배경이 이미지를 가립니다. 배경을 선택했을 때 나오는 아래 옵션에서 투명도를 50으로 변경합니다. 원하는 배경색이 있다면 색상을 변경해도 좋습니다.

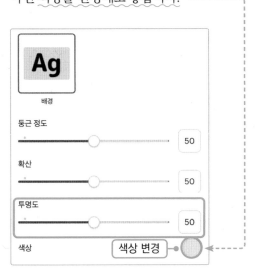

11 텍스트 배경 설정을 조절하니 이미지와 텍스트가 모두 잘 어우러지게 보입니다. 이제 나머지 이미지도 똑같이 추가하여 페이지 만드는 작업을 동일하게 하면 됩니다.

12 모든 이미지를 추가했으면 중앙 아래에 있는 [페이지 표시]를 클릭합니다. 그러면 첫 제목 페이지를 포함한 5개 페이지가 모두 보입니다.

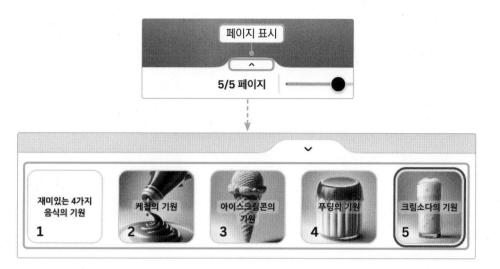

13 전체 페이지를 볼 수 있는 [페이지 표시]에서 위쪽 메뉴에 [애니메이션], [5.0초] 등 새로운 기능을 볼 수 있습니다. 이는 각 페이지를 클릭해도 보이는데요, [5.0초]라고 표시된 부분이 동영상으로 만들었을 때 해당 이미지가 나타나는 시간을 의미합니다.

14 유튜브 쇼츠는 60초 이내 동영상만 업로드할 수 있습니다. 총 페이지가 5장이므로 1페이지당 최대 12초를 할애할 수 있습니다. [5.0초]를 클릭하여 12초로 시간을 변경한 다음 모든 페이지 동일하게 적용되도록 [모든 페이지에 적용(5)]를 클릭해서 활성화합니다.

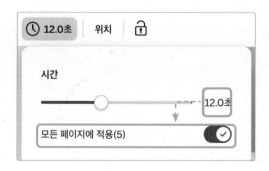

15 이제 만들어진 동영상이 잘 재생되는지 실행하겠습니다. 왼쪽 하단에 있는 [기간을 클릭합니다. 그러면 재생 버튼과 함께 각 이미지가 12초씩 설정되어 있는 걸 확인할 수 있습니다. 재생 버튼을 누르면 각 이미지당 12초씩 재생되는 동영상이 만들어진 것을 확인할 수 있습니다.

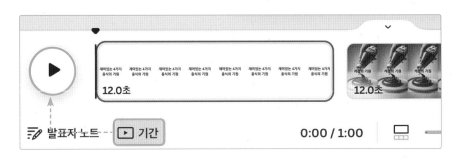

지금까지 챗GPT로 생성한 이미지를 활용하여 캔바를 통해 동영상으로 만들어보았습니다. 막상 만들어 놓고 재생하니 이미지만 넘어가는 동영상이므로 밋밋한 느낌이 듭니다. 챗GPT가 생성한 이미지별 설명을 음성으로 만들어서 영상에 추가하겠습니다.

쉬운 활용 37 동영상에 음성 추가하기

영상의 주제와 정보를 좀 더 효과적으로 전달하기 위한 수단으로 영상에 음성을 추가하는 방법이 있습니다. 영상에 음성을 추가하면 스토리텔링을 강화할 수 있으며 몰입감도 높일 수 있습니다. 이번에는 챗GPT에게 영상에 어울리는 글 작성을 요청하겠습니다.

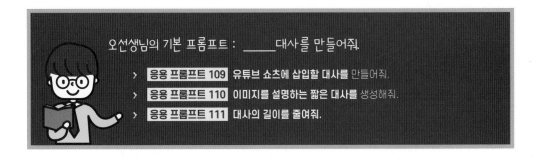

위 프롬프트에서와 같이 챗GPT를 활용하면 이미지를 설명하는 대사부터 영상에 넣을 글, 이미 있는 대사의 요약까지 가능한 것을 확인할 수 있습니다.

이제 동영상에 음성을 추가해보겠습니다. 음성으로 추가할 대사같은 경우 챗GPT에게 새로 생성을 요청해도 되지만 여기서는 Chapter 18 **챗GPT로 유튜브 쇼츠 만들기**에서 생성한 데이터와 동영상을 이용하겠습니다. 영상에 넣을 음성은 직접 녹음해도 좋습니다만, 잡음이 들어가지 않도록 녹음실과 같은 조용한 공간에서 마이크로 정확한 발음과 일정한 말하기 속도를 유지해서 스크립트를 읽어야 하기 때문에 꽤 까다로운 작업일 겁니다. 하지만 까다로운 음성 녹음도 AI를 활용하면 아주 쉽게 만들 수 있습니다. 바로 무료로 AI 보이스를 생성할 수 있는 타입캐스트^{Typecast}를 사용하면 됩니다.

타입캐스트 가입하기

01 타입캐스트도 여타 서비스처럼 회원가입이 필요합니다. 다음 링크를 통해 타입캐스트에 접속합니다. 사이트에 접속한 후 오른쪽 위에 [회원가입]을 클릭합니다.

- 타입캐스트 : typecast.ai/kr

02 그러면 다음 그림과 같이 회원가입 화면이 보입니다. [Google 계정으로 로그인], [페이스북 계정으로 회원가입], [이메일로 회원가입]이 있으며 원하는 회원가입 방식을 선택하여 진행합니다. 여기서는 [Google 계정으로 로그인]을 선택하여 회원가입을 진행합니다.

03 구글 로그인을 진행할 계정을 선택합니다.

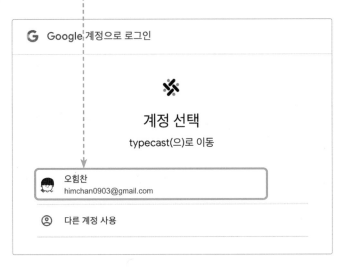

04 계정 선택 후 'typecast에 힘찬(으)로 로그인 확인'이 나타나면 [확인]을 클릭합니다.

05 거주 국가와 생년월일을 입력한 후 [다음]을 클릭합니다.

06 성함, 전화번호, 하는 일/소속(선택), 약관 동의 후 [회원가입하기]를 클릭합니다.

회원가입이 완료되면 다음과 같은 화면이 나타납니다.

동영상에 추가할 음성 만들기

01 바로 쇼츠에 추가할 음성을 만들어보겠습니다. `쉬운 활용 36` **생성한 이미지로 동영상 제작 도전하기**에서 제작한 동영상을 실습에 활용하겠습니다. 먼저 화면 중앙에 있는 [+새 프로젝트]를 클릭합니다.

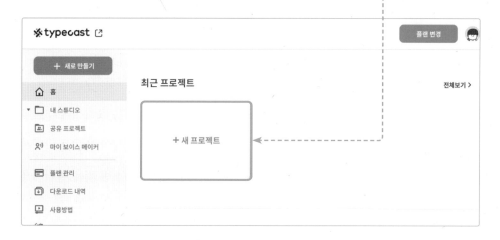

02 그러면 다음 이미지와 같이 [진우]라는 기본 캐릭터가 선택되어 있고, '대사를 입력해 주세요.'라는 입력 칸이 생긴 것을 확인할 수 있습니다. 타입캐스트를 무료로 사용할 경우 음성을 세부 조절할 수 없기 때문에 그대로 진행하겠습니다.

03 목소리를 변경하고 싶다면 ❶ [진우]를 클릭하세요. 아래에 메뉴가 보이고 ❷ 오른쪽
점 세 개짜리 버튼을 클릭하여 ❸ [변경]을 클릭합니다.

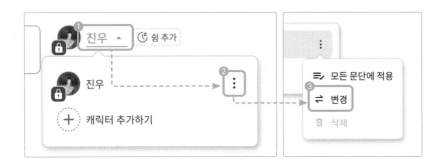

04 무료 사용자의 경우 왼쪽 사이드바에서 ❶ [카테고리 → 체험]을 클릭해야 무료로 사용
할 수 있는 캐릭터만 표시됩니다. ❷ 각 캐릭터의 목소리는 재생 버튼을 클릭해서 미리
들어볼 수 있습니다. 여기서는 ❸ '민채'를 선택하고 ❹ [캐릭터 변경]을 눌러서 실습을
진행하겠습니다.

05 앞서 쉬운활용36 생성한 이미지로 동영상 제작 도전하기에서 만든 동영상의 첫 장면은 '재미있는 4가지 음식의 기원'이라는 제목 텍스트였습니다. ❶ [대사를 입력해 주세요.] 입력 칸에 '재미있는 4가지 음식의 기원'을 입력합니다. 그러면 0.3s라는 시간 표시와 함께 대사가 입력된 걸 확인할 수 있습니다. 0.3s는 문장을 끊어 읽는 시간이 0.3초라는 의미입니다. ❷ 대사를 입력했다면 화면 중앙 아래에 있는 재생 버튼을 클릭합니다. 그러면 민채 캐릭터 목소리로 '재미있는 4가지 음식의 기원'로 읽는 음성을 들을 수 있습니다. 음성이 확인되면 ❸ [+문단 추가하기]를 클릭합니다.

06 다음 장면은 케첩 설명입니다. 쉬운활용34 주목받는 쇼츠 기획하기에서 생성한 케첩의 기원 설명 내용을 추가된 문단에 붙여넣습니다. AI가 전체 문장을 읽기 때문에 단어를 반복해서 읽지 않도록 게자프 옆에 '(ke-tsiap)'를 삭제했습니다.

07 재생하면 주황색으로 표시된 부분부터 읽습니다. 만약 문단에서 먼저 듣고 싶은 부분이 있다면 클릭하여 주황색으로 표시된 걸 확인하고 재생하여 생성된 음성을 확인하세요. 음성이 잘 만들어졌다면 쇼츠 동영상의 모든 페이지에 대한 내용을 문단으로 나누어 입력합니다.

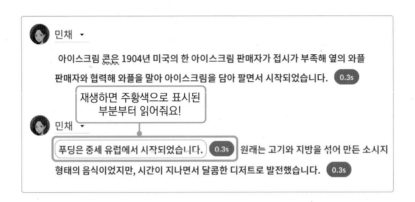

내용을 모두 추가했더니 재생 시간이 1분 17초가 되었네요. 쇼츠는 1분 이내로 재생되어야 합니다. 타입캐스트를 유료 버전으로 사용할 경우 읽는 속도를 변경할 수 있습니다. 하지만 무료 버전은 읽는 속도를 변경할 수 없기 때문에 1분 이내 재생되도록 문장의 길이를 줄여야 합니다.

기존 문장을 다음과 같이 변경했습니다.

변경 전	변경 후
케첩은 원래 중국에서 유래된 것입니다. 17세기 중국의 '게자프'라는 생선 소스가 영국에 소개되었고, 이후 토마토를 주재료로 한 소스로 변형되어 오늘날의 케첩이 되었습니다.	케첩은 17세기 중국의 '게자프'라는 생선 소스가 영국에 소개되었고, 이후 토마토를 주재료로 한 소스로 변형되어 오늘날의 케첩이 되었습니다.
아이스크림콘은 1904년 미국 세인트루이스에서 열린 세계 박람회에서 처음 소개되었습니다. 한 아이스크림 판매자가 접시가 부족해 옆의 와플 판매자와 협력해 와플을 말아 아이스크림을 담아 팔면서 시작되었습니다.	아이스크림콘은 1904년 미국의 한 아이스크림 판매자가 접시가 부족해 옆의 와플 판매자와 협력해 와플을 말아 아이스크림을 담아 팔면서 시작되었습니다.
푸딩은 중세 유럽에서 시작되었습니다. 원래는 고기와 지방을 섞어 만든 소시지 형태의 음식이었지만, 시간이 지나면서 달콤한 디저트로 발전했습니다. 오늘날 우리가 알고 있는 푸딩은 주로 19세기 영국에서 유래된 형태입니다.	푸딩은 중세 유럽에서 시작되었습니다. 원래는 고기와 지방을 섞어 만든 소시지 형태의 음식이었지만, 시간이 지나면서 달콤한 디저트로 발전했습니다.
크림 소다는 19세기 미국에서 유래된 음료입니다. 1850년대 뉴욕의 한 약사가 소다수에 바닐라 시럽을 추가하면서 시작되었습니다. 크림이 실제로 들어가지 않았지만, 부드러운 맛 때문에 크림 소다라고 불리게 되었습니다.	크림 소다는 1850년대 뉴욕의 한 약사가 소다수에 바닐라 시럽을 추가하면서 시작되었습니다. 크림이 실제로 들어가지 않았지만, 부드러운 맛 때문에 크림 소다라고 불리게 되었습니다.

08 문장을 줄였더니 읽기 시간이 57초로 줄었습니다. 재생 버튼을 눌러서 원하는 대로 음성이 생성되었는지 확인합니다.

09 재생하여 음성이 잘 만들어진 것을 확인했다면 오른쪽 위의 [다운로드] 버튼을 클릭한 다음 [오디오 파일]로 만들어진 AI 보이스를 내려받습니다.

10 ❶ 오디오 파일의 파일명을 입력한 뒤 각 문장을 장면에 적용할 때 편하게 조절할 수 있도록 문장 통합 여부에서 ❷ [문장별로 나누기]를 선택한 후 ❸ [다운로드] 버튼을 클릭합니다.

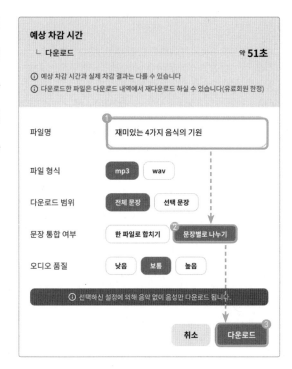

11 오디오 파일은 압축 파일로 다운로드되며, 파일을 압축 해제하면 각 문장별로 음성 파일이 분할된 것을 확인할 수 있습니다.

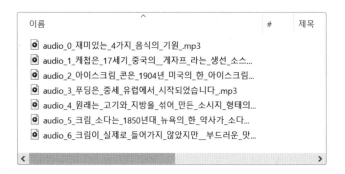

캔바에 음성 반영하기

01 영상에 음성 파일을 추가하기 위해
캔바 화면으로 돌아옵니다. [업로드
항목 → 파일 업로드]로 위에서 만
든 음성 파일을 모두 업로드합니다.

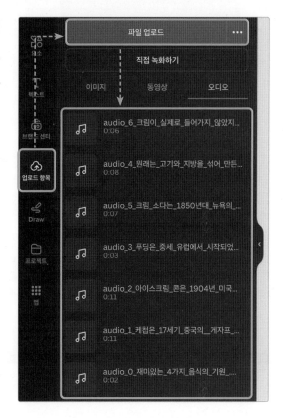

02 번호순으로 업로드했기 때문에 아래 0번부터 차례대로 클릭하여 제작 중인 동영상에
추가합니다. 그러면 다음 그림과 같이 각 음성 파일이 클릭한 순서대로 나열된 것을 확
인할 수 있습니다. 이제 각 음성 파일이 이미지에 알맞게 들어가도록 이미지의 재생 길
이를 조절해주면 됩니다.

03 먼저 첫 장면의 길이에 맞춰 조절하겠습니다. 캔바에 추가된 첫 번째 음성 파일을 클릭하면 재생 시간이 2.3초인 것을 확인할 수 있습니다.

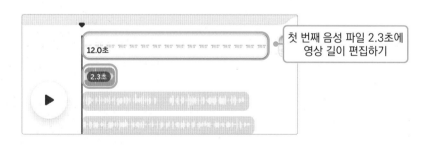

04 첫 페이지를 클릭하고 12초로 설정했던 시간을 다시 클릭한 후 2.3초로 변경하세요. 첫 페이지만 변경하는 것이므로 모든 페이지에 적용은 비활성화합니다.

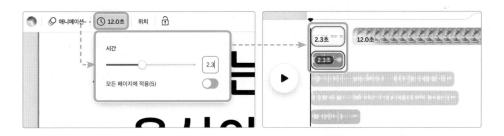

05 다시 [기간] 영역을 보면 첫 페이지와 첫 번째 음성 파일의 시간이 모두 2.3초가 된 것을 확인할 수 있습니다. 모든 이미지의 재생 시간을 각 음성 파일의 재생 시간에 맞춰서 조절해줍니다.

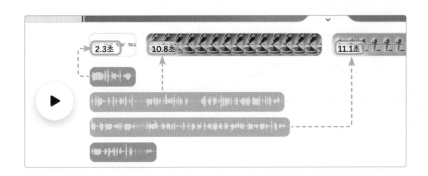

06 이제 음성 파일이 알맞은 이미지에서 재생되도록 이동시키겠습니다. 그러면 다음과 같이 음성 파일을 각 이미지와 맞춰 위아래 한 줄로 정렬할 수 있습니다. 재생해보면 이미지가 넘어갈 때마다 알맞게 음성이 잘 재생되는 걸 확인할 수 있습니다.

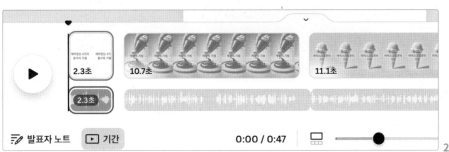

07 영상의 완성도를 좀 더 높이기 위해 텍스트로 자막을 삽입하겠습니다. 자막은 각 이미지마다 제목과 설명 이렇게 두 개씩 넣어줍니다. 설명 자막은 음성 파일의 내용과 동일합니다. 우선 자막을 삽입하기 전에 텍스트가 음성 파일이 재생될 때 동시에 나타나고 사라지도록 해보겠습니다. 케첩 페이지의 텍스트를 선택한 후 메뉴에서 [타이밍 보기]를 클릭합니다.

08 그러면 다음과 같이 페이지 표시 창에 '케첩의 기원'이라는 텍스트 바가 생긴 걸 확인할 수 있습니다. 이미지나 음성 파일처럼 이 텍스트 바도 선택하여 양끝에서 드래그하면 원하는 재생 시간으로 조절할 수 있습니다. 케첩의 기원 텍스트 바를 선택하고 드래그하여 1초로 재생되도록 설정합니다. 이제 케첩의 기원 텍스트는 동영상에서 1초만 나타났다가 사라집니다.

09 이제 케첩의 기원 텍스트 바 옆에 새로운 텍스트를 추가하면 됩니다. [텍스트] → [제목 추가]를 클릭해서 새로운 텍스트를 케첩 페이지에 추가합니다. 텍스트 바가 서로 겹칠 경우 초를 조절해서 재생 시간을 맞춰주세요.

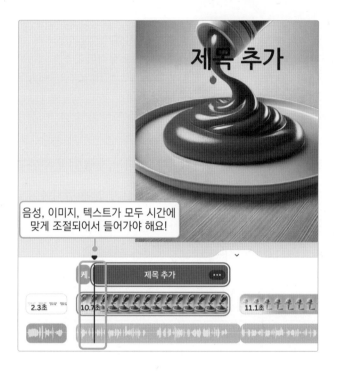

10 페이지에 있는 제목 추가를 클릭하여 케첩 페이지의 설명 자막을 입력합니다. 텍스트 가 크고 색도 진해서 뒤에 이미지를 전체적으로 가리고 있어 정돈되지 않은 상태네요.

11 텍스트를 클릭한 상태로 상단 메뉴에서 텍스트 크기와 색상을 변경하고, 배경을 추가했습니다. 같은 방법으로 나머지 이미지들도 각각 음성에 맞는 자막을 추가해줍니다.

12 이렇게 자막을 추가하고 나면 불편한 부분이 생깁니다. 이미지 재생 시작 부분부터 오디오 파일이 동시에 실행되는데, 각 이미지별로 제목 텍스트가 앞에 위치하여 1초 먼저 재생되면서 자막과 음성이 매치되지 않는 문제가 생깁니다. 음성은 설명 자막과 동일한 내용으로 설명 자막에 맞춰서 나와야 하기 때문입니다.

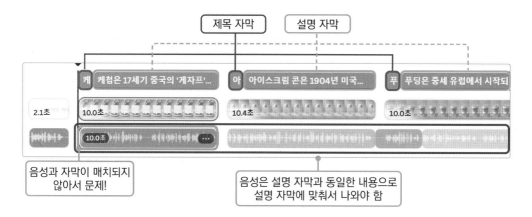

해결 방법은 간단합니다. 이미지의 재생 시간을 1초씩 늘리고, 음성 파일 바의 위치를 이미지 바 오른쪽 끝에 맞춰서 이동시키면 제목을 먼저 1초 재생한 후 자막과 함께 음성 파일이 재생됩니다.

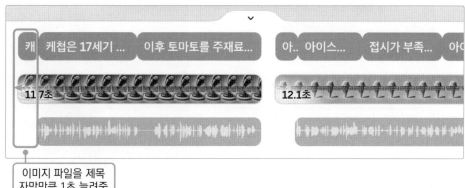

이미지 파일을 제목
자막만큼 1초 늘려줌

13 동영상이 완성되었다면 화면 오른쪽 위에 있는 [공유] 버튼을 클릭하고 [다운로드]를
클릭합니다.

14 무료 버전의 경우 따로 설정할 수 있는 옵션이 없으므로 파일 형식만 [MP4 동영상]으
로 설정한 후 [다운로드] 버튼을 클릭합니다. 그러면 생성한 영상을 내려받을 수 있습
니다.

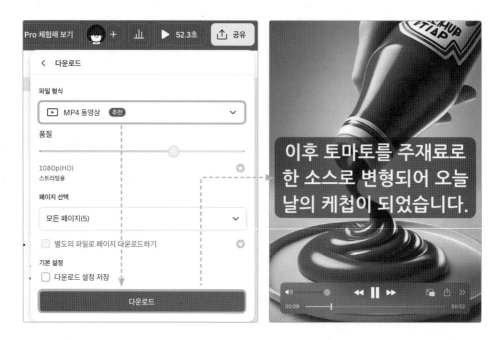

드디어 쇼츠 제작이 완성되었습니다. 책 내용을 따라서 진행하다 보면 과정이 길게 느껴질 수 있습니다. 하지만 이 과정에 숙달되면 20~30분 만에 쇼츠 하나를 간단하게 완성할 수 있을 겁니다. 영상 제작을 안 해봤더라도 Chapter18 **챗GPT로 유튜브 쇼츠 만들기**에서 챗GPT로 영상 아이디어를 얻고 쇼츠 만들기 부분을 한 번만 따라한다면 손쉽게 쇼츠를 만들 수 있을 겁니다. 이제 동영상을 자신의 유튜브 계정에 업로드만 하면 유튜브 쇼츠 제작부터 공유까지 모두 끝입니다. 인기 있는 쇼츠를 제작하고 꾸준히 콘텐츠를 업로드하여 수익화에 도전해보세요.

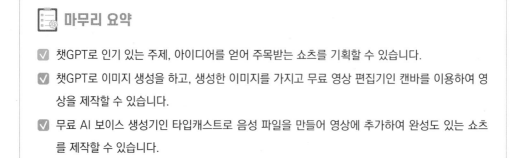

📋 **마무리 요약**

☑ 챗GPT로 인기 있는 주제, 아이디어를 얻어 주목받는 쇼츠를 기획할 수 있습니다.

☑ 챗GPT로 이미지 생성을 하고, 생성한 이미지를 가지고 무료 영상 편집기인 캔바를 이용하여 영상을 제작할 수 있습니다.

☑ 무료 AI 보이스 생성기인 타입캐스트로 음성 파일을 만들어 영상에 추가하여 완성도 있는 쇼츠를 제작할 수 있습니다.

07

챗GPT
프롬프트 백과

챗GPT 백과로
일상 활용 방법까지
알아보자!

여기서 공부할 내용

챗GPT 기본 사용법, 기본 활용, 업무 활용, 수익화까지 잘 따라왔나요? Part 07 **챗GPT 프롬프트 백과**에서는 지금까지 배운 내용을 토대로 일상에서도 사용하기 용이한 챗GPT 활용 방법을 소개합니다. 여행 계획이나 운동 계획 세우기, 질병 정보 찾기 심지어 음악 추천까지, 챗GPT를 다양하게 사용하는 법을 익히면 인공지능과 더 쉽게 친해질 수 있을 것입니다.

💬 이 그림은 'ai와 사람 사이에 아주 두툼하고 신비하게 생긴 백과사전이 있고 그것을 둘이서 쳐다보는 모습을 그려줘.'라고 프롬프트를 입력하여 생성한 이미지입니다.

(Chapter 19)

여행을 위한 프롬프트 알아보기

가족이나 친구들과 여행 계획을 세울 때 이곳저곳 어디가 좋을지, 유명한 곳은 어디인지 알아보는 데 꽤 시간이 걸렸어요. 챗GPT를 활용하면 여행지 추천분만 아니라 계획도 세워준다죠?

학생

오선생님

맞아요. 여행지를 찾고 계획을 세우는 데 많은 시간이 들겁니다. 챗GPT는 전 세계에 공개된 데이터를 학습했을 뿐 아니라 빙으로 빠르게 정보를 검색해서 정리해주기 때문에 여행 준비에 활용하기 좋습니다. 국내 여행분만 아니라 해외 여행지 추천과 계획 세우기도 가능하니 한 번 시험해보세요.

쉬운 활용 38 **여행지 추천하기**

어디를 여행할지 여행을 떠나기 전 가장 고민되는 부분이죠? 평소 가고 싶었던 지역, 해보고 싶었던 액티비티, 자연 또는 도심 등 콘셉트에 따라 다양한 여행지가 고민되고 또 알아봐야 할 것입니다. 그렇다면 챗GPT에게 하고 싶은 콘셉트나 주제에 따른 여행지를 추천해달라고 요청해보세요. 구체적인 프롬프트를 입력해야 다양한 여행지를 샅샅이 찾아서 추천해줄 겁니다.

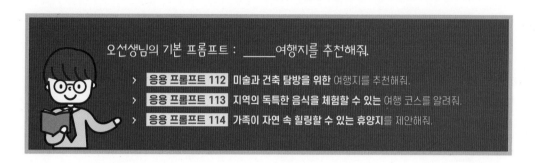

위 프롬프트를 보면 한 가지 요구 사항으로 챗GPT에게 여행지를 추천받고 있습니다. 응답을 살펴보면 다양하면서도 선택하기 어렵게 넓은 범위를 아우르는 경우도 있습니다. 그렇다면 챗GPT에게 여행지 추천을 요청할 때 다음과 같은 5가지 요소를 활용해서 프롬프트를 구성하여 요청해보세요. 챗GPT가 비교적 상세하면서도 알맞은 여행지를 추천해줄 확률을 높일 수 있습니다.

요소	내용	예시
여행 목적	여행의 목적을 입력하세요.	• 휴식을 취할 수 있는 여행지 • 대자연을 경험할 수 있는 여행지
선호 지역	선호하는 지역이나 국가를 명시하세요.	• 유럽의 여행지 • 바다가 있는 여행지
기간	여행을 계획 중인 기간이나 계절, 특정 월을 입력하세요.	• 봄에 갈 만한 여행지 • 10월에 추천하는 여행지
예산	대략적인 예산을 입력하세요.	• 출발지가 한국일 때 200만 원 이내로 즐길 수 있는 여행지
기타 고려 사항	특별히 고려하고 싶은 사항이 있다면 함께 포함하세요.	• 가족과 함께 갈 수 있는 안전한 여행지 • 다양한 액티비티를 즐길 수 있는 여행지

5가지 요소를 구성하여 챗GPT에게 여행지 추천을 요청하겠습니다.

아래 조건으로 여행지를 추천해줘.

각 여행지마다 조건의 내용을 상세하게 소개해줘.

1. 국내에서 바다가 있고 대자연을 경험할 수 있는 곳

2. 10월에 가기 좋은 곳

3. 자동차로 갈 수 있는 곳

4. 가족과 함께 가기 좋은 곳

5. 일반적으로 잘 알려지지 않은 곳

10월에 가족과 함께 국내 여행을 계획하고 있다면 다음과 같은 여행지를 추천드립니다. 이곳들은 바다와 대자연을 경험할 수 있으며, 자동차로 쉽게 접근할 수 있는 곳들입니다. 또한 일반적으로 잘 알려지지 않은 곳으로, 조용하고 여유롭게 여행을 즐길 수 있습니다.

1. 남해 사량도

소개: 사량도는 경상남도 통영시 남해에 위치한 섬으로, 아름다운 해안선과 청정한 자연환경을 자랑합니다. 이곳은 대형 산악지대와 푸른 바다를 함께 경험할 수 있는 독특한 매력을 가지고 있습니다.

주요 볼거리:

- 지리산 봉우리: 사량도에는 남해안에서 가장 높은 산인 지리산이 있어 하이킹과 트레킹을 즐길 수 있습니다.
- 사량대교: 섬과 섬을 연결하는 다리로, 아름다운 바다 경관을 한눈에 볼 수 있는 명소입니다.
- 해변과 해안 절경: 조용한 해변에서 바다를 즐기거나, 해안 절경을 따라 걷는 산책로에서 여유로운 시간을 보낼 수 있습니다.

특징:

- 자동차 접근성: 통영에서 배를 타고 쉽게 접근할 수 있으며, 섬 내에서 자동차로 이동이 가능합니다.
- 여행 시기: 10월에는 청명한 가을 하늘과 함께 시원한 바람을 맞으며 자연을 즐길 수 있어 더욱 좋습니다.

2. 전북 부안 변산반도

소개: 변산반도는 전라북도 부안군에 위치한 반도로, 해안선과 산악 지형이 조화를 이루고 있는 곳입니다. 아름다운 자연경관과 다양한 관광 명소가 자리 잡고 있습니다.

… 생략 …

이 외에도 다양한 국내 여행지들이 존재하지만, 위의 세 곳은 특히 가족과 함께 대자연을 느끼며 여유롭게 여행을 즐길 수 있는 숨은 명소입니다. 즐거운 여행 계획에 도움이 되길 바랍니다!

챗GPT가 조건에 알맞은 여행지 3곳을 추천했습니다. 앞서 5가지 요소뿐만 아니라 좀 더 상세한 요구 조건을 프롬프트에 입력할수록 색다른 여행지를 추천받을 수 있으므로 다양한 방법으로 시도해보기 바랍니다.

쉬운 활용 39 여행 계획 세우기

여행 전에는 여행 계획뿐만 아니라 숙지할 지침이나 챙겨야 하는 물품이 많습니다. 집 떠나면 고생이란 말이 괜히 있는 것이 아니죠. 여행의 기억을 고생 대신 즐거움만 남기려면 여행 정보를 모아서 제대로 계획을 세워야 합니다. 이번에는 챗GPT에게 여행 계획 세우기 도움을 받아보겠습니다. 일정부터 여행지 정보, 필요한 예산까지 한 번에 확인해봅시다.

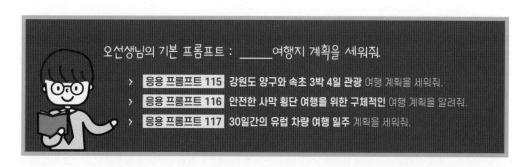

일정이면 일정, 특정 지역에 필요한 정보, 여행 운송 수단에 따른 계획 등 요청하는 정보에 따라 챗GPT가 최대한 관련 정보를 대답해주는 것을 알 수 있습니다. 이번에는 나에게 딱 맞는 여행 계획을 챗GPT한테 요청해봅시다. 먼저 계획을 세우는 데 바탕이 되는 정보와 대략적인 골자가 필요합니다. 다음 내용을 정리해서 챗GPT에 입력하여 개요를 먼저 받는 것을 추천합니다.

- 여행지 정보

- 여행 구성원

- 여행 목적

위 요소를 토대로 챗GPT에 정보를 입력해서 개요를 마련하겠습니다.

아래 정보로 여행 계획을 세울거야.

1. 여행지 정보: 바하마
2. 여행 구성원: 나, 아내, 아들, 딸
3. 여행 목적: 여름 휴가, 회복, 관광

바하마로의 여행 계획을 세우는 데 도움이 될 만한 정보를 제공해 드리겠습니다. 바하마는 아름다운 해변과 다양한 활동으로 가족 여행에 적합한 곳입니다. 여행 계획을 세울 때 고려해야 할 몇 가지 요소를 정리해 드리겠습니다.

여행 일정 및 계획

1. **여행 일정**

- **여행 기간**: 5~7일이 적당하며, 바하마의 주요 관광지를 충분히 즐길 수 있는 시간입니다.

- **최적 시기**: 바하마는 연중 온화한 기후를 자랑하지만, 12월부터 4월까지가 가장 건조하고 관광하기 좋은 시기입니다. 여름 휴가를 고려하신다면, 6월부터 8월까지 방문하실 수 있지만 이 시기는 비가 내릴 가능성도 있습니다.

… 생략 …

이 정보를 바탕으로 바하마에서 즐거운 여름 휴가를 보내시길 바랍니다. 추가적인 도움이 필요하시면 언제든지 말씀해 주세요!

전반적인 개요를 마련했다면 이제 본격적인 여행 계획을 세워야겠죠. 개요를 바탕으로 여행에 필요한 계획을 정리해서 챗GPT에 입력합니다. 위 채팅을 이어서 진행하겠습니다.

위 내용을 바탕으로 구체적인 여행 계획을 세워줘.

필요한 정보는 빙에서 검색해줘.

1. 바하마의 유명한 올인클루시브 리조트를 빙에서 검색해줘.

2. 바하마의 유명한 해변과 특징을 알려줘.

3. 바하마 여행 때 필요한 예방 접종이나 조심할 질병을 알려줘.

4. 바하마 여행 때 안전에서 유의할 점을 알려줘.

5. 바하마 여행 때 알아야할 기본적인 매너를 알려줘.

6. 챙겨야 할 준비물을 알려줘.

바하마로의 여행 계획을 세우는 데 도움이 될 정보를 아래에 정리하였습니다.

1. 바하마의 유명한 올인클루시브 리조트

- Sandals Emerald Bay (Great Exuma): 이 리조트는 호화로운 시설과 개인적인 서비스를 제공합니다. 다양한 해양 스포츠와 골프 코스가 포함되어 있어 액티비티를 즐기기에 좋습니다 (Tripadvisor) (The Planet D: Adventure Travel Blog).

- Viva Fortuna Beach by Wyndham (Freeport): 가족 여행객에게 적합한 리조트로, 다양한 물놀이와 사회적 활동을 제공합니다 (The Planet D: Adventure Travel Blog) (FamilyVacationist).

- Fowl Cay Resort (Great Exuma): 개인 섬에 위치한 이 리조트는 개인 보트와 골프 카트를 제공하여 독립적인 섬 생활을 경험할 수 있습니다 (The Planet D: Adventure Travel Blog).

- The Coral at Atlantis (Nassau): 다양한 엔터테인먼트 시설과 레스토랑을 갖춘 리조트로, 가족과 함께 즐기기에 좋습니다 (Tripadvisor) (The Planet D: Adventure Travel Blog).

2. 바하마의 유명한 해변과 특징

… 생략 …

이 정보를 기반으로 즐겁고 안전한 바하마 여행을 계획하시길 바랍니다! 추가적인 질문이 있으시면 언제든지 문의해 주세요.

필요한 정보는 챗GPT가 빙에서 검색을 통해 얻었습니다. 이 정보를 기반으로 여행 세부 계획을 정리했습니다. 마지막으로 세부 계획에 따라서 해야 할 일과 챙겨야 할 물건을 체크리스트로 만들겠습니다.

세부 계획에 따라서 해야 할 일과 챙겨야 할 물건을 체크리스트로 만들어줘.

바하마 여행을 준비하는 데 필요한 체크리스트를 세부 계획에 맞춰 작성해드리겠습니다.

여행 전 준비 체크리스트

해야 할 일

1. **항공권 예약**
   - 출발 및 도착 시간 확인
   - 여권 유효기간 확인 및 준비

2. **숙소 예약**
   - 올인클루시브 리조트 예약 완료
   - 예약 확인서 인쇄 또는 디지털 복사본 저장

3. **여행 보험 가입**
   - 의료 및 여행 취소 보험 포함 여부 확인

4. **예방 접종 및 건강 준비**
   - 권장 예방 접종 확인 (A형 간염, B형 간염)
   - 개인 약품 준비

5. **여행 계획 세부 사항 정리**
   - 일정표 작성
   - 주요 관광지 및 활동 예약 (예: 스노클링 투어)

6. **환전 및 예산 계획**
   - 바하마 달러 및 신용카드 사용 가능 여부 확인
   - 여행 예산 설정

바하마 여행에 필요한 준비물과 해야 할 일을 체크리스트로 정리했습니다. 이처럼 챗GPT에게 대략적인 구성을 짤 수 있도록 정보를 주고 개요를 요청한 다음 세부 여행 계획을 요청하는 과정을 따라해보세요. 여행을 계획할 때 놓칠 수 있는 부분도 챗GPT의 도움을 받아 계획에 포함할 수 있습니다.

쉬운 활용 40 챗GPT에게 여행 가이드 맡기기

여행을 하다 보면 익숙하지 않기 때문에 모르는 것도 많고 궁금한 것도 생겨서 핸드폰으로 검색해야 할 때가 많습니다. 특히 해외 여행에서는 언어나 문화가 낯설기 때문에 여행지를 제대로 즐기기 쉽지 않죠. 이럴 때 챗GPT에게 여행하는 지역의 명소, 유명한 음식, 역사 등 궁금한 것은 무엇이든 물어보세요. 당신만의 여행 가이드가 되어줄 겁니다.

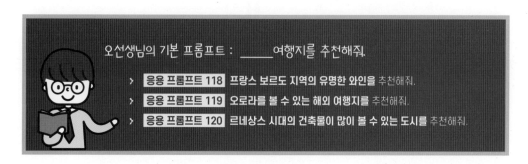

오선생님의 기본 프롬프트 : _____ 여행지를 추천해줘.

> **응용 프롬프트 118** 프랑스 보르도 지역의 유명한 와인을 추천해줘.
> **응용 프롬프트 119** 오로라를 볼 수 있는 해외 여행지를 추천해줘.
> **응용 프롬프트 120** 르네상스 시대의 건축물이 많이 볼 수 있는 도시를 추천해줘.

위 프롬프트를 챗GPT에게 입력하여 받은 응답을 보면 궁금할 만한 내용에 대해 상세하게 답변해줄 뿐만 아니라 여행하는 지역에 대한 지식이 없어도 당황하지 않고 무엇이든 물어보고 바로바로 알 수 있다는 것을 확인할 수 있습니다. 이번에는 식당에서 벌어질 수 있는 상황을 가정하여 챗GPT에게 음식 주문을 도와달라고 요청해보겠습니다. 다음은 바하마에 있는 어느 식당의 메뉴입니다. 현지 식재료를 사용하기 때문에 영어가 유창하더라도 어떤 음식인지 정확히 파악하기 어려울 때가 있습니다. 그렇다고 하나하나 검색하려면 시간이 오래 걸리겠죠.

챗GPT에게 이 메뉴 사진을 첨부하여 비건(채식주의자)이 먹을 수 있는 음식이 있는지 물어보겠습니다. 여행지에서 챗GPT를 활용하는 상황이므로 모바일로 진행하겠습니다.

01 카메라 버튼을 클릭해서 스마트폰의 카메라를 실행합니다.

02 카메라가 실행되면 메뉴판을 촬영합니다.

03 사진을 촬영하면 주석 달기 페이지가 나옵니다. 주석 달기 기능은 촬영한 이미지에 정보를 추가할 수 있습니다. 우리는 챗GPT에게 요청을 맡길 예정이므로 오른쪽 위의 [다음] 버튼을 눌러서 넘어갑니다.

04 메뉴판 사진이 추가되었습니다. '비건 이 먹을 수 있는 메뉴를 찾아줘.'라고 프롬프트를 입력하겠습니다. 그러면 챗GPT가 사진을 분석해서 비건용 메 뉴를 찾아줄 겁니다.

05 16개 메뉴 중 1개를 비건 메뉴로 추천 했습니다. 비건 메뉴로 추천했지만 다 른 재료가 포함되어 있을 수 있으므로 주문 전에 직원에게 문의하라고 권유 했습니다.

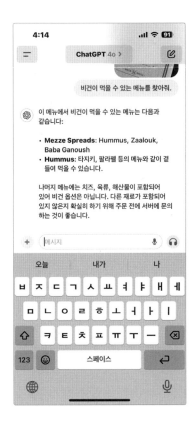

06 그러면 이제 주문을 해봅시다. 영어를 할 수 없는 상황으로 가정하고 챗GPT에게 대신 주문을 요청하겠습니다. 직원과 바로바로 소통을 하기 위해 음성 채팅 모드를 실행합니다. 위 채팅에 이어서 진행하겠습니다.

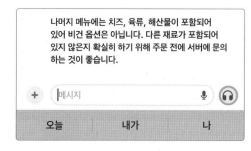

07 음성 채팅 모드가 실행되면 소리내어 음성으로 다음과 같이 요청합니다.

너는 관광객이야. 영어로 메뉴를 주문해줘. 메뉴가 비건 메뉴인지 물어봐줘. 비건 메뉴가 아니라면 비건 옵션을 선택할 수 있는지 물어봐줘.

1. 너는 관광객이야 : 관광객이라고 역할을 지정해야 주문을 대신 해줍니다.

2. 영어로 메뉴를 주문해줘 : 챗GPT가 사용할 언어와 행동을 명확하게 얘기합니다.

3. 메뉴가 비건 메뉴인지 물어봐줘. 비건 메뉴가 아니라면 비건 옵션을 선택할 수 있는지 물어봐줘 : 챗GPT에게 대신 물어볼 말을 정리하여 얘기합니다.

Hello, I'd like to order some dishes from the menu, but I need to confirm whether they are vegan-friendly. Could I please get the Hummus and the Zaalouk? Also, are these dishes completely free from animal products including dairy and eggs? If not, could you suggest any modifications to make them vegan? Thank you!

08 음성 채팅 모드가 실행된 상태라면 챗GPT가 위 답변을 영어로 말해줄 겁니다. 위 내용을 들은 직원이 대답하겠죠. 음성 채팅 모드가 계속 실행하면 챗GPT와 직원이 대화를 이어나갈 수 있습니다. 다음과 같이 직원이 대답했다고 가정하고 상황을 이어가겠습니다.

Yes, you can order vegan options. Would you like to do that?

Yes, please. I would like to order the Hummus and the Zaalouk. Can you also make sure they are prepared without any animal products or by-products? Thank you very much!

챗GPT에게 비건 메뉴 확인과 추천, 주문까지 요청해놨으므로 직원의 대답을 듣고 메뉴를 비건 옵션으로 주문하였습니다. 음성 채팅 모드를 빠져나오면 다음과 같이 대화가 텍스트로 기록된 걸 확인할 수 있습니다.

09 챗GPT가 직원과 올바르게 대화를 했는지 궁금합니다. 영어로 직원과 대화를 요청한 상태라 기록이 영어로 남아 있기 때문에 한국어로 대화 내용 번역을 요청하겠습니다.

위 대화 내용을 한국어로 번역해줘.

네, 비건 옵션을 주문할 수 있습니다. 주문하시겠습니까?

네, 부탁드립니다. 후무스와 자루크를 주문하고 싶어요. 동물성 제품이나 부산물이 전혀 들어가지 않도록 준비해 주실 수 있나요? 정말 감사합니다!

의도한 대로 직원과 대화를 잘 이어가면서 주문까지 마친 것을 확인할 수 있습니다. 이처럼 챗GPT에게 역할과 수행할 일 그리고 필요한 요청을 입력하면 마치 진짜 여행 가이드 한 명을 동행한 것과 같이 현지인과 대화하는 인공지능 가이드로 만들 수 있습니다. 언어나 문화의 장벽을 넘어 챗GPT와 함께 여행하세요.

📋 마무리 요약

☑ 챗GPT는 전 세계에 공개된 데이터를 학습했기 때문에 국내, 해외 상관없이 여행 관련 정보를 물어보기에 용이합니다.

☑ 챗GPT에게 요구 사항을 입력하면 여행지 추천뿐만 아니라 여행 계획 세우기까지 도움받을 수 있습니다.

☑ 잘 알지 못하는 낯선 여행지에서 궁금한 점이 생기면 챗GPT를 통해 정보 요청을 하고, 챗GPT의 다국어 지원 기능을 통해 막히는 의사소통도 원활히 진행하며 여행할 수 있습니다.

(Chapter 20)

여가 생활을 위한 프롬프트 알아보기

챗GPT를 통해 여행지 추천과 계획을 세우는 데 꽤 괜찮은 답변을 해줘서 신기했어요. 이를 미루어 보면 챗GPT는 이미 공개된 데이터를 학습했고 또 검색이 가능하니 일상 등 다양한 분야에서도 활용이 가능할 것 같아요.

학생

오선생님

그렇죠. 챗GPT는 다양한 분야에서 활용 가능하며, 특히 여가 생활에도 활용할 수 있습니다. 내 취향에 맞는 영화, 음악, 책을 추천받을 수도 있고 창작 활동에 아이디어를 지원받을 수도 있으며, 학습과 자기 계발, 건강 등에 대한 정보나 조언을 얻을 수도 있습니다. 이렇듯 어떤 방법과 주제로 챗GPT에 프롬프트를 입력하느냐에 따라 여러 분야에서 다양하게 활용할 수 있으므로 적극적으로 활용하면 여가 생활의 만족도를 크게 높여줄 것입니다.

쉬운 활용 41 보고 싶은 영화 추천받기

여름 밤, 으스스한 영화를 보고 싶나요? 크리스마스에 가슴이 따뜻해지는 영화를 보고 싶나요? 세상은 넓고 영화는 많습니다. 보고 싶은 영화, 궁금한 영화를 챗GPT에 물어보세요. 챗GPT에게 영화를 추천 받는 방법은 간단합니다. 영화의 장르나 분위기, 출연 배우 등 정보를 입력하고, 영화를 추천해달라고 요청하면 되죠. 다음 프롬프트를 살펴보고 어떻게 영화를 추천받는지 확인해보세요.

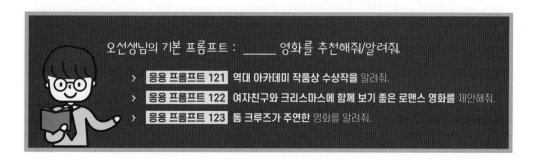

보고 싶은 영화의 장르, 배우 등을 염두하고 있다면 챗GPT에게 정보만 주면 되니 추천을 받기 쉬울 겁니다. 하지만 입력할 정보가 많지 않은 상황이라면 정보를 떠올리는 데에 더 많은 시간을 소비할 수 있습니다. 그럴 때는 평점 사이트에서 추천 영화를 찾아달라고 요청하면 편합니다. 평점 사이트를 교차 검증하면 좋은 영화를 찾을 확률도 높일 수 있죠. 주요 평점 사이트로는 IMDb, 메타크리틱^Metacritic, 로튼토마토^Rotten Tomatoes가 있습니다. 3개 사이트를 활용하면 평가가 좋은 특정 영화를 쉽게 탐색할 수 있습니다.

> TIP IMDb는 전 세계 최대 영화 정보 사이트입니다. 없는 영화가 없습니다. 메타크리틱은 평론가의 리뷰를 모아서 보여주는 사이트입니다. 로튼토마토는 메타크리틱과 비슷하지만, 온라인에 공개된 평론을 평론가와 관람객으로 나누어 보여주는 사이트입니다.

01 챗GPT에게 위 주요 평점 사이트 중 하나를 이용하여 영화 추천을 요청하겠습니다.

2024년 상반기 개봉 영화 중 로튼토마토에서 70% 이상 평가를 기록한 작품을 10개 추천해줘.

2024년 상반기에 개봉한 영화 중 로튼토마토에서 70% 이상의 평가를 받은 작품들을 소개합니다:

1. "LaRoy, Texas" - 날카로운 글쓰기와 재능 있는 캐스트로 범죄 스릴러 팬들을 위한 만족스러운 네오누아르 작품입니다 (Columns).
2. "Thelma" - 심각한 문제들에 대한 가벼운 접근을 통해 코미디적 요소를 살린 영화로, 주연 배우의 뛰어난 연기력이 돋보입니다 (Columns).

… 생략 …

이 영화들은 각기 다른 장르와 스타일로 관객들에게 다양한 감상을 제공합니다. 보다 자세한 평점 및 정보를 원하시면 로튼토마토 웹사이트를 방문해보세요.

02 챗GPT가 로튼토마토 사이트를 검색해서 조건에 알맞은 영화 10개를 추천했습니다. 이번에는 메타크리틱에서 평가 70점 이상을 받은 영화를 찾아보도록 요청하겠습니다.

2024년 상반기 개봉 영화 중 매타크리틱 70점 이상 작품을 10개 추천해줘.

2024년 상반기 개봉한 영화 중 메타크리틱에서 70점 이상의 평가를 받은 작품들은 다음과 같습니다:

1. "Green Border" - 아그니에슈카 홀랜드 감독의 인도적 드라마로, 난민들의 고난을 다루고 있습니다 (Time Out Worldwide).
2. "Longlegs" - 오즈 퍼킨스 감독의 초자연적인 공포 영화로, 마이카 먼로가 FBI 요원으로 출연합니다 (Time Out Worldwide).

… 생략 …

이 영화들은 다양한 장르와 주제를 통해 비평가들로부터 높은 평가를 받았습니다. 각 작품의 세부 정보는 메타크리틱 웹사이트에서 확인하실 수 있습니다.

03 로튼토마토와 메타크리틱에서 각각 좋은 평가를 받은 영화를 추렸습니다. 이 영화 중에서 로튼토마토와 메타크리틱 공통으로 높은 평가를 받은 영화를 찾아보겠습니다.

중복되는 영화를 찾아줘.

중복되는 영화는 다음과 같습니다:

1. "Longlegs" - 이 영화는 로튼토마토와 메타크리틱에서 모두 높은 평가를 받은 작품입니다.
2. "The Taste of Things" - 두 리스트에 모두 포함되어 있습니다.

이 두 영화는 각각의 목록에서 높은 평가를 받은 공통작품입니다.

챗GPT가 로튼토마토와 메타크리틱에 평가가 겹치는 영화로 2024년 미국의 공포 스릴러 영화인 〈롱레그스Longlegs〉와 2024년 한국에서 개봉한 프랑스 영화 〈프렌치 수프The Taste of Things〉로 잘 분류해서 알려주었습니다.

물론 챗GPT가 영화를 추천해줄 때 조건에 맞더라도 응답에서 누락하는 경우도 있기 때문에 1회만 진행하기보다는 반복해서 요구 조건을 가지고 추천을 받는 것이 좋습니다. 또한 챗GPT는 요청을 수행하면서 프롬프트에 맞게 정보를 요약만 했을 가능성이 큽니다. 때문에 챗GPT가 정보를 검색한 출처에 더 많은 정보가 있을 수 있어서 해당 출처에 접속해서 추가 정보를 챗GPT에 붙여넣는 것도 좋은 방법입니다.

쉬운 활용 42 비슷한 음악 찾기

모차르트와 베토벤의 곡이 어떻게 다른지 궁금한 적이 없나요? 또는 여름, 가을 분위기가 나는 음악을 듣고 싶어서 찾은 적도 있을 겁니다. 음악 하나가 분위기를 바꿀 수 있는 것처럼 장소 또는 때에 따라 어울리는 음악이 다르죠. 음악을 듣다가도 좋은 음악을 발견하면 비슷한 음악으로 재생목록을 만들고 싶다는 생각이 들곤 합니다. 요즘은 음악 추천 기능이 발달해서 좋아하는 성향의 음악을 잘 찾아주지만, 추천 음악도 비슷하기 때문에 숨은 명곡을 찾기란 쉽지 않습니다. 이 모든 것은 챗GPT에 물어보면 해결이 가능합니다. 챗GPT에게 비슷한 음악을 찾도록 요청해보세요.

위 프롬프트를 입력하면 챗GPT가 음악 장르에 따라 몇 가지 구체적인 곡을 추천하는 경우도 있고, 작곡가에 따라 음악을 추천해서 보여주는 경우도 있습니다. 이렇게 구체적으로 음악을 요청하거나 기준이 되는 음악의 특성 정보를 주면 챗GPT가 다양하게 추천해주는 것을 확인할 수 있습니다.

01 먼저 기준이 될 음악의 특성을 챗GPT로 파악합니다. 여기서는 Kygo의 〈Stole the Show〉라는 곡을 기준하겠습니다. 챗GPT에게 다음과 같이 요청합니다.

Kygo의 Stole the Show의 키와 BPM, 장르적 특성을 설명해줘.

Kygo의 "Stole the Show"는 A♭ Major 키로 작곡되었으며, BPM(비트 퍼 분)은 약 100입니다. 이 곡은 트로피컬 하우스(Tropical House) 장르에 속하며, 다음과 같은 특성을 가지고 있습니다:

1. 부드러운 멜로디: 트로피컬 하우스의 대표적인 특징인 부드럽고 감미로운 멜로디가 돋보입니다.
2. 경쾌한 리듬: 비교적 느린 BPM에도 불구하고 경쾌하고 활기찬 리듬감을 제공합니다.
3. 아늑한 사운드: 신디사이저와 하우스 비트의 조합으로 아늑하고 편안한 분위기를 자아냅니다.

4. 보컬 중심: Kygo의 곡은 보컬 멜로디를 강조하며 감정적인 가사와 음색을 통해 청중의 공감을 이끌어
냅니다.

이러한 요소들이 결합되어 Kygo의 "Stole the Show"는 듣기 편안하면서도 감성적인 분위기를 제공합
니다.

02 〈Stole the Show〉의 음악 특성을 정리했습니다. 이제 이 특성과 비슷한 음악을 추천
해달라고 요청하겠습니다.

위 조건에 부합하는 다른 음악을 추천해줘.

Kygo의 "Stole the Show"와 비슷한 키, BPM, 장르적 특성을 가진 다른 곡들은 다음과 같습니다:

1. Kygo - Firestone (feat. Conrad Sewell)
   - 이 곡은 트로피컬 하우스 장르로, 비슷한 감미로운 멜로디와 경쾌한 리듬감을 제공합니다.
2. Felix Jaehn - Ain't Nobody (Loves Me Better) (feat. Jasmine Thompson)
   - 트로피컬 하우스의 대표적인 곡으로, 아늑한 사운드와 감성적인 보컬이 특징입니다.
3. Matoma & Becky Hill - False Alarm
   - 비슷한 BPM과 트로피컬 하우스 스타일을 지니며, 청량한 멜로디가 돋보입니다.
4. Lost Frequencies - Are You With Me
   - 트로피컬 하우스의 경쾌하고 부드러운 리듬을 느낄 수 있는 곡으로, Kygo의 음악과 잘 어울립
   니다.
5. Jonas Blue - Perfect Strangers (feat. JP Cooper)
   - 멜로디와 보컬 중심의 트로피컬 하우스 곡으로, 듣기 편안하고 감성적인 분위기를 제공합니다.

이 곡들은 "Stole the Show"와 유사한 느낌을 제공하면서도 각각의 독특한 매력을 가지고 있어, Kygo의
음악을 좋아하는 분께 추천할 만합니다.

챗GPT가 〈Stole the Show〉와 유사한 음악 5개를 추천해줬습니다. 사실 키나 BPM, 장르
등의 특성으로 음악을 추천하는 방식은 기타 다른 음악 추천 서비스와 동일한 방법입니다.

둘의 차이가 있다면 먼저 챗GPT는 텍스트 기반에 대화를 통한 맥락적이고 설명적인 추천을 제공하며, 요청에 따라 장르, 역사 등을 찾아보고 추천해줌으로써 창의적이고 새로운 접근을 시도할 수 있습니다. 반면, 음악 추천 사이트는 사용자 취향에 맞춰 직접적인 청취 경험을 통해 더 직관적이고 즉각적인 음악 추천을 제공합니다. 그래서 여타 음악 추천 서비스가 추천하는 것과는 다른 결과를 얻을 수 있고, 좀 더 다양한 음악을 추천받을 수 있다는 장점이 있습니다.

📋 마무리 요약

☑ 챗GPT는 이미 공개된 데이터를 학습했고 또 검색도 바로 가능하니 영화나 음악 추천 등 일상에서 활용이 용이합니다.

☑ 기존에 추천 서비스가 있어도 챗GPT를 활용했을 때 받는 결과가 다르기 때문에 음악, 독서 등 다양한 장르에서 활용해도 좋습니다.

☑ 인터넷 상에 정보만 공개되어 있다면 챗GPT에게 각종 여가 활동 관련 정보를 요청하여 도움받을 수 있습니다.

(Chapter 21)

건강을 위한 프롬프트 알아보기

저는 요즘 건강을 위해 다이어트를 하고 있어서 식습관에 고민도 많고, 어떤 운동이 저에게 맞는 건지 고민도 많이 되요. 건강이나 운동 관련해서 챗GPT로 도움을 받을 수 있는 방법이 있을까요?

학생

오선생님

건강 관련해서 고민이 있군요! 챗GPT는 방대한 데이터를 학습했기 때문에 건강과 관련하여 궁금하거나 모르는 부분에 대해서 잘 알려줄 겁니다. 게다가 새로운 데이터를 추가하거나 요청하는 방법으로 쉽게 맞춤형 건강 정보를 얻을 수 있으니 챗GPT와 함께 더 건강한 생활을 찾으세요.

쉬운 활용 43 영양지수 분석하기

음식에 대한 고민은 날마다 이어집니다. 다이어트를 하거나, 약을 먹고 있을 때 피해야 하는 음식도 있죠. 챗GPT에게 상황별 알맞은 음식 정보를 다음과 같은 프롬프트를 활용해 얻을 수 있습니다.

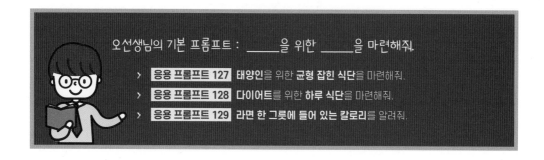

식품의약품안전처는 개인이나 집단의 식사 행동, 식사의 질과 영양 상태 등을 종합적으로 평가할 수 있는 영양지수 프로그램을 제공합니다. 이 프로그램만 확인해도 영양지수를 평가하여 필요한 식품과 피해야 할 식품을 알 수 있는데요, 여기에 챗GPT를 활용하면 좀 더 복합적인 분석과 개선 방안을 마련할 수 있습니다. 다음은 영양지수 프로그램을 바탕으로 한 데이터를 가지고 챗GPT를 활용하여 식습관에 대한 분석과 계획을 요청하겠습니다.

01 성인 2명과 청소년 1명으로 구성된 3인 가정의 영양지수를 분석하여 식습관 개선 방안과 실천할 수 있는 계획을 마련하겠습니다. 먼저 다음 링크를 통해 식품의약품안전처 영양지수 프로그램 페이지에 접속합니다.

- **식품의약품안전처 영양지수 프로그램** : vo.la/GmLFOs

화면의 가운데에 있는 자료실에서 [성인(만 19세~64세)]를 클릭합니다.

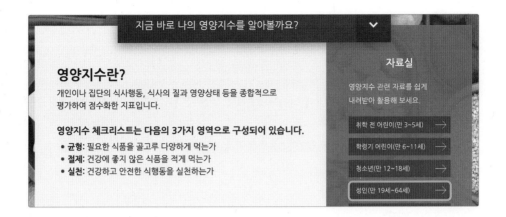

스크롤을 아래로 내리면 영양지수 평가 및 교육자료 다운로드가 보입니다. 여기서 [조사지(체크리스트)]와 [영양지수 분석 파일]을 클릭하여 내려받습니다.

02 다운로드 한 파일에서 먼저 조사지를 확인합니다. 파일을 열기 위해 zip 파일을 풀어줍니다. 그런 다음 '성인(만19세~64세)_영양지수 _조사지'의 파일명을 'a'로 변경한 후 챗GPT에 첨부하여 다음과 같이 요청합니다.

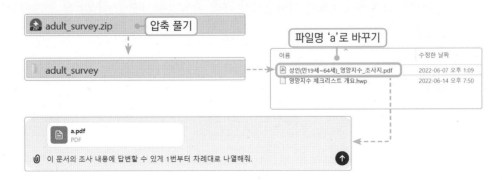

이 문서의 조사 내용에 답변할 수 있게 1번부터 차례대로 나열해줘.

문서의 조사항목을 1번부터 차례대로 나열하겠습니다. 각 질문은 응답자가 자신의 식습관과 건강 습관을 평가할 수 있도록 설계되었습니다.

1. 한 번 식사할 때 김치를 제외한 채소류를 몇 가지나 드십니까?
   - 거의 먹지 않는다
   - 1가지
   - 2가지
   - 3가지
   - 4가지 이상
2. 과일을 얼마나 자주 드십니까?
   - 2주일에 1번 이하
   - 일주일에 1~3번
   - 일주일에 4~6번
   - 하루에 1번
   - 하루에 2번 이상

… 생략 …

이 설문지는 응답자의 영양상태와 식습관을 간단히 평가하고 개선점을 찾기 위한 도구로 사용됩니다.

03 이제 차례대로 항목별 숫자로 선택하여 답변합니다. 챗GPT에 파일을 첨부함으로써 각 문항별 선택지의 번호가 사라졌지만 기존 조사지의 내용은 같으므로 위에서부터 시작을 1번 선택지로 보고 답변하면 됩니다.

43325214123532143245 ●──── 이 숫자는 각 항목별로 응답한 번호를 차례대로 적은 것입니다

주어진 숫자 시퀀스는 각각의 질문에 대한 응답을 나타냅니다. 아래는 각 질문에 대한 응답을 해석한 것입니다:

1. 한 번 식사할 때 김치를 제외한 채소류를 몇 가지나 드십니까?

   • 4가지 이상

2. 과일을 얼마나 자주 드십니까?

   • 3. 일주일에 4~6번

… 생략 …

이 응답들은 응답자의 식습관과 건강 습관을 평가하는 데 사용됩니다.

04 각 항목에 대한 응답이 잘 입력된 것을 확인할 수 있습니다. 부모 2명, 자녀 1명인 3인 가구로 분석하기 때문에 성인 조사지에서 조사해야 할 성인이 1명 더 있습니다. 앞서 조사한 성인을 프로필1로 정하고, 다음 성인 1명을 프로필2로 정하여 조사를 이어가 겠습니다.

위 조사 결과는 프로필1이야. 다음은 프로필2의 응답이야. 프로필1과 프로필2의 응답을 표로 정리해줘.

프로필2: 24135214325234235223 ── 이 숫자는 각 항목별로 응답한 번호를 차례대로 적은 것입니다

프로필1과 프로필2의 응답을 표로 정리했습니다. 각 질문에 대한 두 프로필의 응답을 비교하여 한눈에 볼 수 있도록 정리했습니다.

번호	질문	프로필1 응답	프로필2 응답
1	한 번 식사할 때 김치를 제외한 채소류를 몇 가지 나 드십니까?	4가지 이상	2가지
2	과일을 얼마나 자주 드십니까?	일주일에 4~6번	4. 하루에 1번
3	우유 또는 유제품을 얼마나 자주 드십니까?	일주일에 4~6번	1. 2주일에 1번 이하
20	운동을 얼마나 자주 하십니까?	매일	3. 일주일에 3~4번

이 표는 각 프로필의 식습관과 생활 습관을 비교하여 나타내고 있습니다.

05 3인 가구 중 성인 2명인 프로필1과 프로필2의 응답이 표로 잘 정리되었습니다. 다음으로 함께 내려받은 영양지수 분석 파일로 프로필1과 프로필2의 영양지수를 분석하겠습니다. 다운받은 zip 파일을 푼 다음 영양지수 분석 파일의 파일명을 '1'로 변경한 후 챗GPT에 첨부하여 다음과 같이 요청합니다.

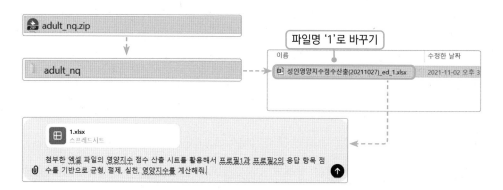

첨부한 엑셀 파일의 영양지수 점수 산출 시트를 활용해서 프로필1과 프로필2의 응답 항목 점수를 기반으로 균형, 절제, 실천, 영양지수를 계산해줘.

파일의 "영양지수 점수 산출" 시트에서는 각 질문에 대한 점수를 부여하는 예시가 포함되어 있습니다. 이 정보를 바탕으로 프로필1과 프로필2의 점수를 계산해보겠습니다.

프로필1 응답

- 응답: 43325214123532143245

프로필2 응답

- 응답: 24135214325234235223

이제 각 응답에 대해 균형, 절제, 실천, 영양지수를 계산해 보겠습니다. 먼저 각 응답 항목에 따라 부여할 점수를 알아낸 후 최종 지수를 계산하겠습니다.

점수 계산 로직을 추출한 정보를 이용해 프로필 1과 프로필 2의 응답을 각각 채점합니다.

06 이제 자녀 1명의 영양지수를 구하겠습니다. 파일을 다운로드하고 파일명을 변경하는 방법은 위와 같으므로 생략하겠습니다. '청소년(만 12세~18세)_영양지수_조사지'의 파일명을 'b'로 변경한 후 챗GPT에 첨부하여 다음과 같이 요청합니다.

이 문서의 조사 내용에 답변할 수 있게 1번부터 차례대로 나열해줘.

문서의 청소년 영양지수 조사지 내용을 1번부터 차례대로 나열하겠습니다. 각 질문은 응답자의 식습관과 건강 습관을 평가하기 위해 설계되었습니다.

　1. 한 번 식사할 때 채소류 반찬(김치포함)을 몇 가지나 먹나요?

- 거의 먹지 않는다
- 1가지
- 2가지
- 3가지
- 4가지 이상

… 생략 …

이 설문지는 청소년의 영양 상태와 식습관을 평가하여 개선점을 찾기 위한 도구로 사용됩니다. 21번 문항은 영양지수 평가에 포함되지 않으나 영양교육이나 상담 시 참고할 수 있는 문항입니다.

07 프로필1, 프로필2와 마찬가지로 청소년은 프로필3으로 정합니다. 그리고 이 응답을 정리해달라고 요청합니다.

412345144214242142141
청소년인 프로필3의 응답이야. 정리해줘.

프로필3의 응답을 각 질문에 따라 정리해보겠습니다.

프로필3 응답

1. 한 번 식사할 때 채소류 반찬(김치포함)을 몇 가지나 먹나요?

   - 4. 3가지

2. 과일을 얼마나 자주 먹나요?

   - 1. 2주일에 1번 이하

… 생략 …

프로필3의 응답을 바탕으로 영양 상태와 식습관을 평가할 수 있습니다. 각 질문은 응답자의 식습관을 구체적으로 이해하는 데 도움을 줍니다.

08 프로필3의 응답이 입력되었습니다. 이제 식품의약품안전처 영양지수 프로그램 페이지로 돌아가서 [청소년(만 12~18세)] 자료실로 이동 후 [영양지수 분석 파일]을 내려받습니다. 청소년 영양지수 분석 파일의 파일 이름을 '2'로 변경 후 챗GPT에 첨부하여 다음과 같이 요청합니다.

첨부한 엑셀 파일의 영양지수 점수 산출 시트를 활용해서 프로필3의 응답 항목 점수를 기반으로 균형, 절제, 실천, 영양지수를 계산해줘.

프로필3의 응답을 기반으로 계산한 영양지수는 다음과 같습니다:

프로필3의 영양지수 점수

- **균형**: 50.00
- **절제**: 57.14
- **실천**: 25.00
- **영양지수**: 44.05

이 점수들은 각 응답에 따라 부여된 점수를 기반으로 계산된 것입니다. 각 점수는 질문 범주에 따라 균형, 절제, 실천으로 나뉘며, 최종 영양지수는 이 세 점수의 평균으로 산출되었습니다.

09 챗GPT가 3인 가족의 영양지수를 모두 계산했습니다. 챗GPT는 계산한 영양지수뿐 아니라 각 프로필의 응답 내용도 알고 있죠. 이를 토대로 3인 가족의 식습관 개선을 위한 방안과 실천 계획을 자세하게 요청하겠습니다.

프로필1, 프로필2, 프로필3은 3인 가족이야. 응답과 영양지수를 기반으로 3인 가족의 종합적인 식습관을 분석하고 개선하기 위한 자세한 방안과 실천할 수 있는 계획을 알려줘.

프로필1, 프로필2, 프로필3의 식습관과 영양지수 점수를 바탕으로, 3인 가족의 종합적인 식습관을 분석하고 개선 방안을 제안해 드리겠습니다. 각 프로필의 영양지수 점수와 식습관 분석을 통해 가족 전체의 식습관을 이해하고, 개선하기 위한 구체적인 계획을 세워 보겠습니다.

가족 구성원의 영양지수 점수 요약

프로필1
- 균형: 46.43
- 절제: 50.00
- 실천: 55.83
- 영양지수: 50.75

프로필2
- 균형: 39.29
- 절제: 45.00
- 실천: 57.50
- 영양지수: 47.26

프로필3
- 균형: 50.00
- 절제: 57.14
- 실천: 25.00
- 영양지수: 44.05

종합적인 식습관 분석

챗GPT를 활용하여 3인 가족의 영양지수를 종합적으로 분석하여 개선 방안 및 실천 계획을 도출했습니다. 기존의 설문 조사 형식을 활용하여 챗GPT에게 데이터를 주고 분석과 결과에 따른 계획을 맡김으로써 가족 구성원이 식습관 개선을 위해 전반적으로 노력할 수 있는 방안을 확인할 수 있었습니다. 계획을 잘 실천하여 다시 조사한다면 개선된 결과를 얻을 수 있겠죠. 이렇게 챗GPT로 영양지수를 분석하여 건강한 식습관을 유지하세요.

쉬운 활용 44 맞춤형 운동 계획 세우기

운동 종류가 다양한 만큼 효과나 운동 강도도 각각 다릅니다. 운동 계획은 개인의 목표와 체력 수준에 따라 다르게 접근해야 합니다. 또한 동적, 정적인 운동, 잘하고 좋아하는 운동 등 개개인의 선호도의 영향을 받을 수도 있기 때문에 개인에 알맞는 방법으로 운동 계획을 세워야 합니다. 챗GPT를 활용하면 맞춤형 운동 계획과 함께 단기적 목표와 장기적 목표로 나누어 현실적인 운동 계획을 세울 수 있습니다. 나에게 필요한 운동은 무엇이고 어떤 계획으로 하는 게 좋은지 궁금하다면 챗GPT에 물어보세요.

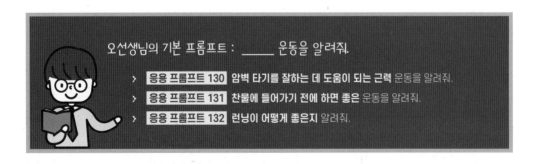

오선생님의 기본 프롬프트 : _____ 운동을 알려줘.

> 응용 프롬프트 130 암벽 타기를 잘하는 데 도움이 되는 근력 운동을 알려줘.
> 응용 프롬프트 131 찬물에 들어가기 전에 하면 좋은 운동을 알려줘.
> 응용 프롬프트 132 런닝이 어떻게 좋은지 알려줘.

근력 운동 등 특정 운동에 도움이 되는 운동, 환경에 맞춘 운동, 어떤 운동의 효과 등 운동 방법뿐 아니라 운동과 관련한 상식을 척척 알려주는 것을 확인할 수 있습니다. 이제 챗GPT 에게 개인의 신체, 활동 등의 정보를 주었을 때 어떻게 운동 계획을 세워주는지 확인해봅 시다.

01 챗GPT에게 간단한 프로필을 주고 운동 계획을 요청하겠습니다.

아래 내용을 바탕으로 현실적인 운동 계획을 세워줘. 계획은 단기적 목표와 장기적 목표로 구체화하고, 실천할 운동과 방법을 자세하게 설명해줘.

키 175cm

몸무게 80kg

계획적으로 운동하지 않은 기간: 5년

하루 중 운동 가능한 시간: 오후 8시~9시

운동 목표: 기초 체력을 기르고 차츰 근력을 키우고 싶음

운동 계획을 세우기 위해 현재 상태와 목표를 고려하여 단계별로 나누어 보겠습니다. 이 계획은 단기적인 목표와 장기적인 목표를 포함하며, 지속 가능한 운동 습관을 만드는 데 중점을 두겠습니다.

단기 목표 (1~3개월)

1. 기초 체력 향상 및 운동 습관 형성

   - 운동 빈도: 주 3~4회
   - 운동 시간: 매회 30~45분
   - 운동 종류:
     - 유산소 운동: 걷기, 조깅, 사이클링 (매회 20~30분)
     - 목표: 지속적으로 30분 동안 심박수를 높이는 것
     - 기초 근력 운동 (체중 운동 중심):
     - 스쿼트: 3세트 x 10~12회

- 푸쉬업: 3세트 x 8~10회 (무릎을 대고 시작 가능)
- 플랭크: 3세트 x 20~30초
2. 운동 루틴에 적응 및 신체 인식 향상
   - 운동 전후 스트레칭 5~10분
   - 운동 일지 작성 (운동 종류, 세트 수, 반복 횟수 기록)

장기 목표 (4~12개월)

… 생략 …

이 계획은 유연하게 조정될 수 있으며, 자신의 몸 상태와 피드백에 따라 적절히 변형하여 지속 가능한 운동 습관을 만들어 가는 것이 중요합니다. 체계적인 운동을 통해 목표를 달성하시길 바랍니다!

02 챗GPT가 운동 계획을 잘 정리했습니다. 하지만 이 사람은 계획적인 운동을 하지 않은 기간이 5년이나 됩니다. 운동 계획을 어떻게 실천해야 할지 감이 오지 않을 수 있죠. 앞선 운동 계획을 바탕으로 주 3~4회 운동을 하면서 실천할 수 있도록 일별 운동 루틴을 정리해달라고 요청하겠습니다.

위 운동 계획을 바탕으로 8월부터 12월까지의 일 운동 루틴을 표로 정리해줘.

아래는 8월부터 12월까지의 운동 루틴을 월별로 정리한 표입니다. 이 계획은 주당 운동 빈도와 운동 종류를 고려하여 체계적으로 구성되었습니다. 매주 자신의 상태에 따라 세트 수와 반복 횟수를 조절할 수 있습니다.

8월: 기초 체력 향상 및 운동 습관 형성

주차	월요일	수요일	금요일	일요일
1주차	걷기 30분	걷기 30분	걷기 30분	걷기 30분
2주차	조깅 20분	조깅 20분	조깅 20분	조깅 20분
3주차	조깅 25분	조깅 25분	조깅 25분	조깅 25분
4주차	조깅 30분	조깅 30분	조깅 30분	조깅 30분

> 9월: 기초 근력 운동 추가
>
> … 생략 …
>
> 이 루틴은 기초 체력을 높이는 것에서 시작하여 점차적으로 근력을 향상시키고 운동의 다양성을 추구하도록 설계되었습니다. 자신의 신체 상태와 피드백을 고려하여 루틴을 유연하게 조정하세요. 꾸준한 운동과 건강한 생활 습관으로 목표를 달성할 수 있기를 바랍니다!

8월부터 12월까지 주별로 달성해야 하는 운동 루틴이 완성되었습니다. 운동 계획을 세우고자 하는 대상의 프로필을 더 자세히 입력하고, 필요한 식단이나 질병 정보를 추가해보세요. 챗GPT가 프로필을 고려한 운동 계획부터 매일 섭취해야 하는 영양분이나 질병까지 계산하여 운동 계획을 설계해줄 것입니다.

쉬운 활용 45 질병 정보 찾아보기

진료는 의사에게, 약은 약사에게 맡겨야 합니다. 그럼에도 질병이나 증상에 대해 궁금한 경우가 있죠? 알러지는 왜 생기는지? 음식별 어떤 알러지를 유발하는지 궁금해서 찾아보기도 했을 겁니다. 인터넷 검색을 해도 나오지만, 질병과 관련해서 병원이라던지 관련 약, 보조식품 등 광고 때문에 필요한 정보만 찾아보는 것도 불편했을 겁니다. 챗GPT에게 궁금한 질병에 대해 질문하면 상식 수준의 정보를 바로 얻을 수 있습니다.

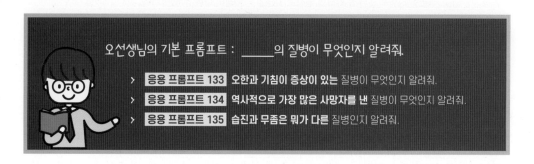

오선생님의 기본 프롬프트 : _____의 질병이 무엇인지 알려줘.

> **응용 프롬프트 133** **오한과 기침이 증상이 있는** 질병이 무엇인지 알려줘.
> **응용 프롬프트 134** **역사적으로 가장 많은 사망자를 낸** 질병이 무엇인지 알려줘.
> **응용 프롬프트 135** **습진과 무좀은 뭐가 다른** 질병인지 알려줘.

위 프롬프트에 입력한 질병에 대해 챗GPT가 상식적인 수준으로 응답할 수 있는 것은 의학 정보도 다수 학습했기 때문입니다. 그래서 질병 정보를 찾거나 증상, 진단 방법, 완화할 수 있는 방법 등을 알아보는 데 활용할 수 있습니다. 다만 챗GPT는 의사처럼 질병을 진단할 수 있는 능력이 없기 때문에 응답은 상식으로 참고하세요. 심각한 증상이나 정확한 병명을 확인하려면 반드시 병원을 방문하여 진단하세요.

01 챗GPT에게 간단한 증상만 알려주고 질병 정보를 찾도록 요청하겠습니다.

피부에 작은 혹 같은 느낌으로 구멍이 있어. 구멍을 누르면 하얀 고체가 나오는데, 여드름은 아닌 것 같아. 어떤 병이나 증상인지 알려줘.

피부에 생긴 작은 혹과 같은 느낌의 구멍에서 하얀 고체가 나오는 증상은 일반적으로 피지낭종(또는 피지샘 낭종)일 가능성이 있습니다. 피지낭종은 피부 아래에 있는 작은 덩어리로, 피지선이 막히거나 염증이 생겨 피지와 각질이 쌓이면서 발생할 수 있습니다.

피지낭종의 특징은 다음과 같습니다:

- 피부 표면에 작은 혹이나 돌기처럼 보입니다.
- 만지면 부드럽고 움직일 수 있습니다.
- 중심에 작은 구멍이나 검은 점이 있을 수 있습니다.
- 누르면 하얀색 또는 노란색의 두껍고 고체같은 물질이 나올 수 있습니다.

대부분의 피지낭종은 무해하며, 특별한 치료 없이도 시간이 지나면 자연스럽게 사라질 수 있습니다. 그러나 염증이 생기거나 크기가 커지면 통증이 생길 수 있으며, 이 경우에는 의사의 진료를 받는 것이 좋습니다.

피지낭종이 아니라 다른 피부 문제일 가능성도 있으므로, 증상이 지속되거나 악화되면 피부과 전문의와 상담하여 정확한 진단과 치료를 받는 것이 좋습니다.

챗GPT에게 증상만 알려주어 구체적인 질병의 이름과 특징 등 정보를 받았습니다. 앞서 설명한 것처럼 챗GPT가 의사는 아니기 때문에 정확한 진단은 병원을 방문하여 의사의 진료를 받는 것이 좋습니다. 만약 당장 병원을 갈 수 없는 상황 또는 궁금한 경우 빠르게 정보를 얻기 위해서 이렇게 챗GPT에게 물어보는 것도 방법입니다.

02 이번에는 위와 같은 증상으로 인해서 답변받은 것 외에 의심할 수 있는 다른 질병이 있는지 물어보겠습니다.

그 외 의심할 수 있는 질병이 있을까?

피부에 작은 혹이 생기고 하얀 고체가 나오는 증상과 관련하여 피지낭종 외에 의심할 수 있는 질병은 다음과 같습니다:

1. 각질낭종 (Epidermoid Cyst):
   • 각질낭종은 피부의 각질이 쌓여서 생기는 낭종으로, 피지낭종과 비슷하게 보일 수 있습니다. 이 낭종도 피부 아래에 부드러운 덩어리로 느껴지며, 흰색의 고체 물질이 나올 수 있습니다.

2. 지루각화증 (Seborrheic Keratosis):
   • 보통 노화와 관련되어 나타나는 양성 피부 성장으로, 갈색 또는 검은색의 각질화된 작은 혹이 생길 수 있습니다. 가끔 긁히거나 누르면 하얀색 물질이 나올 수 있습니다.

3. 미립종 (Milia):
   • 미립종은 작은 하얀색의 결절로, 주로 눈가나 얼굴에 발생합니다. 각질이 피부 아래에 갇혀 생기는 것으로, 일반적으로 압출이 어려운 단단한 작은 결절입니다.

4. 지방종 (Lipoma):
   • 지방종은 피부 아래에서 느껴지는 부드럽고 움직이는 덩어리로, 지방 조직이 쌓여 형성됩니다. 일반적으로 통증이 없고 하얀 고체 물질이 나오지 않지만, 혹으로 인해 혼동될 수 있습니다.

5. 여드름 (Acne):
   • 여드름은 피지선의 염증으로 인한 것으로, 구멍이 생기고 하얀 고체 물질(즉, 농)이 나올 수 있습니다. 그러나 여드름은 일반적으로 염증과 함께 붉어지며, 주로 얼굴, 목, 등, 가슴에 나타납니다.

이러한 질환들은 대부분 피부과에서 간단한 검진과 검사로 진단할 수 있습니다. 증상이 지속되거나 심해질 경우 전문의의 진료를 받아 정확한 진단과 적절한 치료를 받는 것이 중요합니다.

챗GPT가 같은 증상으로 인해 나타날 수 있는 다른 5가지 질병도 정리하여 알려주었습니다. 증상을 알려주고 처음 받은 답변에서 얻는 질병 정보 외에도 이처럼 다른 질병까지 확인함으로써 병원 방문 전에 미리 정보를 얻거나 진료 시 질병을 이해하는 데 도움을 얻을 수 있습니다.

📋 마무리 요약

☑ 챗GPT는 방대한 양의 데이터를 학습한 인공지능 모델로 건강 관련 상식에 대해서도 궁금하거나 필요한 점은 질문을 통해 알 수 있습니다.

☑ 챗GPT는 데이터 분석과 정리를 잘하기 때문에 관련 데이터를 주면 영양성분 분석, 영양지수 분석도 해줄 뿐만 아니라 내 신체 건강 정보에 맞춘 운동 계획도 세워줍니다.

☑ 챗GPT에게 질병 관련 정보를 요청하면 상식 수준의 정보는 빠르게 파악 가능합니다.

Chapter 22

나만의 선생님! 생활 프롬프트 알아보기

무언가 궁금할 때 이제는 검색을 하는 것보다 챗GPT를 이용하는 게 습관화되었어요. 무엇이든 물어보면 알려주니 나만의 선생님이 된 것 같아요!

학생

오선생님

그렇죠? 챗GPT를 사용하면 내가 모르는 것을 질문하면 바로 알려주기 때문에 더더욱 편리함을 느낄 겁니다. 앞서 챗GPT는 어떻게 질문하느냐에 따라서 내가 모르는 정보를 척척 알려주었듯이 나만의 선생님으로 만들 수 있습니다. 챗GPT는 다양한 주제의 데이터를 학습했으며 지속적인 업데이트를 하고 있습니다. 자동차부터 생활 법률 등 다양한 정보를 알려주는 챗GPT를 일상에서 적극적으로 활용해보세요.

쉬운 활용 46 나만의 자동차 전문가 만들기

자동차를 주행하다가 계기판에 처음 보는 경고등이 들어와서 당황할 때가 있었나요? 그렇다고 뭔지 알아보기 위해 차를 구입할 때 받은 아주 두꺼운 설명서를 찾아보기엔 내키지 않을 겁니다. 물론 검색을 하면 정보를 알 수 있겠지만 여러 광고에서 찾아야 하므로 속이 꽤나 탈 겁니다. 챗GPT를 활용하면 자동차 계기판에 들어온 문제를 보여주고 상태를 알 수 있으며, 프롬프트를 입력하는 방식에 따라 자동차 역사와 상식은 물론이고 자동차에 문제가 생겼을 때 원인이나 수리 방법도 알 수 있습니다.

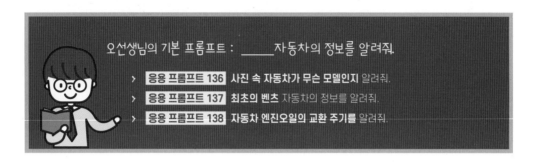

오선생님의 기본 프롬프트 : _____ 자동차의 정보를 알려줘.

> **응용 프롬프트 136** **사진 속 자동차가 무슨 모델인지** 알려줘.
> **응용 프롬프트 137** **최초의 벤츠** 자동차의 정보를 알려줘.
> **응용 프롬프트 138** **자동차 엔진오일의 교환 주기를** 알려줘.

위 프롬프트를 살펴보면 챗GPT에게 이미지를 주면 자동차 모델 확인도 가능하며 자동차 연식과 모델을 주고 엔진 오일 등 각종 부품의 교체 시기도 알려줍니다. 뿐만 아니라 자동차의 역사와 전기차, 자율 주행 차량 등 최신 자동차 기술에 대해서도 알려줍니다.

이번에는 자동차 경고등 사진을 챗GPT에게 주고 어떤 문제인지, 어떻게 해결해야 하는지 물어보겠습니다.

01 자동차의 경고등을 스마트폰으로 촬영합니다. 계기판을 보면 경고등 여러 개가 모여 있어 최대한 경고등을 확대하여 하나의 경고등만 촬영합니다. 그래야 챗GPT가 잘 인식할 수 있습니다. 촬영한 경고등 사진을 챗GPT에 첨부한 후 다음과 같이 요청합니다.

자동차 경고등 의미를 알려줘.

사진 속 자동차 경고등은 "온도 경고등"을 나타냅니다. 이 경고등이 켜지면 엔진이 과열되고 있다는 신호입니다. 안전을 위해 가능한 빨리 차를 세우고 엔진을 끄세요. 그리고 엔진이 식을 때까지 기다린 후, 냉각수 수준을 확인하세요. 필요하다면 전문 정비사의 도움을 받는 것이 좋습니다.

챗GPT가 사진 속 경고등이 온도 경고등이라는 것부터 나타났을 때 어떻게 대처해야 하는 지도 알려주었습니다. 챗GPT가 알려준 설명대로 대처하더라도 실제 부품이 고장난 것일 수 있으며 챗GPT의 답변에서 '경고등으로 보입니다', '경고등일 수 있습니다'처럼 애매하게 답변할 경우에는 정확한 정보가 아니므로 챗GPT 외 검색 엔진에서 찾아보거나 꼭 전문가와 상담하세요.

> **TIP** 주의! 절대 운전 중에 촬영하지 마세요!

퍼스널 컬러 진단이라고 들어 봤나요? 퍼스널 컬러^{Personal Color}는 개인의 피부 톤, 눈 색, 머리 색 등의 신체적인 특징에 가장 잘 어울리는 색상을 말합니다. 퍼스널 컬러 진단은 개인에게 어울리는 색상 팔레트를 찾아주는 과정으로, 이를 통해 그 사람이 가장 돋보이고 생기 있어 보이는 색을 알 수 있습니다. 챗GPT가 직접 퍼스널 컬러 진단을 할 순 없지만 사진을 바탕 으로 기본적인 가이드 제공이나 상황을 설명해 어울리는 색상 추천을 받을 수는 있습니다. 행사나 이벤트 또는 어울리는 옷 색상을 선택할 때 도움이 되는 정보를 얻을 수 있는 기본 프롬프트를 소개합니다.

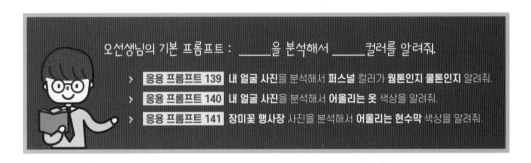

이번엔 챗GPT에게 사진을 주고 퍼스널 컬러 추천을 받아보겠습니다.

01 먼저 진단할 사진을 찍습니다. 사진은 밝은 곳에서 카메라 정면을 바라보고 촬영한 얼 굴 사진이어야 하며 머리카락과 눈, 피부가 잘 드러나야 합니다. 또한 색이 있는 조명 에서 촬영할 경우 머리카락, 눈, 피부색이 있는 그대로 나오지 않고 영향을 받으므로 그러지 않도록 주의해야 합니다. 사진 촬영 후 다음 링크를 통해 어도비 테마 추출 사 이트로 이동합니다.

• 어도비 테마 추출 사이트 : color.adobe.com/ko/create/image

02 ❶ [테마 추출]에서 ❷ [파일 선택]을 눌러 ❸ 촬영한 사진 파일을 ❹ [열기]로 추가합니다.

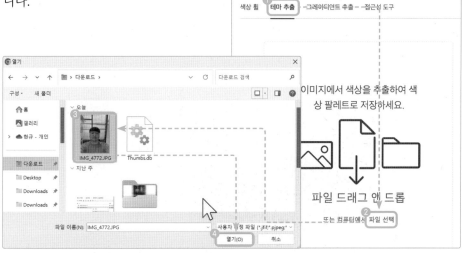

03 그러면 다음 이미지처럼 5개의 드래그 가능한 점이 생긴 것을 확인할 수 있습니다. 점을 머리카락, 눈동자, 코, 볼, 이마로 이동하여 각 부위의 색상 코드를 확인합니다.

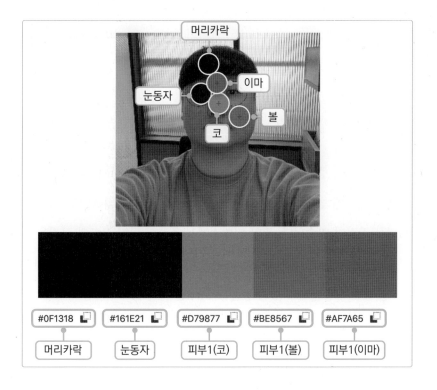

04 이제 챗GPT에도 사진을 첨부하고 퍼스널 컬러와 색상 팔레트 분석을 요청합니다.

내 신체 색상은 아래와 같아.

  머리카락: #0F1318

  눈동자: #161E21

  피부1(코): #D79877

  피부2(볼): #BE8567

  피부3(이마): #AF7A65

내 퍼스널 컬러가 웜톤인지, 쿨톤인지 알려줘.

봄, 여름, 가을, 겨울에 어울리는 색상 팔레트도 알려줘.

사진에서 언급된 머리카락, 눈동자, 피부 색상을 바탕으로 당신의 퍼스널 컬러를 판단해 보겠습니다. 제공해 주신 색상 코드들을 분석해본 결과, 다음과 같은 결과를 도출할 수 있습니다.

- 머리카락(#0F1318): 매우 진한 갈색 또는 검은색
- 눈동자(#161E21): 진한 회색계열의 갈색
- 피부1(코 - #D79877), 피부2(볼 - #BE8567), 피부3(이마 - #AF7A65): 모두 따뜻한 색조의 베이지 와 분홍을 띠는 색상

… 생략 …

웜톤에 속하는 당신에게는 특히 봄과 가을 팔레트의 색상들이 더욱 돋보이고 어울릴 것입니다. 이 색상들을 활용해 보시기 바랍니다!

실제 사진 속 인물의 퍼스널 컬러는 웜톤입니다. 조명색, 배경에 반사된 빛, 그림자 등 요소 가 챗GPT의 정확한 진단에 방해가 될 수 있지만 큰 비용을 들이지 않고 퍼스널 컬러를 자 가 진단할 수 있다는 장점이 있습니다. 또한 이미지에서 추출한 컬러 코드와 사진을 함께 입 력함으로써 챗GPT가 조금 더 정확한 결과를 내놓을 수 있도록 보완합니다. 만약 자신 또는 주변 사람의 퍼스널 컬러가 궁금하다면 한 번쯤 챗GPT를 활용해보기 바랍니다.

쉬운 활용 48 **패션 트렌드 조언 얻기**

올해는 어떤 패션이 유행하는 걸까요? 친구 결혼식 또는 파티에 어떤 옷을 입고 가야 할까요? 매일 입는 옷, 오늘은 어떤 스타일로 입을지 생각하는 게 즐거울 때도 있지만 고민이 될 때도 있을 겁니다. 그럴 때 챗GPT에게 패션 조언을 요청하세요. 패션 조언을 얻는 방법은 어울리는 옷, 유행, 장소, 상황 등에 맞게 다양하며, 여기서는 알맞은 패션 조언 프롬프트를 구성하는 방법을 소개하고 챗GPT에게 직접 조언도 얻어보겠습니다.

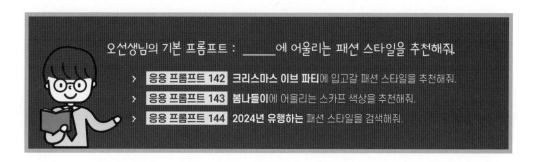

위 프롬프트를 참고해서 답변을 받아보면 비교적 상세하지 못하다는 느낌이 들 것입니다. 좀 더 상세한 패션 조언을 얻으려면 어떻게 해야 할까요? 우선 패션 조언을 얻고자 하는 콘셉트가 있다면 프롬프트에 명확하게 제시하는 것이 좋습니다. 다음은 패션 조언을 요청하는 5가지 프롬프트 예시로 어떻게 구성했는지 살펴봅시다.

1. 오리지널 스타일링

키 170cm, 몸무게 80kg, 40대 남성의 8월 패션을 스타일링해줘.

    a. 체형을 적극적으로 고려해줘.

    b. 땀이 많이 나는 체질이야.

    c. 출근 복장으로도 적합해야 해.

→ 기본 요소와 부가적인 정보만 제공하여 챗GPT가 자유롭게 패션 조언하도록 요청합니다.

2. 특정 아이템 중심의 스타일링

 a. 빈티지 청바지와 어울리는 다양한 재질의 아우터를 추천해줘.

→ 특정 아이템과 어울리는 스타일링을 요청합니다.

3. 인물을 통한 스타일링

 a. 스티브 잡스의 패션을 현대적으로 해석하여 스타일링해줘.

→ 특정 인물의 스타일을 바탕으로 새로운 스타일링을 요청합니다.

4. 실용적인 스타일링

 a. 추운 날씨에 실용적인 스타일링을 추천해줘. 보온성이 뛰어나지만, 난방이 되는 시설에서 땀이 나지 않도록 통기성도 중요해.

→ 필요한 기능을 중심으로 스타일링을 요청합니다.

5. 요소를 조합한 스타일링

 a. 스티브 잡스의 패션을 현대적으로 해석하고, 추운 날씨에 실용적인 스타일링으로 빈티지 청바지와 어울리는 다양한 재질의 아우터를 추천해줘.

옷을 입는데 가장 기본적인 영향을 주는 요소는 오리지널 스타일링에 나와있는 신체 정보, 계절 또는 구체적인 날씨일 겁니다. 이 외에도 실용성, 특정 인물을 따라하거나, 소유한 옷에 대한 정보를 주어 매칭하는 방법 등 상세한 요구 사항을 주어 응답을 얻을 수 있습니다. 이럴 경우 경우 챗GPT의 창의적인 조언을 얻기 어려울 수 있습니다. 그렇다면 위 5가지 프롬프트를 종합하여 입력했을 때 원하는 스타일링이 나오는지 살펴봅시다.

01 여러 요소를 조합한 스타일링 요구를 위해 프롬프트를 입력합니다.

스티브 잡스의 패션을 현대적으로 해석하고, 추운 날씨에 실용적인 스타일링으로 빈티지 청바지와 어울리는 다양한 재질의 아우터를 추천해줘.

스티브 잡스의 패션은 주로 심플하고 미니멀한 스타일로 잘 알려져 있습니다. 그의 상징적인 스타일은 검은색 터틀넥, 청바지, 그리고 운동화로 구성되었습니다. 이를 현대적으로 해석하여 추운 날씨에도 실용적이면서 스타일리시하게 연출할 수 있는 방법을 제안하겠습니다.

1. 터틀넥 스웨터

- **현대적 해석**: 스티브 잡스의 검은색 터틀넥을 대신하여 울이나 캐시미어 소재의 터틀넥 스웨터를 선택해보세요. 이는 보온성을 유지하면서도 고급스러운 느낌을 줄 수 있습니다.

··· 생략 ···

이러한 요소들을 조합하여 스티브 잡스의 아이코닉한 스타일을 현대적으로 재해석할 수 있습니다. 자신만의 개성을 더해 다양한 조합을 시도해보세요.

요청한 대로 터틀넥 스웨터와 청바지로 유명한 스티브 잡스의 패션을 재해석하여 다양한 스타일링 방법을 제시했습니다.

'무조건 요소를 조합하는 것이 원하는 대답을 얻는 방법 아닌가'라는 궁금증이 생길 수도 있습니다. 어떤 요소에 집중하느냐에 따라서 챗GPT가 천차만별의 응답을 내놓기 때문에 조언이 필요한 부분에 대해서만 요청하는 것이 특정 요소에 관한 조언을 더 많이 얻을 수 있는 방법입니다. 챗GPT에게 패션에 대한 정답을 요구하기보다는 다양한 프롬프트를 입력해서 조언을 얻거나, 이어서 질문하여 더 나은 조언을 도출하는 등의 방법으로 활용해보세요.

생활 법령 검색하기

일상 생활을 하면서 법 관련 지식이 궁금할 때가 있지요? 법령을 확인해야 하는 상황은 생각보다 많이 발생할 수 있습니다. 예를 들어 교통 규칙 확인, 부동산 거래, 계약서 작성 등 여러 상황이 있죠. 분야가 다 다르기 때문에 알맞은 법률을 찾는 데도 꽤 시간이 걸릴 겁니다. 여기서는 생활 속 법령을 쉽고 빠르게 파악하는 프롬프트를 확인하고 챗GPT를 활용하여 필요한 법률을 검색하겠습니다.

> **TIP** 법령은 법률과 시행령, 시행규칙 등을 포함하는 넓은 개념으로 법률과 이를 구체적으로 실행하기 위한 규정을 모두
> 포함합니다. 즉, 법률은 법령의 일부이며 법령은 법률과 그 하위 법규를 포괄하는 개념입니다.

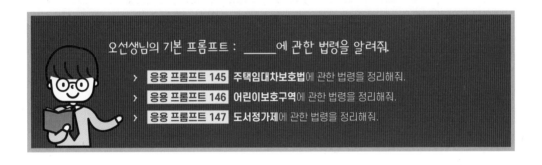

오선생님의 기본 프롬프트 : _____에 관한 법령을 알려줘.

> **응용 프롬프트 145** 주택임대차보호법에 관한 법령을 정리해줘.
> **응용 프롬프트 146** 어린이보호구역에 관한 법령을 정리해줘.
> **응용 프롬프트 147** 도서정가제에 관한 법령을 정리해줘.

확인하고 싶은 법률이 있다면 위 프롬프트와 같이 해당 법령에 대해서 알려달라고 하면 챗GPT가 꽤나 상세하게 알려주는 것을 확인할 수 있습니다.

단순 상식 수준을 넘는 법률 지식이 필요하다면 어떨까요? 예를 들어 교통사고가 난 상황에서 과실 비율이 어떻게 측정되었는지 비슷한 사건 또는 판례를 보고 싶다면 말이에요. 실제 사례와 같은 내용은 검색에도 잘 안나오기 때문에 전문적인 법률 자문을 받는 경우가 많지만 비싼 비용 때문에 망설이곤 합니다. 그래서 법제처는 생활법령정보이라는 사이트를 운영하여 다양한 생활법령정보를 검색할 수 있게 지원합니다. 누구나 실생활에 필요한 법령을

쉽게 찾아볼 수 있도록 260여개의 콘텐츠를 주제, 관심사, 생애주기별로 제공하고 있습니다. 하지만 사건이 사람마다 같은 방식으로 일어나는 건 아니기 때문에 실제로 필요한 정보를 탐색하는 건 법령에 익숙하지 않은 사람에게는 큰 장벽입니다.

- 생활법령정보 : easylaw.go.kr

예를 들어 '계약금 반환'으로 **생활법령정보** 사이트에서 검색하면 총 42건의 생활법령 본문과 3건의 판례, 4건의 기타 콘텐츠가 나타납니다. 현재 처한 상황에 대한 정보를 얻으려면 이 49건의 정보를 하나씩 확인해야 하는 거죠.

검색어 "계약금 반환"에 대한 [49건]통합검색 결과입니다.

Q 결과내 검색 [   ] 검색

ⓘ 결과내 검색을 이용하시면 보다 정확한 결과를 제공합니다.

연관검색어 농지취득 농지매매 농지취득자격 농지증여 농지교환 농지상속 부동산 부동산 상속 부동산 매매 부동산 세금 토지매매 전세계약 임대차 상가건물 주택 주택임대차 주택임대차보호법 전세권 채권적 전세 미등기 전세 임대차 계약

01 자, 이제 챗GPT를 활용하면 어려운 법 용어를 확인하면서 검색하는 것보다 빠르게 법령과 판례, 정보 출처를 확인할 수 있습니다. 챗GPT를 활용하여 계약금 반환에 관한 법령을 검색해보겠습니다.

분양대행사 직원이 자신과 연결된 은행에서 중도금을 대출 받을 수 있다는 말에 계약금을 내고 분양 계약을 했어. 그런데 은행에서 대출한도 소진을 이유로 대출을 거부했는데, 분양회사가 미납 중도금과 연체료를 내지 않으면 분양을 해지한다고 통보했어. 분양대행사 직원의 말을 믿고 계약했는데, 계약금만 잃게 생겼어. 분양 계약을 취소하고 계약금을 돌려받을 수 있을까? 관련 법령을 포함하여 설명해줘. 관련 판례와 정보 출처도 검색해서 알려줘.

계약금을 돌려받고 분양 계약을 취소할 수 있는지 여부는 법률적인 검토가 필요한 사안입니다. 다음과 같은 법적 근거와 판례가 참고될 수 있습니다:

1. 민법 제109조 (착오로 인한 의사표시의 취소): 법률행위의 내용의 중요 부분에 착오가 있는 경우, 계약을 취소할 수 있습니다. 즉, 분양대행사가 대출 가능성에 대해 잘못된 정보를 제공한 것이 착오를 유발했다면 계약 취소가 가능합니다 (Law.go.kr) (추천 : 네이버 블로그).

… 생략 …

따라서, 해당 사례에서는 분양대행사의 잘못된 설명으로 인해 착오에 의한 계약 체결로 판단될 수 있으며, 이를 근거로 계약 취소와 계약금 반환을 청구할 수 있을 것으로 보입니다. 그러나 구체적인 상황에 따라 법적 판단이 달라질 수 있으므로, 법률 전문가와 상담하여 구체적인 조치를 취하는 것이 좋습니다. 이와 관련된 자세한 법적 조언이나 소송 절차에 대한 상담은 부동산 전문 변호사를 통해 진행하는 것이 바람직합니다.

챗GPT가 요청한 사건과 함께 계약금을 돌려받을 수 있다는 내용의 법령과 관련된 판례, 출처도 알려주었습니다. 이처럼 사건을 구체적으로 설명하면 관련한 생활 법령 정보를 챗GPT를 통해 쉽게 검색할 수 있습니다.

생활 속에 법령을 정확하게 이해하고 준수하는 것은 개인의 권리를 보호하고 법적인 문제를 예방하는 데 매우 중요합니다. 챗GPT를 활용해서 생활 속 법령을 확인하고 지키는 것도 매우 좋지만, 만약 구체적인 법적 상황이 발생한다면 법령을 확인하고 필요한 경우 전문가의 도움을 받는 것이 가장 좋습니다.

📋 마무리 요약

- ☑ 챗GPT는 다양한 주제의 데이터를 학습하고 지속적인 업데이트를 하고 있습니다. 챗GPT에게 무엇이든 물어보면 다양한 정보를 알려주니 일상에서 적극적으로 활용해보세요.
- ☑ 자동차, 식물, 패션 트렌드, 심지어 생활 속 법령까지 궁금한 것은 무엇이든 대답해주는 챗GPT를 활용하세요.
- ☑ 챗GPT에게 정보를 요청하기 위해 이미지를 주면 이미지를 분석하여 관련 정보에 대해 응답해줍니다.

정말 쉽네?

Part

08

나만의
GPT 만들기

여기서 공부할 내용

GPTs는 Open AI에서 제공하는 맞춤형 챗GPT입니다. AI를 사전 훈련하여 사용자 고유의 필요와 목표에 맞게 특정 작업을 수행하도록 조정하는 거죠. 쉽게 말하면 Chapter 03 **챗GPT 가입하기**에서 배운 챗GPT 맞춤 설정이 좀 더 강화된 것으로 언제든 꺼내서 채팅할 수 있는 기능입니다. GPTs는 다른 사람이 만든 GPTs를 누구나 사용할 수 있으며 유료 버전 사용자는 원하는 GPTs를 직접 만들 수도 있습니다. GPTs를 사용하는 방법부터 몇 가지 주요한 GPTs 소개와 유료 버전 예비 사용자를 위해 간단한 GPTs를 만드는 방법을 배우겠습니다.

💬 이 그림은 '사람이 AI에게 새로운 능력을 추가하여 제작하는 모습을 강조하여 그려줘.'라고 프롬프트를 입력하여 생성한 이미지입니다.

Chapter 23

GPTs 알아보기

GPTs란 무엇인가요? 챗GPT와 사용법이 다른가요? GPTs는 어떻게 사용하며, 괜찮은 GPTs 가 있나요?

학생

오선생님

그렇습니다. GPTs는 오픈AI의 챗GPT 서비스 내에서 제공되며, 오픈AI 계정이 있다면 이 기능을 사용할 수 있습니다. 다만 GPTs는 유료 구독이나 정책, 지역 제한 등 몇 가지 조건에 따라 사용량 등에서 차이가 있을 수 있습니다. 여기서는 GPTs란 무엇이고 어떻게 사용하며, 많이 사용하는 GPTs는 무엇이 있는지 살펴보겠습니다.

💬 GPTs란 무엇인가요?

GPTs는 GPT의 복수형이라는 것 외에는 다른 의미는 없습니다. 그런데 인터넷을 검색하면 사람들이 GPTs를 '맞춤형 GPT'라고 부릅니다. 이 두 설명에는 어떤 관계가 있는 것일까요?

우리가 처음에 공부했던 내용을 떠올려봅시다. GPT는 뭐라고 했었나요? **오픈AI가 만든 챗GPT의 기반이 되는 AI 모델**이라고 설명했습니다. GPT는 다음에 나올 텍스트를 예측해서 만드는 기능을 가진 모델이었습니다. 정리하자면 다음과 같습니다.

1. 챗GPT는 오픈AI가 만들었다.
2. GPT는 다음에 나올 텍스트를 예측하여 만드는 모델이다.

그럼 GPTs는 무엇일까요? 특정 상황에 맞게 더 잘 대답하도록 조정하여 만든 GPT를 말합니다. '한글 맞춤법 수정에 더 잘 대답하는 GPT', 'Dall-E 사용에 더 특화한 GPT' 등을 만들어서 제공하는 식이죠. 그것을 GPTs라고 부르는 것입니다. 정리하자면 다음과 같습니다.

1. 특정 상황에 더 잘 대답하는 GPT를 만들었다.
2. 상황별 GPT가 많네? 복수 표현을 사용해서 그런 것들을 아울러 부르는 용어를 GPTs라고 정하자.

정리하자면 챗GPT에 사용하는 AI 모델의 근간은 GPT이며, 이 GPT를 조금씩 상황별로 조정하여 만든 GPT들을 GPTs라고 부르는 것입니다. 엄밀히 말해 GPTs는 맞춤형 GPT들을 묶어서 부르는 말이므로 이 책에서는 그런 GPT들을 지칭하여 부를 때 OOO GPT라고 부르겠습니다. 예를 들어 달리 GPT, 한글 맞춤법 GPT라고 부르겠습니다.

💬 GPTs 사용하기

그럼 GPTs는 어떻게 사용하는 걸까요? GPTs를 직접 만들어보기 전에 다른 사람들은 어떤 기능을 특화하여 GPTs를 만들었는지 살펴보고 직접 사용법도 알아봅시다. 직접 만든 GPTs가 없기 때문에 다른 사람이 만든 GPTs를 추가해서 사용하겠습니다.

01 챗GPT 사이드바에 있는 [GPT 탐색]을 클릭하면 GPTs 화면으로 이동합니다. [GPT 탐색]은 모바일 버전에서는 사이드바, 데스크톱 앱에서는 버전 선택에서 찾을 수 있습니다. Chapter 05 **챗GPT 화면의 기능 파헤치기**를 참고하세요.

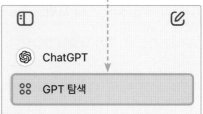

02 다음 이미지는 GPTs 화면입니다. 오른쪽 위에 GPTs를 직접 만들 수 있는 ❶ [+ 만들기] 버튼과 중앙에 GPTs를 검색할 수 있는 ❷ 검색창, 분야별 GPTs를 탐색할 수 있는 ❸ 메뉴도 보입니다. 그 아래로는 추천과 현재 인기 있는 GPTs를 보일 겁니다. 맞습니다. GPT 탐색은 GPT store와 같은 기능으로 마치 스마트폰 앱을 내려받을 수 있는 앱 스토어나 구글 플레이를 보는 느낌과 비슷하죠? 실제 GPTs 사용 방법도 스마트폰 앱과 비슷합니다.

03 다양한 GPT가 있지만, 오픈AI의 챗GPT 팀에서 직접 맞춤 조정한 GPT를 사용해보겠습니다. GPT 탐색 화면에서 스크롤을 내리면 '작성자: ChatGPT', 'ChatGPT 팀에서 만든 GPT' 항목을 발견할 수 있습니다. 여기서 DALL-E를 누릅니다. 달리 GPT는 챗GPT에서 이미지 생성에 조금 더 잘 대답해주는 GPT입니다.

> **TIP** 만약 항목이 안 보이는 경우에는 검색창에 'DALL-E'를 입력하세요.

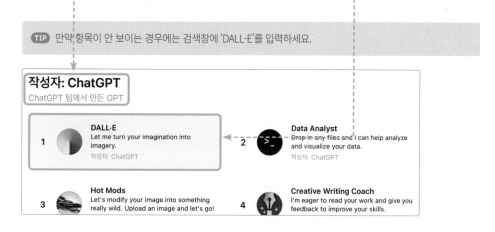

04 그러면 다음 이미지와 같은 창이 나타납니다. 기능과 평가 등 기본적인 설명이 보이며 맨 아래에 있는 [채팅 시작]을 클릭합니다.

05 그러면 챗GPT의 채팅 화면이 달리로 바뀐 것을 확인할 수 있습니다. 버전 선택도 DALL-E로 바뀌었고, 프롬프트 입력 칸도 '메시지 DALL-E'로 변경되었습니다. 그리고 입력 칸 위에 [+ 라인 아트], [+ 클로즈업], [+ 뮤트], [⤬] 등 못 보던 버튼이 보입니다. 각각 어떤 기능을 하는지 하나씩 알아보겠습니다.

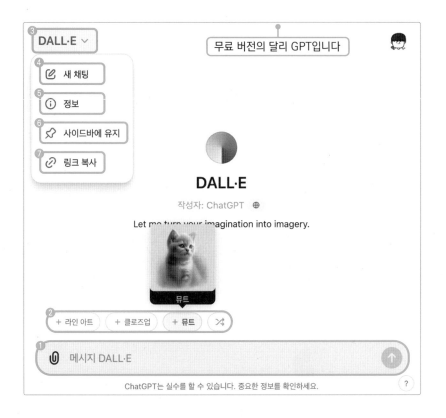

❶ 프롬프트 입력 창으로, 프롬프트를 입력하면 달리로 이미지 생성하는 것이 기본 동작으로 바뀝니다.

❷ 이미지 생성에 참고할 수 있는 프롬프트 예시입니다. 마우스 커서를 대면 어떤 스타일인지 예시 이미지를 보여주며, 클릭하면 입력 칸에 추가됩니다. [⤬]를 누르면 다른 프롬프트 예시를 제공하며, 이미지 생성 아이디어가 부족할 때 사용하면 됩니다.

❸ 달리 GPT에 대한 메뉴로 새 채팅, 정보, 사이드바에 유지, 링크 복사가 보입니다.

❹ 달리 GPT로 새로운 채팅을 시작합니다.

❺ 달리 GPT의 정보를 보여줍니다.

❻ 클릭하면 달리 GPT가 사이드바에 유지됩니다. 사이드바에 유지를 누르지 않아도 달리 GPT와 1회 이상 채팅하면 자동으로 사이드바에 고정됩니다.

❼ 링크 복사를 누르면 달리 GPT를 다른 사람에게 공유할 수 있는 링크를 복사합니다.

06 달리 GPT의 기능을 알아봤으니 이제 이미지를 생성해보겠습니다. 프롬프트 입력 창에 '얼룩말' 단어만 입력하고, 나머지는 프롬프트 예시를 눌러 추가한 다음 이미지 생성을 요청합니다.

생성된 이미지를 보니 얼룩말 이미지가 잘 만들어졌습니다. 달리 GPT의 장점은 프롬프트 예시를 통해 이미지가 어떤 스타일로 생성될지 미리보기로 파악할 수 있으며,

예시로 도움도 받을 수 있어서 프롬프트를 작성하기 위해 큰 고민을 하지 않아도 된다는 점입니다. 예시를 이용할 경우 고정된 스타일로 이미지를 생성하기 때문에 좀 더 창의적인 이미지를 원한다면 직접 프롬프트를 작성해서 이미지를 생성하는 편이 나을 수 있습니다.

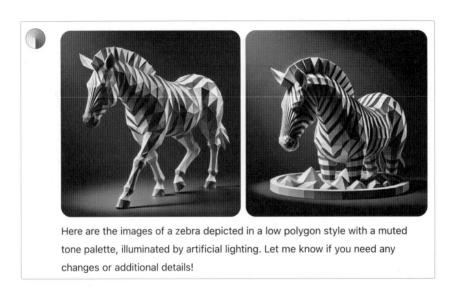

Here are the images of a zebra depicted in a low polygon style with a muted tone palette, illuminated by artificial lighting. Let me know if you need any changes or additional details!

달리 GPT 뿐만 아니라 글쓰기, 생산성 등 다른 GPT도 [채팅 시작]만 누르면 위와 같이 사용할 수 있습니다. 또한 유료 버전일 때 기능이 추가되는 GPT도 있습니다. 예를 들어 달리 GPT의 경우 프롬프트 예시 개수에 차이가 있을 수 있으며, 이미지의 가로세로비도 설정할 수 있습니다.

이렇듯 GPTs는 고유의 필요와 목표에 알맞은 기능을 제공합니다. 기본 챗GPT만으로 원하는 결과물을 생성할 수 없는 경우 GPTs를 활용해보기 바랍니다.

💬 많이 사용하는 GPTs

지금 이 순간에도 새로운 GPT가 만들어지고 있는 만큼 매우 다양한 GPTs가 있으며 책에서 모든 것을 다룰 순 없습니다. 그러므로 많이 사용하는 GPTs 중에서 3가지만 소개하겠습니다.

검색 엔진에 최적화한 글을 잘 써주는 'Fully SEO Optimized Article including FAQ's'

 Fully SEO Optimized Article including FAQ's는 검색 엔진에 최적화한 글을 작성해주는 GPT입니다. 프롬프트를 입력하면 주제와 세부 내용으로 구조를 만든 후 글을 작성합니다. 글의 주제와 관련하여 자주 묻는 질문(FAQs)도 제공합니다. 검색 엔진 최적화가 적용된 글만 아니라 어떤 주제라도 체계적인 구조를 갖춘 글로 작성하는 데 도움을 줍니다.

다음은 Fully SEO Optimized Article including FAQ's GPT에서 프롬프트를 입력하고 답변받은 것으로 챗GPT와 어떤 차이를 가지고 답변해주는지 확인해보세요.

 서울의 관광지를 소개하는 블로그 글을 한국어로 작성해줘.

 서울의 관광지를 탐험하세요

서울에서 꼭 가봐야 할 관광지

서울은 전통과 현대가 조화를 이루는 도시로, 다양한 매력을 지닌 관광지가 많습니다. 이 글에서는 서울에서 꼭 방문해야 할 명소들을 소개하겠습니다.

목차

경복궁

서울을 대표하는 경복궁은 조선시대의 궁궐로, 화려한 건축물과 아름다운 정원을 자랑합니다. 경복궁을 방문하면 조선왕조의 역사를 느낄 수 있으며, 특히 수문장 교대식은 놓치지 말아야 할 볼거리입니다. 경복궁 내에는 국립민속박물관과 국립고궁박물관도 있어, 한국의 전통 문화를 더욱 깊이 이해할 수 있습니다.

N서울타워

서울의 랜드마크 중 하나인 N서울타워는 서울의 전경을 한눈에 볼 수 있는 최고의 장소입니다. 타워에 올라가면 낮과 밤의 서울을 각각 다른 매력으로 감상할 수 있으며, 특히 연인들이 자물쇠를 거는 '사랑의 자물쇠'로 유명합니다. 또한, 타워 주변의 남산 공원에서 산책을 즐기며 자연을 만끽할 수도 있습니다.

… 생략 …

FAQ

서울에서 가장 유명한 관광지는 어디인가요?

경복궁, N서울타워, 명동 등이 서울의 대표적인 관광지입니다.

서울에서 전통 문화를 체험할 수 있는 곳은 어디인가요?

북촌 한옥마을, 인사동, 남산 한옥마을에서 전통 문화를 체험할 수 있습니다.

서울의 자연을 만끽할 수 있는 장소는 어디인가요?

한강공원, 서울숲, 남산 공원 등에서 자연을 만끽할 수 있습니다.

서울에서 쇼핑을 즐기기에 좋은 곳은 어디인가요?

명동, 홍대, 가로수길 등이 쇼핑을 즐기기에 좋습니다.

서울에서 가족과 함께 즐길 수 있는 장소는 어디인가요?

롯데월드, 한강공원, 서울숲 등이 가족 단위로 즐기기에 좋은 장소입니다.

서울에서 예술과 문화를 감상할 수 있는 곳은 어디인가요?

서울 시립미술관, 동대문 디자인 플라자 등이 예술과 문화를 감상할 수 있는 장소입니다.

결론

서울은 다양한 매력을 지닌 도시로, 방문할 가치가 충분한 관광지들이 많습니다. 전통과 현대, 자연과 도시가 어우러진 서울에서 특별한 추억을 만들어보세요.

Fully SEO Optimized Article including FAQ's GPT를 통해 받은 답변을 살펴보면 '서울 관광지 소개' 블로그 글 요청에 맞게 탐험할 관광지 목록, 그에 따른 설명, 자주 묻는 질문까지 잘 갖춰서 응답해준 것을 확인할 수 있습니다.

지식 검색 엔진으로 학문 관련 정보를 더 잘 대답하는 'Wolfram'

울프럼^{Wolfram}은 지식 검색 엔진인 울프럼 알파^{Wolfram Alpha}를 연결해서 응답하는 GPT입니다. 울프럼 GPT는 울프럼 알파와 연결되어 있어서 더 정확하고 정교한 계산을 수행하며, 실시간으로 데이터에 접근이 가능하여 이를 기반으로 질문에 답변할 수 있습니다. 이는 앞서 설명한 챗GPT의 한계인 실시간 정보를 불러오지 못하는 점과 검색으로 정보를 가져올 수는 있지만, 신뢰할 수 있는 정보인지 사용자의 판단이 필요한 것을 보완합니다.

특히 울프럼 알파는 지식 검색 엔진으로 수학 문제를 풀거나 물리, 화학, 생물 등 여러 학문의 정보를 가져오는 데 탁월합니다. 그렇기 때문에 울프럼 GPT가 전문 지식 관련 질문에 대해 더 유용한 결과를 가져올 수 있습니다. 또한 챗GPT는 수학 문제 풀이에 약점이 있는데,

울프럼 GPT로 보완해줄 수 있다는 장점도 있습니다.

울프럼과 챗GPT 모두 일반적인 검색이 가능하지만 차이가 있다면 기본 챗GPT는 빙에서 검색한 결과를 GPT로 분석해서 응답하지만, 울프럼 GPT는 데이터 분석 등의 요청을 울프럼 알파가 계산하여 응답한다는 점입니다.

> **TIP** 울프럼 알파는 계산용 프로그램인 매스매티카의 개발자인 물리학자 스티븐 울프럼이 만든 검색 엔진으로 슈퍼컴퓨터의 인공지능을 통해 웹상의 지식을 재구성하여 사용자에게 제공하며 간단한 연산을 직접 수행하고 그래픽 결과도 시뮬레이팅합니다.

다음은 울프럼 GPT에서 프롬프트를 입력하고 답변받은 것으로 챗GPT와 어떤 차이를 가지고 답변해주는지 확인해보세요.

01 애플, 마이크로소프트, 구글, 테슬라, 엔비디아의 실적 비교를 요청하겠습니다.

2024년 2분기 애플, 마이크로소프트, 구글, 테슬라, 엔비디아의 실적을 비교해줘.

2024년 2분기 애플, 마이크로소프트, 구글, 테슬라, 엔비디아의 실적을 비교하기 위해 각 회사의 주요 재무 지표를 조회하겠습니다. 이를 위해 각 기업의 매출, 순이익, 주당순이익(EPS) 등의 데이터를 가져오겠습니다. Wolfram Alpha를 사용하여 빠르고 정확하게 정보를 얻을 수 있습니다.

먼저 각 기업의 2024년 2분기 실적을 조회하고 비교하기 위해 Wolfram Alpha에 다음과 같은 쿼리를 보낼 것입니다:

"Apple Q2 2024 earnings"

"Microsoft Q2 2024 earnings"

"Google Q2 2024 earnings"

"Tesla Q2 2024 earnings"

"Nvidia Q2 2024 earnings"

이 작업을 위해 Wolfram Alpha를 사용하여 각 회사의 재무 데이터를 수집하겠습니다.

Chain of Thought

각 회사의 2024년 2분기 실적 데이터를 조회합니다.

각 기업의 매출, 순이익, 주당순이익(EPS) 등의 주요 지표를 비교합니다.

비교 결과를 요약하여 제공합니다.

이제 Wolfram Alpha를 사용하여 각 회사의 실적 데이터를 조회하겠습니다.

Wolfram이(가) wolframalpha.com과(와) 대화하고 싶어합니다

[허용하기] [항상 허용하기] [거부하기]

⚠ 신뢰하는 사이트만 허용합니다.

02 울프럼 GPT가 울프럼 알파로 데이터를 조회하겠다는 의미입니다. [허용하기]를 누릅니다.

현재 Wolfram Alpha를 통해 2024년 2분기 실적 데이터를 얻은 기업은 Nvidia뿐입니다. 나머지 기업들 (Apple, Microsoft, Google, Tesla)의 데이터는 아직 제공되지 않습니다. Nvidia의 2024년 2분기 실적은 다음과 같습니다:

매출: $14.88 billion (미국 달러)

다른 기업들의 실적 데이터를 추가로 확인하거나 제공받기 위해, 다음 방법을 고려할 수 있습니다:

각 기업의 공식 웹사이트 또는 투자자 관계(IR) 페이지에서 최신 실적 보고서를 확인합니다.

금융 뉴스 사이트에서 최신 실적 정보를 확인합니다.

이 정보를 바탕으로 비교를 완료할 수 있을 것입니다. 추가 데이터가 필요하시거나 다른 질문이 있으시면 말씀해 주세요.

실제로 책을 집필하는 시점에서 2024년 2분기 실적을 발표한 건 엔비디아 뿐이었습니다. 그러므로 울프럼 GPT가 엔비디아의 실적 데이터만 가져오고, 나머지는 가져올 수 없었죠. 이를 통해 울프럼 GPT가 요청에 대해 얼마나 정확한 실시간 정보를 제공하는지 파악할 수 있습니다.

01 이번에는 울프럼 알파의 수학 계산을 수행하는 강력한 엔진을 활용하여 울프럼 GPT에게 수학 문제를 풀이를 요청하겠습니다.

> *7.* 두 일차방정식
> $$x - 2y = 7, \ 2x + y = -1$$
> 의 그래프의 교점의 좌표를 (a, b)라 할 때, $a+b$의 값은? [3점]
> ① -6 ② -5 ③ -4 ④ -3 ⑤ -2

이 문제를 풀어볼래? 해설은 한글로 해.

주어진 문제는 두 직선의 교점 좌표를 구한 뒤, 그 좌표를 (a, b)라 할 때 a+b의 값을 묻는 문제입니다. 두 직선의 방정식은 다음과 같습니다:

$$x - 2y = 7 \ (1)$$
$$2x + y = -1 \ (2)$$

이 과정을 Wolfram Language를 사용하여 확인하겠습니다. 다음은 Wolfram Cloud를 사용하여 계산한 과정입니다.

1. (2)식에서 yyy에 대해 정리
$$y = -2x - 1 \quad (3)$$
이 값을 (1)식에 대입합니다.

2. (3)을 (1)에 대입
$$x - 2(-2x - 1) = 7$$
$$x + 4x + 2 = 7$$
$$5x = 5$$
$$x = 1$$

3. x = 1을 (3)에 대입하여 y를 구합니다.
$$y = -2(1) - 1 = -2 - 1 = -3$$

4. 교점은 (1,−3)이고, a + b = 1 + (−3) = −2입니다.

따라서 정답은 ⑤번 -2입니다.

정답은 울프럼 GPT가 계산해준 것과 같이 -2가 맞습니다. 정확하게 풀이하기 위해 GPT에게 계산을 맡기지 않고 전체 울프럼 서비스와 연결되는 인텔리전스 플랫폼인 울프럼 클라우드에 요청한 것을 확인할 수 있습니다. 이처럼 복잡한 수학 계산에서 정확한 계산과 해결이 필요할 때는 울프럼 GPT를 사용하세요.

컬러링 북 이미지를 잘 생성해주는 'Coloring Book Hero'

Coloring Book Hero는 모든 이미지를 색칠 공부용 그림책인 컬러링 북처럼 색을 채워넣어야 하는 형태로 생성하는 GPT입니다. 프롬프트만 주면 모든 이미지를 컬러링 북 스타일로 만들어주기 때문에 이 GPT만으로 나만의 컬러링 북도 쉽게 만들 수 있습니다. 참고할 수 있는 이미지를 첨부하면 원하는 결과물과 유사한 컬러링 북을 만들 수 있습니다.

01 앞서 만든 얼룩말 이미지를 Coloring Book Hero GPT에 첨부하여 컬러링 북 스타일로 생성해달라고 요청하겠습니다.

그려줘.

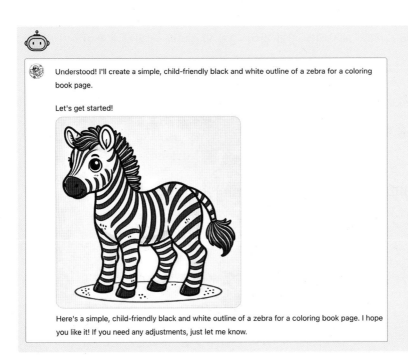

첨부한 이미지를 참고하여 얼룩말을 컬러링 북 스타일로 그려주었습니다. 첨부한 이미지의 스타일과 응답받은 컬러링 북 속의 얼룩말의 구체적인 모습은 다르지만, 서 있는 방향과 시선은 동일하게 일관성을 유지하면서 색칠하기 적합하게 변경해준 것을 확인할 수 있습니다.

📋 마무리 요약

☑ AI 모델의 근간은 GPT이며, 이 GPT를 조금씩 상황별로 조정하여 만든 GPT들을 GPTs라 하며 맞춤형 GPT들을 묶어서 부르기도 합니다.

☑ 챗GPT의 GPT 탐색에서 다양한 GPT를 살펴보고 사용할 수 있습니다.

☑ 많이 사용하는 GPT의 기능을 살펴보고 챗GPT와 답변에서 어떤 차이가 있는지 확인할 수 있습니다.

Chapter 24

그때그때 불러 사용할 수 있는 GPTs 멘션

> GPTs는 이렇게 하나씩 골라서 써야 하나요? 그때그때 맞춰서 써볼 수는 없을까요? 예를 들어 어떨 때는 달리 GPT를 쓰고, 어떨 때는 한글 맞춤법 GPT를 쓰는 식으로요.

학생

오선생님

> 챗GPT를 쓸 때는 한 채팅에서 복합적인 문제를 해결하는 상황이 많으니까 그런 고민을 할 수 있습니다. 그럴 때는 GPTs 멘션 기능을 이용하면 됩니다. 그러면 GPTs를 입맛대로 골라 하나의 채팅에서 사용할 수 있어요.

💬 GPTs 멘션 기능으로 하나의 채팅에서 GPTs 사용하기

GPTs 멘션^{Mentions} 기능은 하나의 채팅에서 GPTs를 불러 사용할 수 있게 해줍니다. 즉 GPTs 멘션을 통해 쉽게 원하는 GPT와 연결해서 사용할 수 있는 기능이죠. 앞서 GPTs를 사용하는 방법과 인기 GPTs를 소개했습니다. 하지만 기본 사용법으로는 하나의 채팅에서 1개의 GPT만 사용할 수 있기 때문에 연속적인 작업을 할 수 없는 한계가 있습니다. GPTs 멘션 기능을 사용하면 하나의 채팅에서 필요한 작업에 따라 여러 GPT를 불러 조합하여 사용할 수 있습니다. 예를 들어 엑셀 파일을 데이터 분석 GPT로 분석하고, 그 결과를 문서 작성 GPT에게 맡기는 거죠.

GPTs 멘션 기능은 프롬프트 입력 칸에 '@'를 입력하며 시작합니다. '@'를 입력하면 최근 사용한 GPTs나 사이드바에 고정된 GPTs를 목록으로 보여주며, 적합한 GPTs가 없을 경우 바로 검색해서 사용할 수도 있습니다.

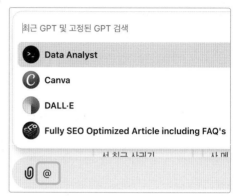

앞에서 소개한 GPTs를 멘션하겠습니다. 먼저 울프럼 GPT로 정보를 검색한 후 정보에 알맞은 이미지를 달리 GPT로 생성하겠습니다.

01 새로운 채팅방을 만들고 @를 입력한 후 울프럼 GPT를 검색하여 선택합니다. 한글로 검색하면 잘 안 나오니 영어로 검색합니다.

02 선택하면 프롬프트 입력 칸에 울프럼 GPT가 지정된 것을 확인할 수 있습니다. 울프럼 GPT가 지정된 상태에서 입력하는 프롬프트는 모두 울프럼 GPT가 처리합니다. 이제 오늘의 달을

그릴 수 있게 울프럼 GPT에게 달의 모습이 어떻게 보이는지 알려달라고 요청합니다.

오늘 지구에서 보이는 달의 모습을 한국어로 알려줘.

wolframalpha.com과(와) 대화 완료

오늘의 달은 상현달(왁싱 기부스)이며, 93.44% 밝기로 보입니다.

Wolfram|Alpha에서 확인하기

03 울프럼 GPT가 오늘의 달이 상현달이라고 응답했습니다. 울프럼 GPT를 다 사용했기 때문에 오른쪽에 [X]를 눌러서 기능 해제합니다.

04 이번에는 @를 입력한 후 달리 GPT를 선택합니다. 달리 GPT가 지정되었다면 다음과 같이 프롬프트를 입력합니다.

울프럼이 알려준 달의 모습을 그려줘.

여기 오늘 보이는 달의 모습입니다. 상현달(왁싱 기부스)로, 93.44% 밝기로 보입니다.

달리 GPT가 완전히 보름달이 되지 못하고 차오르고 있는 상현달 이미지를 잘 표현했습니다. 이미지 아래 텍스트를 보면 울프럼 GPT의 응답을 프롬프트로 사용했기 때문에 93.44% 밝기까지 표현한 걸 확인할 수 있죠. 실제 챗GPT가 달리 GPT에 요청한 프롬프트는 다음과 같습니다.

- 달리 GPT에 요청한 이미지 생성 프롬프트 : A waxing gibbous moon with 93.44% illumination in the night sky. The moon appears bright and almost full, with a small shadowed section on the left side. The sky around the moon is dark, with a few stars visible.

울프럼 GPT와 달리 GPT를 멘션 기능을 어떻게 조합하여 사용하는지 확인하기 위해 울프럼 GPT에게 응답받은 대답 그대로 달리 GPT에게 그리라고 했습니다. 실제 생성할 때는 더 정확한 결과를 위해 상세한 요구를 포함한 프롬프트를 입력하기 바랍니다.

GPTs 멘션 기능으로 하나의 채팅에서 여러 개의 GPT를 사용해보았습니다. 다양한 GPT가 기본 GPT보다 항상 좋은 결과를 내는 건 아니기 때문에 무조건 조합해서 쓸 필요는 없습니다. 간혹 챗GPT와 채팅 중에 원하는 결과물을 응답받지 못할 때는 GPTs 멘션 기능으로 알맞은 GPT를 활용하여 사용하세요. 지금보다 유용한 GPT가 더 많이 생기면 멘션 기능을 아주 요긴하게 사용할 수 있을 겁니다.

📋 마무리 요약

- ☑ GPTs 멘션Mentions 기능을 이용하면 하나의 채팅에서 여러 개의 GPT를 사용할 수 있습니다.
- ☑ 채팅방의 프롬프트 입력 칸에 '@'를 입력하고 원하는 GPTs를 추가하여 사용합니다.
- ☑ 챗GPT와 채팅 중 원하는 결과물을 응답받지 못할 때 GPTs 멘션 기능으로 알맞은 GPT를 활용하여 좀 더 빠르고 정확한 응답을 얻어보세요.

(Chapter 25)

GPTs 만들기

나만의 맞춤형 AI 모델을 만들 수 있다구요? 신기한데, 어렵진 않은가요? 챗GPT와 달리 나만의 GPT가 가지는 장점은 어떤 것이 있나요?

학생

오선생님

누구나 쉽게 나만의 GPT를 만들 수 있습니다. 여기서는 GPTs의 고급 기능과 직접 GPTs를 만드는 과정을 다룹니다. GPTs 만들기는 유료 버전 사용자만 가능하지만, 무료 사용자도 배워놓으면 GPTs가 어떻게 만들어지고 작동하는지 더 쉽게 이해할 수 있으니 꼭 확인해보세요!

💬 스티브 잡스 멘토 GPT 만들기

지금까지 기존 GPT를 사용하는 방법부터 실제로 사용해보고 여러 GPTs를 한 채팅에서 사용하는 GPTs 멘션 기능까지 알아봤습니다. 마지막으로 직접 간단하면서도 내가 필요로 하는 나만의 GPT를 만들어보겠습니다. GPT 만들기는 **유료 버전** 사용자만 가능합니다.

01 먼저 GPT 탐색 화면에서 [+ 만들기] 버튼을 누릅니다.

02 그럼 다음 이미지와 같은 화면이 나타납니다. 왼쪽 영역은 프롬프트를 입력해서 챗
GPT를 조정하는 영역입니다. 오른쪽은 조정한 챗GPT가 원하는 대로 작동하는지 미
리 사용해보는 영역입니다.

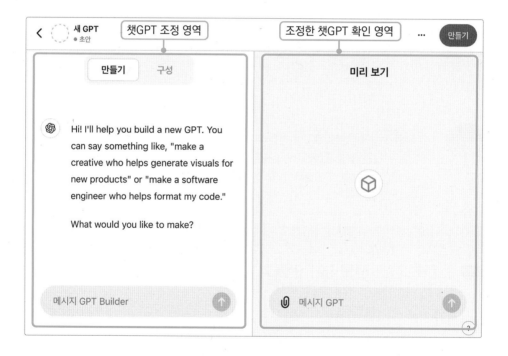

03 나만의 GPT로 애플의 공동 창업자 스티브 잡스처럼 조언해주는 '스티브의 지혜 GPT'
를 만들어보겠습니다. 왼쪽 GPT 조정 영역의 만들기에서 아래 입력 칸인 '메시지

GPT Builder'에 만들고 싶은 GPT를 설명합니다.

애플의 공동 창업자 스티브 잡스가 고민을 상담해주고, 조언해주는 챗봇을 만들고 싶어. 스티브 잡스처럼 행동해줘.

알겠습니다. 스티브 잡스처럼 행동하는 챗봇을 만들겠습니다. 그는 혁신적이고, 직설적이며, 깊은 통찰력을 가진 인물로 잘 알려져 있습니다. 이제 챗봇의 이름을 정해야 하는데, Steve's Wisdom은 어떨까요?

04 자동으로 GPT에 어울리는 이름을 추천해줬습니다. 그대로 진행하겠습니다.

좋아.

이제 프로필 사진을 생성하겠습니다. 잠시만 기다려 주세요.

생성된 이미지를 프로필로 사용하시겠습니까?

05 프로필 이미지도 챗GPT가 알아서 생성했습니다. 그대로 사용하겠습니다.

좋아.

이제 챗봇의 행동 방식을 설정해보겠습니다. 먼저, 이 챗봇이 주로 어떤 역할을 하고 어떤 목표를 가질지 말씀해 주세요.

06 챗봇을 설정하는 데 있어서 챗봇의 역할과 목표에 대해 설명합니다.

사업의 귀재로서 많은 창업가에게 영감을 주는 역할이야. 질문에 대해 스티브 잡스처럼 답변해야해.

이제 GPT의 행동 방식이 설정되었습니다. 다음으로, 어떤 사항들을 특히 강조하거나 피해야 할지 말씀해 주세요.

07 GPT가 행동이나 대답하는 데 있어서 강조하거나 구체화하여 다뤄주었으면 하는 부분을 말합니다.

성공할 수 있는 생각, 구체적인 방법을 직접 겪은 경험을 토대로 설명해줘.

이제 챗봇의 행동 방식이 더욱 구체화되었습니다. 다음으로, 대화 중 어떤 가이드라인을 따를지 결정해야 합니다.

08 GPT 만들기를 완료했습니다. 이제 GPT 구성을 설정합니다. [만들기] 옆에 ① [구성]을 누릅니다. 그러면 생성된 ② **프로필 이미지**와 **이름**, 설명, 지침과 대화 스타터가 나타납니다. ③ **설명**은 어떤 GPT를 만들 것인지 설명한 내용입니다. ④ **지침**은 앞서 설정한 행동 방식으로 GPT를 조정할 프롬프트로 자동 입력된 것입니다. ⑤ **대화 스타터**는 처음 이 GPT를 사용할 때 질문할 수 있는 예시입니다. 이 내용들은 모두 수정할 수 있습니다.

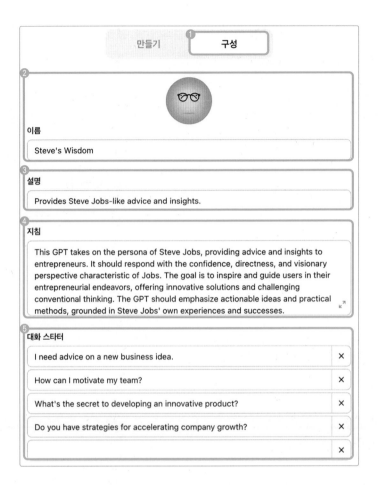

09 한국어 사용자가 쉽게 GPT를 사용할 수 있도록 언어를 변경하겠습니다. 다시 [만들기]로 돌아가서 다음과 같이 요청합니다.

구성의 내용을 모두 한국어로 번역해줘.

구성 내용을 모두 한국어로 번역했습니다.

추가로 필요한 것이 있으면 언제든지 말씀해주세요!

10 다시 [구성]을 누르면 모든 내용이 한국어로 바뀐 걸 확인할 수 있습니다.

11 대화 스타터 아래로 스크롤을 내리면 **지식**이 있습니다. 지식은 GPT를 만드는 데 도움이 되는 파일을 업로드하는 기능으로 관련 정보와 데이터 등을 추가할 수 있습니다. 현재 스티브 잡스 콘셉트로 조언하는 GPT를 만들고 있으므로 스티브 잡스의 어록을 모아놓은 PDF 파일을 지식에 업로드합니다. 챗GPT에 파일 업로드할 때와 마찬가지로 파일명을 'a'로 변경한 후 [파일 업로드]를 클릭하여 업로드합니다.

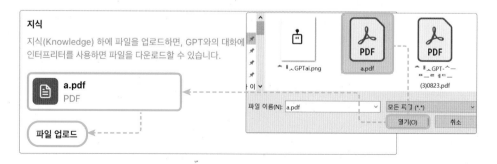

12 지식 아래에 있는 **기능**은 이 GPT가 무엇을 할 수 있
는지 설정하는 것입니다. 크게 중요한 부분은 아니므
로 다음 이미지로 어떤 것이 있는지 확인만 하고 넘
어가겠습니다.

13 그다음에 있는 **작업**은 외부 API를 연결할 수 있는 기
능입니다. 울프럼 GPT처럼 외부 기능과 연동한 GPT
를 만들 수 있습니다. 기능과 마찬가지로 일반적으로
사용하지 않으므로 넘어가겠습니다.

14 스티브의 지혜 GPT를 만들기 위해 설정해야 할 것은 모두 완료했습니다. 설정한 GPT
가 제대로 작동하는지 오른쪽 미리보기를 통해 확인합니다. 미리보기에 확인을 위한
프롬프트를 입력합니다.

너는 누구야?

나는 스티브 잡스의 영감을 받아 너에게 조언을 제공하는 가상 멘토야. 기업가로서의 너의 여정을 도우려 하
고 있어. 나는 네가 도전하고, 혁신하며, 한계를 뛰어넘을 수 있도록 도울 거야. 내 경험과 통찰력을 바탕으로
실질적이고 강력한 아이디어를 제시할 거야.

스티브 잡스가 말했듯이, "당신의 시간은 제한되어 있으니, 다른 사람의 삶을 사는 데 시간을 낭비하지 마
세요. 교조주의에 갇히지 마세요. 그리고 가장 중요한 것은, 당신의 마음과 직감을 따를 용기를 갖는 것입니
다." 이 정신을 따라 너의 꿈을 향해 나아가자.

15 스티브 잡스의 어록을 활용해서 대답하고 있습니다. 잘 만들어진 것 같습니다. 이제 화
면 오른쪽 위에 있는 ❶ [만들기] 버튼을 클릭합니다. 그러면 이 ❷ GPT를 공유하는 방

식에 대해 묻습니다. 나만 사용하려면 '나만 보기', 링크로 공유하려면 '링크가 있는 모든 사람', GPT 탐색에 노출하고 검색이 되도록 하고 싶다면 'GPT 스토어'를 선택하고 ❸ [저장]을 누릅니다. 그러면 설정이 저장되며 링크를 복사할 수 있습니다. 마지막으로 ❹ [GPT 보기]를 누르면 방금 만든 GPT가 기본으로 설정됩니다.

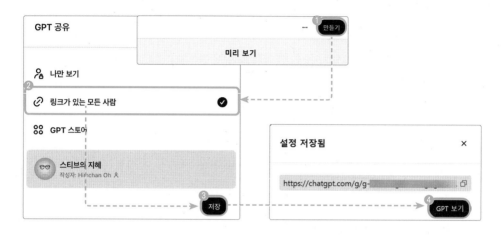

다음 링크를 통해 스티브의 지혜 GPT를 사용할 수 있습니다.

- 스티브의 지혜 GPT : chatgpt.com/g/g-yuOJOjnzc-seutibeuyi-jihye

이제 나만의 GPT 만들기를 끝냈으니 잘 작동하는지 직접 사용해보겠습니다.

16 다른 GPT와 마찬가지로 똑같이 프롬프트를 입력하여 응답을 생성하면 됩니다. 한 번 해보겠습니다.

나는 혁신적인 제품을 만들고 싶은 욕망이 있어. 하지만 내 재능은 많이 부족한 것 같아. 이를 극복할 수 있는 조언을 부탁해.

"재능이 부족하다고 느끼는 건, 많은 사람들이 겪는 일입니다. 하지만 그게 당신을 멈추게 해서는 안 됩니다. 혁신적인 제품을 만들고 싶다면 다음의 조언을 따르세요.

1. 점들을 연결하라: 스티브 잡스는 미래를 예측하기보다 과거를 돌아보며 현재와 연결된 점들을 찾는 것이 중요하다고 했습니다. 당신의 모든 경험과 지식을 하나로 묶는 법을 배우세요. 나중에 그것들이 어떻게든 연결될 것이라고 믿으세요.

2. 당신이 사랑하는 일을 하라: 진정으로 위대한 일을 하고 싶다면, 당신이 하는 일을 사랑해야 합니다. 만약 아직 찾지 못했다면 계속 찾으세요. 안주하지 말고 끊임없이 도전하세요.

… 생략 …

재능이 부족하다고 느끼는 것은 시작일 뿐입니다. 중요한 것은 당신이 그것을 어떻게 극복하느냐입니다. 위의 조언을 따라 지속적으로 자신을 발전시키고, 열정적으로 노력하세요. 그러면 당신도 혁신적인 제품을 만들어낼 수 있을 것입니다."

스티브의 지혜 GPT가 스티브 잡스의 느낌으로 조언을 생성했습니다. 다음은 동일한 질문을 했을 때 기본 챗GPT와 스티브의 지혜 GPT의 응답을 비교한 것입니다. 어떤 차이가 있는지 확인해보세요.

스티브의 지혜 GPT	기본 챗GPT
"재능이 부족하다고 느끼는 건, 많은 사람들이 겪는 일입니다. 하지만 그게 당신을 멈추게 해서는 안 됩니다. 혁신적인 제품을 만들고 싶다면 다음의 조언을 따르세요.	혁신적인 제품을 만들고자 하는 열망이 있다는 것은 매우 훌륭한 출발점입니다. 재능이 부족하다고 느끼는 것은 많은 사람들이 겪는 공통적인 감정입니다. 이를 극복하기 위한 몇 가지 조언을 드리겠습니다.

1. 점들을 연결하라: 스티브 잡스는 미래를 예측하기보다 과거를 돌아보며 현재와 연결된 점들을 찾는 것이 중요하다고 했습니다. 당신의 모든 경험과 지식을 하나로 묶는 법을 배우세요. 나중에 그것들이 어떻게든 연결될 것이라고 믿으세요.

2. 당신이 사랑하는 일을 하라: 진정으로 위대한 일을 하고 싶다면, 당신이 하는 일을 사랑해야 합니다. 만약 아직 찾지 못했다면 계속 찾으세요. 안주하지 말고 끊임없이 도전하세요.

3. 팀워크를 활용하라: 위대한 일은 결코 혼자 이루어지지 않습니다. 주변의 재능 있는 사람들과 협력하세요. 그들과 함께할 때 당신의 부족한 점을 보완할 수 있을 것입니다.

… 생략 …

재능이 부족하다고 느끼는 것은 시작일 뿐입니다. 중요한 것은 당신이 그것을 어떻게 극복하느냐입니다. 위의 조언을 따라 지속적으로 자신을 발전시키고, 열정적으로 노력하세요. 그러면 당신도 혁신적인 제품을 만들어낼 수 있을 것입니다.

---

1. 지속적인 학습: 새로운 기술과 트렌드에 대해 계속해서 배우세요. 온라인 코스, 책, 워크숍 등을 통해 지식을 넓히세요.

2. 작은 목표 설정: 큰 목표를 작은 단계로 나누어 성취감을 느낄 수 있도록 하세요. 작은 성공들이 쌓이면 자신감이 생깁니다.

3. 실패를 두려워하지 말기: 실패는 배움의 기회입니다. 실패를 통해 무엇을 개선해야 할지 배우고, 더 나은 방법을 찾아보세요.

… 생략 …

이러한 방법들을 통해 혁신적인 제품을 만들 수 있는 능력을 키워나가길 바랍니다. 꾸준한 노력과 열정이 있다면 분명 멋진 결과를 얻을 수 있을 것입니다.

기본 챗GPT의 응답도 훌륭하지만, 스티브 잡스의 어록을 학습한 스티브의 지혜 GPT가 더 부드럽고 풍부한 표현으로 조언해주는 걸 확인할 수 있습니다.

이처럼 GPT 만들기를 사용하면 쉽게 나만의 GPT로 커스텀할 수 있습니다. 정보나 데이터를 활용해서 나만의 GPT를 만들어보세요. 챗GPT 세계가 훨씬 넓어질 것입니다.

📋 마무리 요약

☑ GPTs는 사용자가 GPT 모델을 맞춤형으로 설정하여 활용할 수 있습니다.

☑ 업무 생산성 향상 도구, 학습 보조 도구 등 나만의 GPT 만들기는 유료 버전에서만 가능합니다.

☑ 중심이 되는 관심사, 필요 등에 맞춰 특화된 답변을 제공하는 GPT를 만들 수 있습니다.

정말 쉽네?

Part

09

문제를 생각하는
최신 AI 모델, o1

> 오호라!
> 새로운 AI 모델 o1,
> 한 번 알아볼까?

여기서 공부할 내용

2024년 9월, 오픈AI는 새로운 인공지능 모델인 o1을 공개했습니다. o1은 공개 직후 기존 AI 모델을 훌쩍 뛰어넘는 성능으로 관심을 모았는데요, 챗GPT 유료 사용자라면 바로 사용해볼 수 있습니다. 게임체인저로 불리는 o1이란 과연 무엇인지, 어떻게 사용하는지 다양한 예제를 통해 활용법까지 알아봅시다.

💬 이 그림은 '사람이 챗GPT-o1에 대해 학습하려는 느낌의 그림을 그려줘.'라고 요청하여 받은 이미지입니다.

(Chapter 26)

오픈AI o1 알아보기

오픈AI에서 새로운 AI 모델인 o1을 공개했는데, o1은 무엇인가요? 기존 GPT 모델과 어떤 차이점이 있으며 왜 사람들은 o1의 출현이 프롬프트 엔지니어링의 종말이라고 하나요?

학생

오선생님

새로운 소식을 접했군요! 오픈AI에서 새로 공개한 o1은 고급 추론 능력을 가진 AI 모델로 기존 GPT와 달리 응답하기 전에 여러 단계의 추론 과정을 거쳐 가장 적합한 답변을 도출합니다. 이는 인간이 복잡한 문제를 해결할 때 단계별로 생각하는 방식을 모방한 것과 비슷하죠. 자, 그럼 o1이란 무엇이고 어떻게 사용하면 좋은지 개념과 특징을 알아보고 기존 GPT와 어떤 차이가 있는지 살펴봅시다.

💬 생각하는 AI 모델 o1, 무엇인가요?

o1은 문제를 생각하는 데 더 많은 시간을 할애하도록 훈련된 AI 모델로 단계별 생각을 통해 추론하며 그 과정에서 다양한 전략을 시도하고 개선하는 고급 추론 능력을 가지고 있습니다. 다음은 o1을 이루는 세 가지 주요 개념으로 AI 모델이 더 효율적으로 학습하고 추론할 수 있도록 돕는 핵심적인 부분입니다. 각각의 개념과 어떤 기술을 가지고 있는지 살펴봅시다.

개념 01 **심층 강화 학습**

심층 강화 학습^{Q-learning}은 AI가 환경과 상호작용하며 거기에서 얻는 보상과 페널티를 통해 학습하는 방법입니다. 마치 강아지 훈련과 비슷한 것이죠. 강아지가 올바르게 행동하면 보상을 받고 그렇지 않으면 보상을 받지 못하듯 AI도 마찬가지입니다. AI가 반복되는 상황과 보상을 바탕으로 학습하며 점점 더 나은 결정을 내리는 심층 강화 학습을 통해 o1은 최적의 행동을 스스로 선택하게 됩니다.

개념 02 **사고의 연쇄**

사고의 연쇄^{Chain-of-Thought, CoT}는 복잡한 문제를 작은 단계로 분해하여 단계별로 해결하는 접근 방식입니다. 예를 들어 수학 문제를 풀 때 한 번에 답을 내는 대신 여러 단계를 거쳐서 논리적으로 생각하며 문제를 해결하는 거죠. 이처럼 o1은 사고의 연쇄를 바탕으로 질문을 받으면 먼저 문제를 여러 단계로 나누고, 각 단계를 순차적으로 해결하여 최종 답변을 도출하기 때문에 비교적 복잡한 문제도 해결할 수 있습니다.

개념 03 **사고의 나무 구조**

사고의 나무 구조^{Tree of Thoughts}는 여러 가능성을 탐색하고 필요에 따라 이전 단계로 되돌아가 추론을 수정하는 방법입니다. 마치 미로에서 여러 선택지를 생각해보고 가장 좋은 선택지를 고르는 거죠. 이와 같이 o1도 다양한 해결책을 동시에 고려하여 최적의 경로를 선택합니다. 만약 선택한 경로가 잘못됐다면 이전 단계로 돌아가 새로운 접근 방식을 시도하기도 합니다. 다양한 선택지를 고려하여 최적의 방법을 찾는 접근 방식은 복잡한 결정을 할 때 매우 유용합니다.

즉 o1에서 심층 강화 학습은 반복적인 학습을 통해 스스로 더 잘 응답할 수 있도록 하며, 사고의 연쇄는 복잡한 문제를 여러 단계로 나누어 논리적으로 해결할 수 있도록 하는 단계적 추론을 합니다. 사고의 나무 구조는 다중 경로 탐색을 통한 최적의 결정 도출을 하게 합니다. 종합적으로 o1은 이 세 가지 원리를 통해 유연하고 복잡한 문제에 대한 더 정교한 답변을 제공할 수 있습니다.

💬 o1의 특징 살펴보기

o1은 이전 모델보다 더 지능적이고 신뢰할 수 있는 방식으로 다양한 작업을 처리할 수 있습니다. 그 바탕에는 고급 추론 능력, 높은 정확성, 안전성 강화라는 특징을 가집니다. 이 특징들이 o1에서 어떻게 구현되고 어떤 기능을 통해 실현되는지 살펴봅시다.

특징 01 고급 추론 능력

고급 추론 능력은 o1 모델이 복잡한 문제를 더 효과적으로 해결할 수 있도록 도와줍니다. o1은 이 고급 추론 능력을 바탕으로 단순 텍스트만 처리하는 것이 아니라 수학, 과학, 코딩 등 복잡한 문제에서도 논리적으로 생각하여 인간 수준의 추론을 수행합니다. 다음 표를 통해 o1의 수학, 과학, 코딩과 관련한 문제 해결 능력을 확인할 수 있습니다.

수학(AIME 2024 벤치마크)		코딩(Codeforces)		과학 질문(GPQA Diamond)	
GPT-4	o1	GPT-4	o1	GPT-4	o1
13.4점	83.3점	11.0점	89.0점	56.1점	78.0점

높은 정확성

o1은 GPT-4와 마찬가지로 방대한 양의 데이터를 학습했으며, 추가적인 정보와 최신 데이터를 더 반영한 만큼 정확도가 높습니다. 또한 추론을 통해 환각 현상을 줄여서 정확하고 신뢰할 수 있는 답변을 제공합니다. o1은 품질 테스트에서 허위 정보 발생률이 0.44로, GPT-4의 0.61보다 낮았습니다. 또한 기존 모델보다 더 많은 데이터를 효율적으로 처리할 수 있도록 파라미터를 개선했으며 더 나은 답변을 제공할 수 있도록 사용자 피드백을 학습 과정에 반영했습니다.

특징 03 **안전성 강화**

o1은 필터링과 검증 시스템을 보완하여 부적절하거나 유해한 답변을 하지 않도록 위험을 최소화하여 안전한 방향으로 대화가 진행되도록 설계되었습니다. 또한 추론 과정에서 보안 프로토콜을 준수하여 부적절한 콘텐츠 생성이나 보안 우회 시도에 대한 저항성이 높습니다. 보안 테스트에서 o1은 100점 만점에 84점을 받아 GPT-4의 22점보다 우수한 성능을 보였습니다.

💬 o1과 GPT의 차이점 살펴보기

앞서 o1의 3가지 특징에서 GPT-4보다 더 나은 성능으로 복잡한 문제를 해결할 수 있다고 설명했습니다. 그렇다면 o1과 GPT는 어떤 점에서 차이가 있을까요?

차이점 01 **응답 시간과 비용**

o1은 심층적인 추론 과정을 거쳐야 하므로 응답 시간이 GPT보다 평균 8초 이상 느립니다.

또한 사용자는 o1의 추론 능력을 통해 더 정확한 답변을 얻을 수 있지만 추론할 때 더 많은 자원을 쓰기 때문에 GPT보다 사용 비용도 비쌉니다. 입력 토큰 100만 개당 15달러, 출력 토큰 100만 개당 60달러로, GPT-4의 가격보다 각각 3배, 4배 높습니다.

차이점 02 **맞춤형 답변**

GPT는 입력된 프롬프트의 내용과 형식에 따라 다양한 방식으로 응답할 수 있으며, 이를 통해 사용자에게 맞춤형 답변을 제공합니다. 예를 들어 내용, 형식, 말투 등 사용자가 요청하면 그에 맞게 다양한 스타일과 톤으로 응답할 수 있습니다. 반면 o1은 응답의 일관성과 정확성에 초점을 맞춥니다. 즉 o1은 정확하고 일관된 응답을 제공하는 데 중점을 두기 때문에 사용자 지시에 따라 다양한 방식으로 응답하는 능력은 GPT에 비해 제한적이며 조금 덜 유연할 수 있습니다.

차이점 03 **사용 분야**

GPT는 창의적인 글쓰기, 검색 및 요약 등 일반적인 자연어 생성에 적합하며, 빠른 응답이 필요한 곳에서 주로 사용됩니다. o1은 추론 모델로서 수학, 과학, 코딩 등 복잡한 문제 해결에 뛰어난 성능을 보이기 때문에 고차원적인 추론이 필요한 작업에 적합합니다.

차이점 04 **내부 추론 과정의 투명성**

GPT도 추론 과정이 있습니다. 하지만 응답을 생성하는 과정이 사용자에게 보여지지 않기 때문에 내부 추론 과정이 투명하지 않습니다. o1은 프롬프트에 대해서 생각하며 단계별로 그 추론 과정을 사용자에게 보여주기 때문에 사고의 흐름을 확인할 수 있습니다. 이는 프롬프트 결과의 투명성을 높이며, 사용자는 AI가 어떻게 답변에 도달했는지 이해하는 데 도움이 됩니다.

차이점 05 **프롬프트 엔지니어링의 필요성**

GPT의 추론 능력은 입력한 프롬프트에만 의존합니다. 그래서 상세한 프롬프트가 필요하고, 프롬프트를 세밀하게 구성할수록 AI는 사용자가 원하는 응답을 내놓을 가능성이 커지죠. 반면 o1은 내재된 추론 능력을 통해 사용자의 의도를 정확하게 파악하여 필요한 정보를 제공할 수 있기 때문에 간결하고 직접적인 프롬프트만으로도 충분합니다. 오히려 복잡한 지시를 내릴 경우 추론 성능이 떨어질 수 있습니다.

이처럼 o1와 GPT는 성능과 기능, 역할에 뚜렷한 차이가 있습니다. o1이 강력한 추론 능력을 가졌지만, 일부 활용에서는 GPT의 능력이 더 우세한 부분도 있기 때문에 여전히 사용될 수 있으며, 앞으로도 다양한 AI 모델이 등장할 것이므로 적절하게 활용할 수 있도록 특징을 이해하려는 시도가 꾸준히 필요할 것입니다.

💬 o1은 왜 프롬프트 엔지니어링의 종말인가?

o1의 등장은 단순하게 '더 좋은 AI'에서 끝나지 않습니다. 앞서 특징에서 설명한 것처럼 o1는 AI에게 프롬프트를 상세하게 입력하지 않고 간단한 질문만으로도 깊게 추론하여 적절한 응답을 생성합니다. 잘 알려진 프롬프트 엔지니어링 기법인 사고의 연쇄를 내장하여 굳이 인간이 정교한 프롬프트를 생성하지 않아도 AI가 스스로 생각하여 이해할 수 있게 추론 과정을 거치기 때문입니다. 물론 명확한 지시를 위해서는 정확하게 명령할 필요는 있지만 어차피 o1의 추론 과정을 살핀 후 필요한 부분만 수정하도록 유도하면 되기 때문에 기

존 GPT처럼 프롬프트의 톤에 따라서 응답이 정반대가 되는 등의 문제를 일으키지 않습니다. **달리 말하면 AI가 잘 이해할 수 있도록 완벽한 프롬프트를 만들기 위해 프롬프트 엔지니어링을 깊게 고민하지 않아도 찰떡같이 알아듣는 AI 모델이 등장했다는 것입니다.** 즉 o1 이후로는 더욱 일반 사용자가 프롬프트 엔지니어링을 이해할 필요성이 줄어들 것입니다. 또한 o1을 기점으로 추론 모델이 계속 발전할 것이므로 점점 일반적인 대화만으로도 챗GPT를 사용할 수 있게 되리라 예상합니다. 그러므로 챗GPT, 나아가 AI를 더 잘 활용하기 위해 배워야 하는 것은 프롬프트 엔지니어링이 아니라 AI가 필요한 결과물을 만들어 낼 수 있도록 지시할 수 있는 전문성과 AI의 능력을 끌어낼 수 있는 창의성을 갖추기 위한 노력이 더욱 필요하게 될 것입니다.

📋 **마무리 요약**

- ☑ 고급 추론 능력을 갖춘 새롭게 등장한 AI 모델 o1의 기술과 개념을 알 수 있습니다.
- ☑ o1은 고급 추론 능력, 높은 정확성, 안전성이 강화된 AI 모델입니다.
- ☑ o1과 GPT가 어떻게 다른지 그 차이점을 알 수 있습니다.

(Chapter 27)

오픈AI o1 사용하기

o1의 개념을 알고 그 특징을 파악하니 GPT와 어떤 차이점이 있는지 잘 알았어요! 그렇다면 o1은 어떻게 사용해야 하죠? 일반 GPT와 동일하게 사용하면 되나요?

학생

o1은 챗GPT 유료 사용자라면 누구나 사용할 수 있습니다. 앞서 챗GPT 버전 변경하기에서 그 방법을 안내했고 그것을 따라하면 되지만 이번 Chapter 27 **오픈 AI 사용하기**에서 o1의 기본 사용법을 좀 더 상세하게 배워봅시다.

오선생님

 o1 기본 사용법 알아보기

o1은 챗GPT 버전 선택하기에서 모델만 변경하면 사용할 수 있습니다. o1은 o1-preview 와 o1-mini로 구분되는데요. o1-preview와 o1-mini는 성능과 용도에서 약간의 차이가 있습니다. o1-preview는 o1 모델의 풀 버전으로 가장 높은 성능을 제공한다면 o1-mini 는 경량화된 모델이라고 생각하면 됩니다. 즉 o1-preview보다 o1-mini가 성능은 조금

낮지만, 더 작고 빠른 모델이라는 것 외에 큰 차이는 없습니다. 이 책에서는 o1의 성능을 최대한 사용하기 위해 o1-preview를 기준으로 설명하겠습니다.

버전 선택에서 o1-preview를 선택하면 프롬프트 입력 창에서 첨부 파일 추가하기가 사라진 걸 확인할 수 있습니다. o1은 아직 텍스트 프롬프트만 추론하도록 제한되어 있기 때문입니다. 또한 o1은 많은 비용이 드는 모델인 만큼 사용량에도 제한이 있습니다. 사용량 제한에 대한 내용은 다음 표와 같습니다.

o1-preview	o1-mini
주 50회	일 50회

o1은 GPT를 뛰어넘는 강력한 AI 모델이지만, 사용량에 제한이 있으므로 꼭 필요한 영역에서만 사용하고, 일반적인 활용은 기존처럼 챗GPT를 사용하는 것을 권장합니다. o1을 사용하는 방법은 기존 챗GPT와 동일합니다. 다만 사용자가 프롬프트를 입력했을 때 o1은 프롬프트에 대해 추론하는 과정을 화면에 '생각 중'이라는 표시하며, 추론한 내용이 나오면 'n초 동안 생각'했다고 보여줍니다. 이 과정을 통해 사용자는 o1이 어떻게 프롬프트

를 처리했는지 쉽게 이해할 수 있습니다. 다음은 o1-preview에서 '핫도그는 샌드위치인가?'라는 프롬프트를 입력했을 때 동작하는 과정을 보여줍니다.

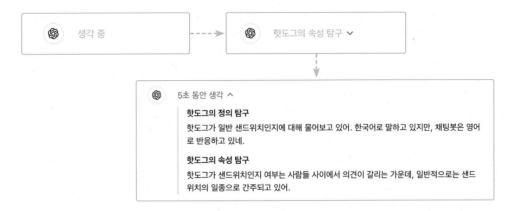

프롬프트에 대해 o1이 어떤 생각을 하여 응답하였는지 단계별로 표시된 걸 확인할 수 있습니다. o1은 모든 프롬프트에 대해서 문제를 단계별로 생각하여 응답합니다. 그러므로 단계별로 해결해야 하는 문제가 있을 경우 o1을 사용하는 것이 좋습니다.

💬 o1으로 수학 문제 풀기

앞서 o1은 고급 추론 능력을 가지고 있어 복잡한 문제를 더 효과적으로 해결할 수 있기 때문에 GPT보다 수학 문제를 잘 풀 수 있는 점을 비교했습니다. 일반적으로 o1을 가장 많이 사용하게 될 영역도 수학일 겁니다. 다만 명확히 해야 할 점은 o1이 GPT에 비해 상대적으로 수학 능력이 뛰어나다는 거지 모든 수학 문제를 풀 수 있는 만능이라는 뜻은 아닙니다. o1은 추론 능력을 바탕으로 수학적 능력이 향상되어 GPT보다 수학 분야에서 더 잘 활용할 수 있다고 이해하면 됩니다. 과연 GPT와 그 능력이 어떻게 차이가 있는지 간단한 수학 문제를 제시한 다음 o1으로 풀어보면서 확인하겠습니다.

사과나무에서 1개 사과를 수확할 때 걸리는 시간은 약 3분이야. 사과나무 한 그루에 평균 125개 사과가 열려. 사과를 수확할 때 손실률을 15%야. 사과나무 2,000그루에서 사과를 모두 수확하는 데 걸리는 시간과 모두 수확했을 때 과실 수를 계산해줘.

9초 동안 생각 ∨

시간 계산하고 손실률 반영하기

사과를 수확하는 데 걸리는 시간과 손실률을 활용해 2000그루의 사과나무에서 총 사과 수를 계산하고 있어.

사과 나무 수량 파악 중

사과 한 나무에서 125개의 사과가 나고, 2,000그루의 나무에서 총 250,000개의 사과가 수확이 가능해.

사과 손실 계산 중

사과 손실률을 15%로 계산하고, 총 250,000개의 사과 중 37,500개가 손실되어 212,500개의 사과가 남고 있다. 손실률을 곱산하여 얻은 결과와 동일한 수치이다.

시간 경로 계산하기

Apples를 2,000그루에서 수확하는 데 걸리는 총 시간을 계산하고 있어. 한 그루에서 125개의 사과를 수확하고, 이를 3분씩 수확하고 있는 상황이야.

사과나무 2,000그루에서 모든 사과를 수확하는 데 필요한 시간과 수확된 사과의 수를 계산해 드리겠습니다.

1. 총 사과 수 계산

   - 나무 한 그루당 사과 수: 125개

   - 총 나무 그루 수: 2,000그루

   - 총 사과 수 = 125개/그루 × 2,000그루 = 250,000개

··· 생략 ···

요약

   - 총 수확 시간: 750,000분 (12,500시간 또는 약 521일)

   - 최종 수확된 사과 수: 212,500개

o1에 간단하게 조건만 제시하고 계산을 요청했지만 잘 풀이한 걸 확인할 수 있습니다. 똑같은 프롬프트를 입력했을 때 GPT-4o의 응답과 비교하겠습니다.

모델	o1	GPT-4o
총 수확 사과 수	212,500개	212,500개
총 수확 시간	12,500시간	10,625시간

총 수확 사과 수는 동일하지만 총 수확 시간이 다릅니다. 손실률 계산에서 o1은 전체 수확량 중 15%를 손실로 계산한 반면 GPT-4o는 사과나무마다 손실률을 적용하여 손실분만큼의 사과는 수확하지 않는다고 계산했기 때문입니다. 이는 추론 과정에서도 확인할 수 있는데요. o1은 프롬프트의 의도에 맞춰서 손실률 반영과 총 수확 시간 계산을 구분하여 계산했지만, GPT-4o는 한 그루에서 수확할 수 있는 사과 수가 125개의 85%인 106.25개라고 계산한 다음 수확 시간을 계산했습니다. 이처럼 수학 문제를 풀이할 때는 GPT-4o보다 o1을 사용하는 것이 좀 더 정확한 결과를 출력할 수 있다는 걸 확인할 수 있습니다.

📋 마무리 요약

☑ o1은 챗GPT 유료 사용자라면 바로 사용할 수 있습니다.

☑ o1은 챗GPT 버전 변경을 통해 사용하며 o1-preview, o1-mini 중 선택하여 사용할 수 있습니다.

☑ o1은 고급 추론 능력을 가지고 있어 복잡한 문제를 더 효과적으로 해결할 수 있습니다.

Chapter 28

오픈AI o1 활용하기

실제로 수학 문제 풀기를 통해 o1와 GPT-4o의 차이를 확인해보니 o1의 추론 능력이 좋은 건 알겠어요! 그렇다면 실제로 o1을 어디에 활용하는 게 좋을까요?

학생

오선생님

GPT 대신 o1를 활용할 수 있는 방법은 실생활에서도 쉽게 찾을 수 있습니다. o1의 고급 추론 능력을 활용하여 재무 분석 등 금융 분야나 과학적 데이터 분석, 맞춤형 고객 상담 서비스 등 비교적 복잡한 문제 해결에 도움을 받을 수 있을 겁니다. Chapter 28 **오픈AI o1 활용하기**에서는 실제로 o1을 활용할 수 있는 방법을 소개하겠습니다.

💬 o1으로 현실적인 저축 계획 세우기

o1을 활용해서 10년 동안 1억을 모을 수 있는 현실적인 저축 계획을 세워보겠습니다. 대략적인 조건만 o1에 제시한 다음 저축 계획을 세울 수 있도록 요청하겠습니다.

매일 10,000원씩 저축했을 때 10년 뒤 1억을 모을 수 있는 금융 모델을 만들고 싶어.

49초 동안 생각 ∨

계산 과정 탐색

10,000원을 매일 저축하면 10년 후에 36,500,000원이 쌓이는 것을 보니, 목표 금액인 1억 원과는 거리가 있음을 알 수 있습니다.

금융 모델 설계 10,000원씩 저축하며 10년 후 1000만원을 달성하려고 해요. 연 이율을 어떻게 계산할까 고민 중이에요.

연 이자율 계산하기

연 이자율을 계산하려고 매일 10,000원을 지급하고, 일별 복리를 가정하고 계산 중이다.

… 생략 …

계산과 정리 중

10년 이내에 매일 10,000원을 저축하면 1000백만원을 만들기 위해 약 17.6%에서 21%의 연이율이 필요하고, 이는 일반적인 저축계좌나 안전한 투자로는 어려울 수 있음을 설명하고 있어.

매일 10,000원씩 저축하여 10년 후 1억 원을 모으기 위한 금융 모델을 설계하려면, 다음과 같은 계산이 필요합니다.

1. 기본 저축 금액 계산

- **일일 저축액 (PMT)**: 10,000원

- **연간 저축액**: 10,000원 × 365일 = **3,650,000원**

- **총 저축 기간 (n)**: 10년

- **총 저축액 (이자 미포함)**: 3,650,000원 × 10년 = **36,500,000원**

이자 없이 단순히 저축만 할 경우 10년 후 36,500,000원을 모을 수 있습니다. 목표인 1억 원에 도달하려면 이자를 통한 추가 수익이 필요합니다.

… 생략 …

4. 결론 및 고려사항

- **필요한 연 이자율**: 약 **17.6% ~ 21%**

- **실현 가능성**: 연 이자율 17.6% 이상은 일반적인 금융 상품으로는 매우 높으며, 위험성이 높은 투자나 특별한 투자 전략이 필요할 수 있습니다.

- 대안 제안:
  - **저축 금액 증가**: 일일 저축액을 늘려 목표를 달성하는 방법
  - **투자 기간 연장**: 투자 기간을 늘려 필요한 연 이자율을 낮추는 방법
  - **다양한 투자 포트폴리오 구성**: 수익성과 안정성을 고려한 투자 상품 조합

참고 사항:

목표를 달성하기 위해서는 높은 수익률이 필요하며, 이는 투자 위험을 증가시킬 수 있습니다. 투자 결정을 내리기 전에 재무 전문가와 상담하시기를 권장합니다.

결론에서 매일 1만 원씩 모으면 연 이자율이 17.6% 이상이어야 한다고 응답했습니다. 실현 가능성이 매우 낮다고도 설명하고 있죠. 이를 좀 더 현실적으로 구체화하도록 요청하겠습니다.

현실적인 저축 방안을 설계해줘.

26초 동안 생각 ∨

재정 계획 세우기

매일 10,000원을 저축하고, 10년 후 1억 원을 모으는 금융 모델을 만들고 있어요.

목표 설정 후 계획 세우기

금융 목표를 달성하기 위해 현실적인 저축 계획을 수립하고 있어.

… 생략 …

현실적인 저축 방안을 설계해드리겠습니다. 목표는 매일 **10,000원씩 저축하여 10년 후 1억 원**을 모으는 것입니다. 이를 위해 현실적인 이자율과 저축 방법을 고려해보겠습니다.

1. 현실적인 이자율 설정

일반적으로 안정적인 금융 상품의 연평균 수익률은 다음과 같습니다:

- 은행 예금/적금: 연 1% ~ 2%

- 국공채 등 안전자산: 연 2% ~ 3%

- 주식형 펀드나 ETF 등 투자상품: 연 5% ~ 7% (시장 상황에 따라 변동)

… 생략 …

6. 결론

- 일일 저축액을 늘리거나 저축 기간을 연장하면 현실적으로 목표 금액을 달성할 수 있습니다.
- 연 5%의 수익률을 가정할 때, 일일 저축액을 약 21,800원으로 늘리면 10년 후 1억 원을 모을 수 있습니다.
- 저축 기간을 늘릴 경우, 일일 저축액을 크게 늘리지 않고도 목표를 달성할 수 있습니다.

참고: 모든 투자에는 위험이 따르며, 수익률은 시장 상황에 따라 변동될 수 있습니다. 투자 결정을 내리기 전에 충분한 조사와 전문가의 조언을 받으시기 바랍니다.

앞서 계산한 내용을 바탕으로 o1이 여러 대안을 제시했습니다. 대안 A는 매일 1만 원을 저축했을 때 연 5% 이자율로 1억 원까지 약 18년이 걸리므로 저축 기간을 늘리는 방법, 대안 B는 일일 저축액을 2만 1800원으로 늘리는 방법, 대안 C는 연 10% 이상 수익률을 고려하라는 방법, 마지막으로 대안 D는 일일 저축액 1만 5000원, 저축 기간 12년, 연 이자율 5%로 최적의 대안이라고 제시한 추천 방안까지 다방면으로 고려한 것입니다.

GPT-4o에게 동일한 프롬프트를 입력하면 매일 1만 원씩 저축했을 때 10년 후 어떤 변화가 있는지 파이썬 코드로 분석한 후 분석 결과만 알려줍니다. 이 과정에서 이자율을 임의로 지정하기 때문에 결과적으로 사용자가 원하는 응답을 얻으려면 프롬프팅에서 이자율을 설정해줘야 합니다. 반면 o1은 사용자가 따로 이자율을 설정하지 않아도 스스로 최적의 이자율을 추론하여 다양한 대안을 제시해주는 것을 확인할 수 있습니다.

💬 o1으로 총 활동량 계산하기

GPT-4o의 경우 정확한 시뮬레이션을 위해서는 필요한 방정식을 AI에게 알려주는 것부터 시작해야 했습니다. 반면 o1을 활용하면 실제로 실행하기 어려운 과정도 쉽게 시뮬레이션할 수 있습니다. 이번에는 o1으로 총 활동량을 계산해보겠습니다.

산행거리가 5.97Km인 산을 등산하고 빅맥 세트를 10개 섭취한 다음 자유형으로 3km 수영하고, 1시간 휴식 후 스포츠 클라이밍을 2시간 하고 집까지 1km 거리를 오리걸음으로 걸어간 다음 10분 간 반신욕 후 스쿼트 200회, 푸쉬업 100회를 하고 명상을 10분 했을 때 총 활동량을 계산해줘.

35초 동안 생각 ∨

산행 후 활동 중

산행으로 5.97 km를 걸은 후, 10세트의 Big Mac을 소비하고, 자유형으로 3 km를 수영하며, 1시간을 휴식하고, 스포츠 클라이밍으로 2시간을 보내고, 오리를 걷는 스타일로 집까지 1 km를 이동하고, 10분 동안 반신욕을 한 후, 200회의 스쿼트와 100회의 푸시업을 하고, 10분 동안 명상을 하고 있어.

계산하고 추정하기

레스를 고려하면서 METs로 각 활동을 추정하고, 70kg 평균으로 대략적으로 계산하고 있어.

··· 생략 ···

각 활동에 따른 칼로리 소모량을 계산해 드리겠습니다. 계산은 체중 70kg 기준으로 진행됩니다.

1. 산행 (5.97km):

- 소요 시간: 평균 시속 3km로 산행했다고 가정하면 약 2시간 소요됩니다.
- **MET 값**: 6.5
- **칼로리 소모량**: $0.0175 \times 6.5 \times 70 \times 120분 = 955.5kcal$

··· 생략 ···

총 칼로리 소모량:

$955.5+882+1,102.5+367.5+18.375+122.5+98+12.25=3,558.625kcal$

따라서 총 **활동량은 약 3,559kcal**입니다.

순 칼로리:

$11,000kcal (섭취)-3,559kcal (소모)=7,441kcal$

이번 활동으로 소모한 칼로리는 섭취한 칼로리에 비해 적으므로, 체중 관리에 유의하시기 바랍니다.

실제로 저렇게 활동하진 않지만 o1의 계산하는 과정을 확인하기 위해 상당히 과장된 내용의 계산을 요구했음에도 각 활동의 칼로리 소모량을 차례대로 계산하여 설명하는 걸 확인할 수 있습니다. 이제 현실적인 활동량으로 개선해달라고 요청하겠습니다.

현실적인 활동량으로 개선해줘.

9초 동안 생각 ∨

활동량을 계산 중

산행을 하고, 식품을 섭취하고, 수영을 하고, 휴식을 취하고, 스포츠 클라이밍을 하고, 걷고, 목욕을 하고, 스쿼트와 푸쉬업을 하고, 명상을 하는 등 다양한 활동을 통해 총 활동량을 계산하고 있어요.

구체적 활동 조정

사용자가 활동량을 현실적으로 계산해 달라고 요청하고 있어. 활동의 양과 시간을 조정하여 현실적이고 정책에 부합하는 답변을 제공하려고 해.

총 활동량 재계산

현실적으로 가능한 활동량으로 조정하여 총 활동량을 다시 계산하고 있어. 예를 들어, 산행은 유지하면서, 빅맥세트는 1~2개 소요 시간 2시간, 자유형 수영은 1km로 조정하고 소요 시간 30분, 스포츠 클라이밍은 그대로 유지하고 2시간 소요, 오리걸음은 100m로 조정하고 소요 시간 5분, 반신욕은 그대로 유지하고 있어.

알겠습니다. 현실적으로 가능한 활동량으로 조정하여 총 활동량을 계산해 드리겠습니다.

조정된 활동량

1. 산행 (5.97km)

   • 소요 시간: 약 2시간

   • MET 값: 6.0

… 생략 …

순 칼로리 계산:

1,100kcal (섭취)−1,898.5kcal (소모)=−798.5kcal

즉, 총 활동량으로 약 **1,899kcal**를 소모하여, 섭취한 칼로리보다 약 **799kcal**를 더 소모하였습니다. 이는 체중 관리에 긍정적인 영향을 줄 수 있습니다.

참고사항:

• 개인의 체중, 체력 수준, 운동 강도에 따라 실제 소모 칼로리는 달라질 수 있습니다.

- 과도한 운동은 부상의 위험이 있으므로 자신의 신체 상태에 맞게 조절하는 것이 좋습니다.
- 균형 잡힌 식단과 적절한 휴식도 중요합니다.

사실 활동량을 계산하는 과정은 GPT-4o도 일부 수행할 수 있습니다. 하지만 GPT-4o는 활동량을 수학적으로 정확하게 계산하는 것이 아니라 대략적인 결과만 예측하여 제시하므로 개선 방안을 제시했을 때 환각 현상이 발생할 가능성이 커집니다. o1의 경우 기존 계산한 활동량을 바탕으로 개선 방안을 제시하므로 환각 현상이 생기지 않으며, 더 복잡한 계산을 요구하더라도 투명하게 추론 과정을 보여주는 걸 확인할 수 있습니다.

이렇듯 GPT-4o보다 좀 더 명확하고, 근거가 있는 결과를 생성해야 하는 분야에서는 o1을 활용하는 것이 더욱 양질의 결과를 생성할 수 있는 방법입니다. 분야에 따라 GPT와 o1이 생성한 결과의 품질에서 큰 차이가 벌어질 수 있기 때문에 적절한 AI 모델을 사용할 수 있도록 인공지능에 대한 이해와 많이 사용해보는 연습이 필요할 것입니다.

📋 마무리 요약

☑ o1은 뛰어난 추론 능력을 가지고 있어 다양하게 활용할 수 있습니다.

☑ o1은 수학, 과학, 코딩 등 복잡한 문제에서도 논리적으로 생각하여 인간 수준의 추론을 수행합니다.

☑ o1의 고급 추론 능력을 활용하여 재무 분석 등 금융 분야나 과학적 데이터 분석, 맞춤형 고객 상담 서비스 등 비교적 복잡한 문제 해결에 도움을 받을 수 있습니다.

47가지 프롬프팅 방법

프롬프팅	설명	예시
명령어 텍스트 (Command Text)	명령어 형태로 명확하게 작업 지시를 하는 프롬프팅	• 문서를 요약해줘. • 다음 문장을 번역해줘: 'Hello, how are you?'
예시 기반 텍스트 (Example-Based Text)	예시를 제공하여 작업 지시를 하는 프롬프팅	• 다음과 같이 요약해줘: '오늘 날씨는 매우 화창합니다.' → 요약: '날씨 화창.' • 다음과 같이 번역해줘 예시: 'Good morning.' 번역: '좋은 아침입니다.' → 새로운 문장 번역: 'Good evening.'
직접 질문 (Direct Question)	직접적으로 질문을 던지는 프롬프팅	• 프랑스의 수도는 어디인가요? • 태양계에서 가장 큰 행성은 무엇인가요?
의문문 형태 (Interrogative Form)	질문 형태로 프롬프트를 작성하는 프롬프팅	• 이 문장을 요약할 수 있나요? • 이 단어의 의미는 무엇인가요? • 어떤 영화가 가장 평점이 높나요?
배경 정보 추가 (Adding Background Information)	프롬프트에 배경 정보를 포함하는 프롬프팅	• 1980년대 경제 상황을 바탕으로 현재 경제를 비교해줘. • 중세 유럽의 역사적 배경을 고려하여 기사들의 생활을 설명해줘. • AI 기술의 발전 배경을 바탕으로 미래의 AI 전망을 예측해줘.

Appendix A 47가지 프롬프팅 방법   363

전후 관계 설명 (Contextual Explanation)	전후 문맥을 제공하여 명확성을 높이는 프롬프팅	• 앞의 문장을 참고하여 이 문장을 완성해줘: '그는 …' • 이 이야기가 어떻게 끝나는지 예측해줘: '소설의 시작은 매우 평화로웠다. 그러나…' • 이 문장을 앞 문장과 연결해줘: '결국 그는 성공했다.'
표 형태 입력 (Table Input)	표 형식으로 데이터를 제공하는 프롬프팅	• 다음 표를 요약해줘: 이름 | 나이 | 직업: 'John | 30 | Engineer, Lisa | 25 | Doctor' • 이 표의 데이터를 분석해줘: 제품 | 가격 | 수량: 'Laptop | 1000 | 50, Phone | 500 | 100' • 표에 있는 정보를 바탕으로 결론을 도출해줘: 날짜 | 판매량: '2021-01-01 | 100, 2021-01-02 | 150'
목록 형태 입력 (List Input)	목록 형식으로 데이터를 제공하는 프롬프팅	• 다음 목록을 요약해줘: '에플, 오렌지, 비나나' • 이 목록의 아이템들을 분류해줘: '컴퓨터, 책, 연필, 노트북' • 목록을 참고하여 문장을 만들어줘: '고양이, 강아지, 토끼'
특정 조건 설정(Setting Specific Conditions)	조건을 설정하여 작업 지시를 하는 프롬프팅	• 200자 이내로 문서를 요약해줘. • 현재 날짜 기준으로 뉴스 기사를 작성해줘. • 긍정적인 어조로 이메일을 작성해줘.
제한 사항 설정 (Setting Limitations)	제한 사항을 설정하여 작업 지시를 하는 프롬프팅	• 오직 숫자만 사용하여 결과를 출력해줘. • 3문장 이내로 답변해줘. • 비속어 없이 문장을 작성해줘.
패턴 매칭 (Pattern Matching)	패턴을 인식하여 작업을 수행하는 기술	• 다음 패턴을 찾고 강조해줘: 'abc[0-9]+' • 이 텍스트에서 날짜 형식을 찾아줘: '2023-07-12' • 전화번호 패턴을 인식하고 표시해줘: '(XXX) XXX-XXXX'
토큰 컨트롤 (Token Control)	특정 토큰을 컨트롤하여 결과를 도출하는 기술	• 모든 단어의 첫 글자를 대문자로 변환해줘. • 문장에서 'the'라는 단어를 제거해줘. • 문장의 각 단어를 개별 토큰으로 분리해줘.
반복 훈련 (Iterative Training)	반복적인 학습을 통해 성능을 개선하는 프롬프팅	• 다음 문장을 반복하여 입력해줘: 'Practice makes perfect.' • 반복 훈련을 통해 문법을 개선해줘. • 여러 번의 훈련을 통해 모델의 정확도를 높여줘.

시퀀스 학습
(Sequence Learning)
	시퀀스를 학습하여
	결과를 도출하는
	프롬프팅
		• 시퀀스를 학습하여 다음 단어를 예측해줘:
		  '옛날 옛적에…'
		• 이 시퀀스를 기반으로 문장을 완성해줘:
		  '오래 전 멀고 먼 은하계에…'
		• 문장 시퀀스를 학습하여 텍스트를 생성해줘.

요약 (Summarization)	긴 텍스트를 간략하게 요약하는 프롬프팅	• 이 문서를 100자 이내로 요약해줘. • 이 뉴스 기사를 한 문장으로 요약해줘. • 이 책의 내용을 간단히 요약해줘.
변환 (Transformation)	텍스트를 다른 형식으로 변환하는 프롬프팅	• 문어체를 구어체로 변환해줘. • 이 텍스트를 HTML 형식으로 변환해줘. • 이 문장을 수식으로 변환해줘.
데이터 증강 (Data Augmentation)	데이터를 증강하여 학습 데이터를 늘리는 프롬프팅	• 이 텍스트를 변형하여 새로운 데이터로 만들어줘. • 데이터 증강으로 학습 데이터를 늘려줘. • 이 문장을 여러 버전으로 변환해줘.
리프레이징 (Rephrasing)	문장을 다른 표현으로 바꾸는 프롬프팅	• 이 문장을 다른 말로 표현해줘. • 동일한 의미를 가진 다른 문장을 작성해줘. • 이 텍스트를 다시 표현해줘.
상호작용 대화 (Interactive Dialogue)	대화를 통해 상호작용하 는 프롬프팅	• 안녕하세요, 오늘 기분이 어떠신가요? • 어떤 도움을 줄 수 있나요? • 지금 궁금한 점을 물어봐도 되나요?
의도 예측(Intent Prediction)	사용자의 의도를 예측 또는 파악하는 프롬프팅	• 이 문장의 의도를 파악해줘. • 사용자가 무엇을 원하는지 예측해줘. • 이 질문의 의도를 파악해줘.
속성 기반 프롬프트 (Attribute-Based Prompting)	속성을 기반으로 설정하는 프롬프팅	• 이 텍스트의 감정을 분석해줘. • 문장의 톤을 변경해줘. • 텍스트의 주제를 파악해줘.
감정 인식(Emotion Recognition)	텍스트의 감정을 인식하는 프롬프팅	• 이 문장의 감정을 인식해줘. • 이 텍스트가 어떤 감정을 담고 있는지 알려줘. • 사용자의 감정을 파악해줘.
역할 할당(Role Assignment)	특정 역할을 할당하여 작업을 수행하는 프롬프팅	• 당신은 선생님 역할을 맡고 학생에게 설명해줘. • 고객 서비스 담당자로서 이 문제를 해결해줘. • 가이드 역할을 맡고 이곳을 안내해줘.
텍스트 완성 (Text Completion)	텍스트의 나머지 부분을 완성하는 프롬프팅	• 다음 문장을 이어서 작성해줘: '사나운 붉은 여우가…' • 이 이야기를 끝맺어줘: '결국…'

오류 수정(Error Correction)	텍스트의 오류를 수정하는 프롬프팅	• 이 문장의 철자 오류를 수정해줘. • 문법 오류를 찾아서 고쳐줘. • 이 텍스트의 오류를 수정해줘.
사용자 맞춤 프롬프트 (User-Specific Prompting)	특정 사용자에 맞게 설정하는 프롬프팅	• 개인 취향에 맞게 추천해줘. • 사용자의 관심사에 맞는 정보를 제공해줘. • 이 사용자의 성향에 맞게 응답해줘.
도메인 특정 프롬프트 (Domain-Specific Prompting)	특정 도메인에 맞게 설정하는 프롬프팅	• 의료 도메인에 맞게 텍스트를 작성해줘. • 법률 용어를 사용하여 문장을 작성해줘. • IT 분야에 맞게 이 문서를 작성해줘.
시간 기반 프롬프트(Time-Based Prompting)	특정 시간에 맞춰 설정하는 프롬프팅	• 오전 시간에 맞는 음악을 추천해줘. • 저녁의 어울리는 명상 문구를 알려줘.
지역 기반 프롬프트 (Location-Based Prompting)	특정 지역에 맞춰 설정하는 프롬프팅	• 해운대 주변의 관광지를 추천해줘. • 캘리포니아의 겨울 날씨를 알려줘.
이벤트 기반 프롬프트 (Event-Based Prompting)	특정 이벤트에 맞춰 설정하는 프롬프팅	• 2027년 대한민국 공휴일을 알려줘. • 오늘 날짜로 과거에 가장 중요했던 이벤트를 10개 알려줘.
시뮬레이션 기반 프롬프트 (Simulation-Based Prompting):	특정 시뮬레이션에 맞춰 설정하는 프롬프팅	• 정보를 시뮬레이션해줘. • 데이터를 시뮬레이션해서 응답해줘. • 시뮬레이션 데이터를 사용하여 문제를 해결해줘.
목표 지향 프롬프트 (Goal-Oriented Prompting)	특정 목표를 달성하기 위한 프롬프팅	• 목표 달성을 위한 계획을 세워줘. • 이 목표를 달성하기 위한 조언을 해줘. • 목표를 이루기 위한 단계별 가이드를 제공해줘.
유용성 평가 (Usefulness Evaluation)	유용성을 평가하는 프롬프팅	• 이 정보가 얼마나 유용한지 평가해줘. • 프롬프트의 유용성을 분석해줘. • 유용한 정보를 제공해줘.
정확성 평가 (Accuracy Evaluation)	정확성을 평가하는 프롬프팅	• 이 문장의 정확성을 평가해줘. • 정보의 정확성을 분석해줘. • 정확한 정보를 제공해줘.
커버리지 평가 (Coverage Evaluation)	범위를 평가하는 프롬프팅	• 프롬프트를 범위 내에서 평가해줘. • 이 텍스트의 수요 범위를 분석해줘. • 범위 내에서 정보를 제공해줘.
다양성 평가 (Diversity Evaluation)	다양성을 평가하는 프롬프팅	• 이 문장의 인종 다양성을 평가해줘. • 프롬프트의 문화 다양성을 분석해줘. • 다양성을 반영한 정보를 제공해줘.

신뢰성 평가 (Reliability Evaluation)	신뢰성을 평가하는 프롬프팅	• 프롬프트의 신뢰성을 평가해줘. • 이 정보의 출처를 검색해줘. • 신뢰할 수 있는 출처를 제공해줘.
정합성 평가 (Consistency Evaluation)	일관성을 평가하는 프롬프팅	• 이 문장의 일관성을 평가해줘. • 일관성있는 프롬프트를 제공해줘. • 일관된 톤으로 문장을 작성해줘.
실시간 프롬프트 (Real-Time Prompting)	실시간 응답을 요청하는 프롬프팅	• 실시간 정보를 제공해줘. • 실시간으로 응답해줘. • 실시간 데이터를 사용하여 문제를 해결해줘.
동적 시스템(Dynamic Systems Prompting)	동적으로 변하는 응답을 요청하는 프롬프팅	• 동적으로 변하는 정보를 제공해줘. • 동적으로 작동하는 엑셀 파일을 만들어줘.
피드백 통합 (Feedback Integration)	피드백을 통합한 응답을 요청하는 프롬프팅	• 피드백 데이터를 반영하여 정보를 제공해줘. • 이 프롬프트를 피드백 루프에 통합해서 응답해줘. • 이 사용자의 피드백을 반영해줘.
역사적 데이터 통합 (Historical Data Integration)	역사적 정보를 통합한 응답을 요청하는 프롬프팅	• 역사적 데이터를 사용하여 정보를 제공해줘. • 과거 데이터를 바탕으로 응답해줘. • 역사적 데이터를 통합하여 분석해줘.
메타 프롬프트 (Meta Prompting)	프롬프트 자체를 설명하는 프롬프팅	• 이 프롬프트의 목적을 설명해줘. • 프롬프트의 구조를 분석해줘. • 프롬프트의 메타 정보를 제공해줘.

다단계 프롬프트
(Multi-Step Prompting)
	여러 단계로 프롬프트를
	설정하는 프롬프팅
		• 첫 번째 단계: 문제를 설명해줘.
		• 두 번째 단계: 해결책을 제시해줘.
		   1. 문제를 설명해줘.
		   2. 해결책을 제시해줘.
		• 여러 단계로 나누어 응답해줘.

이미지 설명 (Image Description)	이미지를 설명하는 프롬프팅	• 이 이미지의 내용을 설명해줘. • 이미지에 있는 사람들을 설명해줘. • 이미지의 배경을 설명해줘.
이미지와 텍스트 결합 (Image and Text Combination)	이미지와 텍스트를 함께 설명하는 프롬프팅	• 이미지와 텍스트를 합쳐서 설명해줘. • 이미지에 대한 설명과 함께 텍스트를 작성해줘. • 이미지와 텍스트를 함께 분석해줘.
민감한 정보 보호 (Sensitive Information Protection)	민감한 정보를 보호하는 프롬프팅	• 개인 정보를 보호하여 응답해줘. • 민감한 정보를 제거하고 제공해줘. • 안전한 방식으로 정보를 제공해줘.

정말 쉽네? 챗GPT 입문

이미지 생성, 상위 노출 블로그, 최신 모델 o1,
번역, 외국어 공부, 유튜브 쇼츠, 수익화, 나만의 GPT, 프롬프트 백과

초판 1쇄 발행 2024년 10월 15일
초판 2쇄 발행 2025년 01월 20일

지은이 오힘찬

펴낸이 최현우 · **기획** 최혜민 · **편집** 박현규, 김성경, 최혜민

디자인 표지 Nuːn · **내지** 안유경 · **조판** SEMO

마케팅 오힘찬 · **피플** 최순주

펴낸곳 골든래빗(주)

등록 2020년 7월 7일 제 2020-000183호

주소 서울 마포구 양화로 186 LC타워 5층 514호

전화 0505-398-0505 · **팩스** 0505-537-0505

이메일 ask@goldenrabbit.co.kr

홈페이지 www.goldenrabbit.co.kr

SNS facebook.com/goldenrabbit2020

ISBN 979-11-91905-97-7 93000

* 파본은 구입한 서점에서 바꿔드립니다.

우리는 가치가 성장하는 시간을 만듭니다.

골든래빗은 가치가 성장하는 도서를 함께 만드실 저자님을 찾고 있습니다.
내가 할 수 있을까 망설이는 대신, 용기 내어 골든래빗의 문을 두드려보세요.
apply@goldenrabbit.co.kr